经济管理学术文库

郭捷 张秀萍／著

技术创新支持政策及其绩效
——基于民族地区的研究

Technology innovation policy
and performance
in the ethnic minority regions
of China

经济管理出版社
ECONOMY & MANAGEMENT PUBLISHING HOUSE

图书在版编目（CIP）数据

技术创新支持政策及其绩效——基于民族地区的研究/郭捷，张秀萍著.—北京：经济管理出版社，2016.7
ISBN 978-7-5096-4546-8

Ⅰ.①技… Ⅱ.①郭… ②张… Ⅲ.①民族地区—技术革新—产业政策—研究—中国 ②民族地区—技术革新—经济绩效—研究—中国 Ⅳ.①F127

中国版本图书馆 CIP 数据核字（2016）第 189026 号

组稿编辑：王光艳
责任编辑：许　兵　吴菡如
责任印制：司东翔
责任校对：王淑卿

出版发行：经济管理出版社
（北京市海淀区北蜂窝 8 号中雅大厦 A 座 11 层　100038）
网　　址：www.E-mp.com.cn
电　　话：（010）51915602
印　　刷：北京九州迅驰传媒文化有限公司
经　　销：新华书店
开　　本：720mm×1000mm/16
印　　张：12.5
字　　数：232 千字
版　　次：2017 年 1 月第 1 版　　2017 年 1 月第 1 次印刷
书　　号：ISBN 978-7-5096-4546-8
定　　价：58.00 元

·版权所有　翻印必究·
凡购本社图书，如有印装错误，由本社读者服务部负责调换。
联系地址：北京阜外月坛北小街 2 号
电话：（010）68022974　邮编：100836

目 录

绪 论 ··· 1
一、研究背景和意义 ··· 1
（一）技术创新是民族地区经济发展和产业结构调整的必然选择 ··· 1
（二）公共政策在调整民族地区经济发展不平衡方面起到关键作用 ··· 3
（三）研究问题的提出 ··· 4
二、研究内容及思路 ··· 7
（一）研究对象界定 ··· 7
（二）研究内容 ··· 8
三、研究思路和方法 ··· 9
（一）问卷调查、访谈和实地调研 ····························· 10
（二）文献分析、数据库和理论前沿跟踪 ··················· 10
（三）案例研究和实证分析 ······································· 11
四、本章小结 ··· 11

第一章 民族地区技术创新政策和创新绩效的理论与实践 ············ 12
一、技术创新的内涵及相关理论 ······································· 12
（一）技术创新的内涵和分类 ··································· 12
（二）技术创新理论和模型 ······································· 15
（三）技术创新绩效和影响因素 ································ 17
二、技术创新支持政策 ··· 18
（一）技术创新政策激励的理论基础 ························· 18
（二）技术创新政策激励的必要性 ····························· 20

三、技术创新支持政策类型 ····················· 23
　　（一）技术创新支持政策分类方法 ············· 23
　　（二）技术创新支持政策的类型 ··············· 24
四、民族地区技术创新支持政策的影响及区域经济发展研究 ····· 29
五、本章小结 ································· 33

第二章　民族地区高新技术创新支持政策的供给和演变 ····· 34

一、民族地区高新技术创新支持政策回顾 ··············· 34
　　（一）恢复和探索期（1978~1987年） ············ 35
　　（二）应用和区域聚焦阶段（1988~1998年） ········ 36
　　（三）创新系统构建和发展阶段（1999~2006年） ···· 39
　　（四）规范和全部门创新阶段（2007~2020年） ······ 43
二、民族地区企业技术创新支持政策的类型分析 ·········· 50
　　（一）财税政策 ··························· 51
　　（二）金融政策 ··························· 52
　　（三）技术创新的服务政策 ················· 54
　　（四）人才开发政策 ······················· 56
三、民族地区技术创新政策体系的特征分析 ············ 58
　　（一）对政策重视程度高，但缺乏系统性和前瞻性 ··· 58
　　（二）资金投入式的政策为主，自主创新引导性政策为辅 ·· 58
　　（三）政策手段多样，呈现多元投资的政策供给 ····· 59
　　（四）强化创新支持政策颁布，弱化政策执行的监督机制 ·· 59
四、本章小结 ································· 60

第三章　比较研究：民族地区技术创新现状及其政策绩效分析 ····· 61

一、引言 ···································· 61
二、技术创新政策绩效的横向比较 ··················· 63
　　（一）综合科技进步水平指数对比 ············· 63
　　（二）技术创新活动投入对比 ················· 64
　　（三）技术创新活动产出对比 ················· 64
三、民族地区技术创新现状及政策绩效分析 ············ 65
　　（一）创新基础能力低，科技综合发展水平的提升幅度有限 ·· 66
　　（二）企业技术创新的主体地位需进一步强化 ······· 66
　　（三）技术创新支持政策的激励效果不明显 ········ 67

四、民族地区技术创新政策绩效的制约因素分析 ……………… 68
  （一）基础设施和创新意识方面 ………………………………… 68
  （二）技术创新研发经费投入不足 ……………………………… 69
  （三）创新人力资源和创新型高端人才严重不足 ……………… 73
  （四）科技产出和产业化能力低，政策激励作用未能充分发挥 …… 76
五、本章小结 …………………………………………………………… 77

第四章　案例分析：包头市装备产业园区技术创新政策绩效分析 …… 78

一、我国高新产业园区的发展现状 ……………………………… 78
  （一）自主创新功能发挥不足 …………………………………… 81
  （二）园区管理模式单一 ………………………………………… 81
  （三）优惠政策对技术创新绩效作用有限 ……………………… 82
二、民族地区高新产业园区技术创新现状 ……………………… 82
三、包头装备制造产业园区技术创新绩效的案例分析 ………… 85
  （一）园区的总体发展情况 ……………………………………… 85
  （二）产业园区发展的经验分析 ………………………………… 86
  （三）产业园区发展中存在的瓶颈 ……………………………… 87
  （四）产业园区的发展建议 ……………………………………… 88
四、本章小结 …………………………………………………………… 90

第五章　实证分析：民族地区技术创新支持政策绩效的影响机制研究 …… 92

一、研究设计 …………………………………………………………… 93
  （一）文献回顾 …………………………………………………… 93
  （二）研究假设 …………………………………………………… 97
  （三）数据来源 …………………………………………………… 99
  （四）样本说明 …………………………………………………… 100
  （五）样本检验 …………………………………………………… 102
二、研究方法 …………………………………………………………… 103
三、实证分析 …………………………………………………………… 105
  （一）建模与检验 ………………………………………………… 105
  （二）模型修正与检验 …………………………………………… 108
  （三）结果分析 …………………………………………………… 117

四、研究结论 …… 120
五、本章小结 …… 122

第六章 分类研究：政策支持对不同类型企业创新绩效的影响分析 …… 123

一、企业规模不同 …… 123
（一）路径系数分析 …… 128
（二）载荷系数分析 …… 128
二、企业所有制类型不同 …… 130
三、企业所属行业不同 …… 134
四、本章小结 …… 137

第七章 相关分析：转移支付政策对民族地区经济发展的作用分析 …… 138

一、相关理论和研究现状分析 …… 138
（一）转移支付政策评估研究 …… 139
（二）一般可计算均衡模型研究 …… 140
二、模型体系构建 …… 143
（一）CGE 模型基本结构 …… 143
（二）模型基本算法 …… 146
（三）构建社会核算矩阵 …… 148
（四）CGE 模型参数估计 …… 151
（五）模拟仿真系统 …… 151
三、政策效果模拟分析 …… 152
（一）纵向对比研究 …… 152
（二）横向对比分析 …… 154
（三）财政转移支付最优值的讨论 …… 156
四、本章小结 …… 157

第八章 民族地区技术创新支持政策优化和调整对策 …… 160

一、民族地区技术创新政策的需求分析 …… 160
二、民族地区技术创新政策调整方向 …… 162
（一）国家层面 …… 162
（二）地方政府层面 …… 163

（三）高新技术企业层面 …………………………………………… 164
三、民族地区技术创新支持政策的优化策略 ……………………………… 165
　　（一）财政政策 ……………………………………………………… 165
　　（二）税收政策 ……………………………………………………… 166
　　（三）金融政策 ……………………………………………………… 167
　　（四）人才政策 ……………………………………………………… 169
　　（五）制度和环境政策 ……………………………………………… 169
四、本章小结 ………………………………………………………………… 171

附　录 ……………………………………………………………………… 172

附录1　国家技术创新政策 ………………………………………………… 172
附录2　民族地区地方政府技术创新政策 ………………………………… 173
附录3　民族地区国家高新技术产业园区分布状况 ……………………… 176
附录4　民族地区技术创新政策与企业技术创新绩效的调查问卷 ……… 177

参考文献 …………………………………………………………………… 183

后　记 ……………………………………………………………………… 191

绪 论

以创新为导向的政策支持与激励是我国民族地区由技术引进转向技术升级，由粗放型经济转向集约型经济，缩小地区区域差距，加快经济发展的必然要求。党的十八大报告中明确指出，科技创新是提高社会生产力和综合国力的战略支撑，必须摆在国家发展全局的核心位置。我国民族地区经济是典型的粗放型结构体系、附加值低、体系独立性差、经济增长和发展速度慢。提高民族地区企业自主创新能力、建立以企业为主体、市场为导向、产学研相结合的技术创新体系，是民族地区实现产业升级、调整产业结构、实现经济增长方式转变的必然选择。

一、研究背景和意义

（一）技术创新是民族地区经济发展和产业结构调整的必然选择

我国少数民族地区主要集中在经济欠发达的西部地区，包括内蒙古自治区、广西壮族自治区、贵州省、云南省、西藏自治区、青海省、宁夏回族自治区、新疆维吾尔自治区8个省区以及与少数民族地区经济密切相关的甘肃、四川部分地区。据统计，2010年我国少数民族人口已达11300多万人，占全国人口的8.49%[①]，相当于某一个世界大国的人口数量。民族自治地方行政区域包括5个自治区、30个自治州、120个自治县（旗），共计155个民族自治区域。民族自治地区占国土总面积的64%，主要分布在西部和边疆地区，其人口占西部地区总人口的69.73%，呈现典型的"少、边、穷、弱、富"的经济发展特征。"少"是指少数民族地区，中国少数民族人口在西部分布最为集中；"边"是指西部边

---

① 第六次全国人口普查，2010年。

疆地区，我国西部边疆有 20 个少数民族跨国而居，具有与 11 个国家接壤的内陆地缘特征；"穷"是指整个民族地区经济发展较全国与东部地区存在差距，经济发展相对缓慢；"弱"是指长期以来，西部少数民族地区生态环境趋于脆弱恶化；"富"是指西部少数民族地区地大物博，自然资源富集，草原、森林、水利资源占有绝对优势，煤、石油、天然气等储量也很丰富。民族地区经济发展水平较低，贫困人口相对集中，是国民经济结构中的薄弱环节。这一基本国情决定了少数民族和民族地区的发展在我国经济社会发展全局中占有极其重要的地位。加快少数民族和民族地区经济发展，逐步缩小与发达地区之间的差距，使其与全国的发展相协调，是少数民族和民族地区的迫切要求。

科技竞争成为一个国家和地区综合国力竞争的战略制高点，自 2006 年全国科学技术大会全面部署并实施了《国家中长期科学和技术发展规划纲要（2006～2020 年）》以来，我国就把提高自主创新能力作为提高国家竞争力和建设面向未来创新型国家的重大战略选择。2012 年党的十八大报告在论述加快完善社会主义市场经济体制和加快转变经济发展方式时明确提出，要实施创新驱动发展战略，着力构建以企业为主体、市场为导向、产学研相结合的技术创新体系。21 世纪以来，我国经济面临着日益严峻的资源、环境、外贸和社会公平等矛盾约束，转变以自然资源和要素投入驱动的传统经济发展模式，提高资源配置效率，以"扩内需，调结构"，建设创新型国家和创新驱动发展转型之路，成为经济增长的突破口。创新是引导一个国家和地区经济由"投资驱动型"向"技术驱动型"转变的经济发展的重要引擎和最大活力，在我国调整经济结构，转变经济增长方式中起到重要的作用。

力争较高的发展速度，不仅符合少数民族和民族地区的利益，也符合国家的整体利益。同时，加快少数民族和民族地区经济社会发展，是我国现阶段解决民族问题的根本任务，不仅关系我国区域发展总体战略的实施，而且关系民族团结、社会稳定和边防巩固[①]。民族地区由于经济起点低、发展基础薄、地理位置特殊等诸多原因，导致经济社会发展与东部发达地区相比差距明显，长期依靠物质资源消耗和对外界技术和资源依赖式的发展模式，使得发展不平衡、不协调、不可持续成为民族地区的突出问题。虽然其经济发展速度体现了后发优势，但区际区内的总量和结构差异明显。高投入、高消耗的传统工艺不仅不能再长期满足地区经济持续增长的要求，也影响了民族地区的高技术积累能力。因此，提高民族地区企业的自主创新能力，建立以企业为主体、市场为导向、产学研相结合的技术创新体系，是民族地区实现产业升级和经济增长方式转变的必然选择。

---

① 杨晶. 国务院关于加快少数民族地区经济社会发展工作情况的报告［J］. 民族论坛，2011，4.

(二) 公共政策在调整民族地区经济发展不平衡方面起到关键作用

政府通过公共政策对民族地区实施特殊照顾或政策倾斜，使民族地区财政保障能力明显提高，基本公共服务水平与其他地区的发展差距逐渐缩小。但民族地区基本公共服务受一些特殊因素的影响[①]：①供给成本高。民族地区大多属于边远地区，区位优势欠缺，并且，各个民族的语言、风俗习惯、宗教信仰等差异较大，直接导致基本公共服务供给的成本增加。②供给能力弱。地区经济发展不平衡造成基本公共服务供给能力的不同。③需求规模大。从推进区域基本公共服务均等化的角度讲，民族地区居民对于基本公共服务的需求大于发达地区。④需求范围广。少数民族聚居地区地处边疆，战略位置特殊，安全与稳定的重要性、迫切性高于其他地区，民族地区居民对公共服务的需求范围也相应地多于发达地区。

新中国成立60多年以来，国家针对民族地区工业的发展，实施了一系列的稳步推进措施。20世纪50年代，国家通过屯垦戍边，组织大规模的农业开发和边境国防建设，在少数民族地区实行民主改革和民族区域自治，有计划地布局和建设了一批能源和工业项目，巩固了西南、西北边疆，基本解决了旧中国长期存在的民族不平等问题，使西部地区荒凉贫穷的状况有了很大改变。20世纪六七十年代，从备战的目的出发，利用计划体制集中动员和组织了全国的资源，开展了"大三线"建设，初步开发利用了矿产资源，带动了资金、人才和技术西移，改变了西部地区基础设施十分落后的状况，奠定了西部许多地区工业化的基础。20世纪80年代以来，随着综合国力的增强，为加快民族地区的经济发展，实现全面小康，我国出台了很多优惠和扶持政策，包括西部大开发的一系列支持中西部地区加快发展的政策措施出台，如扶持民族贸易和民族特需商品生产的优惠政策；针对特殊群体的扶持人口较少民族专项规划；针对边境地区、牧区、特困民族地区等特定区域的规划政策等。在"十二五"期间，政策支持力度进一步加大。仅"十二五"前三年，中央财政累计安排65.11亿元兴边富民行动专项资金，累计下达边境地区转移支付资金277.5亿元[②]。同时，加大科技部依托星火计划、科技富民强县专项行动计划、农业科技成果转化资金等项目的支持力度，为边疆民族地区安排各类科技项目353项，推动高新技术发展和农业科技成果转化。

近几年，为了培育我国民族地区自主科研创新能力，提升企业核心竞争力、加快民族地区生态经济发展，党中央通过深化科技管理体制改革、培育区域特色

---

① 杨德英. 民族地区财政转移支付制度的完善 [J]. 人民论坛, 2013, 8.
② 国务院新闻办. 民族工作三个国家级专项规划实施情况 [J]. 中国民族, 2014, 10.

优势产业等方式,进一步加强民族地区公共科技服务平台建设和科技人才队伍建设,推动了民族地区国民经济的快速发展。数据显示,我国民族地区8省区的国内生产总值(GDP)由1978年的324亿元增加到2013年的64533亿元,比上年增长10.7%[①]。2006~2013年以来,民族地区的国内生产总值、财政收入每年均以两位数的速度增长,超过了全国平均水平。

从中长期来看,民族地区的经济要实现质的飞跃,迈入可持续发展阶段,增长方式必须逐步实现由粗放型向集约型的转变。当人力资本、技术进步及其他无形资本在经济增长中的贡献日趋显著时,经济增长方式就将逐步由粗放型向集约型转化。毋庸置疑,技术创新在这一转化过程中起着关键性作用。民族地区产业园区的企业是民族地区经济发展和创新的主体。截至2014年年底,西部地区的12省区的国家级高新技术产业开发区共有27个,其中民族8省区为14个。2014年国内生产总值数据显示,民族地区高新区和全国其他地区高新区的各项主要经济指标呈趋同态势,通过高技术产业园区的产业结构引导和塑造,完善了民族地区本地经济增长的驱动力来源,并为区际经济差异的缩减提供了正向助力,东慢西快的区域经济格局正在不断被强化和巩固。

(三) 研究问题的提出

发展经济学认为,资本在工业化和经济增长中具有极其重要的地位和作用。"二战"后,东南亚各国和地区在推动经济的发展和工业化伊始,凭借强大的政府行政力量,集中大量的资本直接投资,并利用多种政策措施改进投资环境。一直以来,我国通过实施相应的财政政策、税收政策、金融政策和发展创业风险投资等,制定了一系列相互衔接、相互配套的创新激励政策,促进区域经济的协调发展,直接调整区域间经济发展的不平衡,引导民族地区企业进行科技创新,从政策上支持对民族地区经济发展具有重大带动作用的企业经营和创新行为。政府陆续通过财政拨款和财政补贴、税收优惠、固定资产加速折旧、政策性金融试图通过政治力量扭转这种不均衡,对民族地区经济的发展起到了进一步的推动效应与导向作用。借助于国家的政策支持,民族地区技术创新方面取得了显著的增长,同时,也存在一些值得思考的问题。

首先,民族地区与东、中部地区之间的经济发展呈现趋异的"马太效应"。区域发展水平的差异过大,在经济发展水平上,民族地区产业结构和质量依然明显滞后于东、中部地区。技术进步对经济的贡献率是衡量一个国家或地区经济发展质量的关键指标之一。由于历史和自然条件的制约,西部民族地区经济基础薄

---

① 《国民经济和社会发展统计公报》(2013)。

弱，经济发展水平较低，高度依赖劳动、资本和土地三大要素的投入，处于劳动密集和资本密集并存阶段，技术进步特别是自主创新要素对经济的贡献还比较低。从经济总量来看，我国西部民族地区较之中、东部地区差距仍然存在且严重滞后，并呈继续拉大趋势。目前，我国80%的贫困人口集中在西部少数民族地区，民族地区的人均国内生产总值只有全国平均水平的78%，东、西部人均国内生产总值的差距高达2.1万元。

其次，民族地区产业结构失衡，技术创新对经济增长的推动效应明显弱化。民族地区经济发展战略未能实现向依靠技术创新和提高人力资本质量的转移，不利于经济向集约型增长方式的转变。产业结构的发展水平体现了该地区的经济发展水平和经济发展所处的阶段。从产业结构来看，民族地区生产总值占国内生产总值的比重依次是第二、第三和第一产业。但第一产业的就业人数占总就业人数的比重仍然较大，居主导地位。2010~2014年规模以上企业个数总体上均有增加，但变化不明显。这表明民族地区的企业不仅在数量上，在质量和竞争力上也缺乏优势①。

1. 技术创新支持政策的供给质量、实施效果及制约因素

狭义来讲，政策评估是专指事后评估，指运用特定政策方法，进行衡量、分析、比较和评估的总称，是一种对政策的效益、效率和价值进行综合判断与评价的政治行为。民族地区技术创新支持政策的供给质量、效果评估不仅是考量政策延续、改进和终止的重要依据，也从根本上决定着公共资源的分配与再分配。一直以来，国家出台了很多西部大开发、援疆援藏背景下的民族地区技术创新支持政策、包括财政倾斜政策、税收优惠政策、货币金融政策、人才开发政策、公共服务政策等。这些政策相互交织和作用，成为推动西部民族地区经济发展的内在引擎、在促进民族地区企业技术自主创新、内在技术创新外溢的效益、实现技术创新的理想产出等方面起到了一定的作用。但由于西部民族地区经济发展水平和地理区位不同、生态状况的差异、不同类型的技术创新政策，作用于不同地区、不同类型和规模的企业，也呈现出不同的绩效水平。剖析技术创新政策供给的质量和有效性，科学评估政策效果，为后续政策策略的调整和转型提供支持。如技术创新支持政策是否促进了企业技术创新的同步提升，激励政策是否取得长效性成效？对外开放程度、金融发展、科教和经济发展水平等区域环境因素对民族地区企业技术创新的影响如何？如何利用政策执行的有效机制、评估体系和方法来对阶段性政策措施和实施效果进行监控和评估等问题。通过分析其他经济较发达地区政策工具作用机制的共性和差异性，进一步研究技术创新支持政策对民族地

---

① 胡运禄，束然. 产业转移与民族地区经济发展研究[J]. 学理论（下），2012，12.

区发展的主要影响因素、作用途径和实施效果。明确政策和创新绩效的作用关系、政策效果发挥的制约因素，从而科学调整政策作用的途径。

2. 技术创新支持政策的作用途径和影响方式

脱离政府支持和干预的技术创新只是一种理想状态。问题的本质可能不是停留在是否需要政策支持，而是需要回答政府如何实施政策支持，即如何干预以及干预的深度和广度。一般来说，技术创新政策类型可分为经济类和控制类，或基础性干预和结构性干预①。如李晓春、黄鲁成（2010）发现②，政府介入资源配置，在不同地区其配置效果是不一样的，以江苏为例，企业在获得政府资金支持的情况下，企业的资金迅速投入研发与技术创新活动中，自主科研加速，企业转变为科研与创新的主体，企业竞争优势明显；在上海，可能由于政府投入提高了研究成本（如研究人员工资上升等），结果使企业放弃研究项目而将资金转投其他盈利项目，导致部分企业研发投资被挤出；在黑龙江，可能由于产业的特殊性和历史原因，使企业对政府资金的依赖性很强，企业往往习惯用政府的资助来替代自己的研发投资，结果使政府科技资助对企业研发投入产生部分替代效应。

在民族地区技术创新支持政策，又有怎样的不同配置方式和效率呢？如经济类的激励政策，政府一般采用政府补助、税收等财政刺激政策来激励民族地区企业技术创新的提升。那么首要的问题是政策支持对企业绩效有无影响？如果有，相对其他要素其影响有多大？如果失效，其原因是什么？不同行业、不同规模、不同所有制形式的企业，其政策支持深度和广度应有怎样的不同？其次，政策工具中，各种政策的影响程度如何，哪种政策能更有效地对企业绩效产生影响？其影响的传导路径是什么？最后，政策支持的深度和广度应该是怎样的？如补助越多、税收政策越优惠就越有利于企业技术创新的提升和地区产业结构的调整，还是有一个合理的区间范畴等？

3. 技术创新政策体系的支持系统

理论和实践证明，技术创新不是外源的，而是内生的。除了加强内在技术能力的提升外，还取决于体制与政策。创新政策环境及创新支持系统是企业技术创新的有力保障。支持系统包括宏观层面的国家政策支持系统和微观层面的企业创新政策支持系统。技术创新政策体系从广义上来说，应该包括政策制定、政策执行和政策评估。在分析制定、实施和评估民族地区企业技术创新支持政策关键问题的基础上，如何完善制定科学、有效、合理的政策工具，保证技术创新政策执行前对其实施效果进行预评估及相关影响分析；政策执行中是否需要调整，如何

---

① 张小蒂，李风华. 技术创新、政府干预与竞争优势 [J]. 世界经济，2001，7.

② 李晓春，黄鲁成. 我国技术创新政策研究的文献述评与分析：主线、焦点和展望 [J]. 科学学与科学技术管理，2010，31（12）.

调整等；政策执行后，实施方案的未来可能出现的问题及应对策略，这些都是民族地区技术创新政策体系和相关主管部门面临的一个重要命题。

二、研究内容及思路

（一）研究对象界定

民族地区是"中国少数民族地区"的简称。在现有文献中出现的与民族地区有关的概念有中国少数民族地区、民族8省区、民族自治地方、民族自治区、西部地区、西部民族地区等概念，这些不同的概念主要因所包含的地域范围不同而有所差异。常涉及的概念包括内蒙古自治区、广西壮族自治区、西藏自治区、宁夏回族自治区、新疆维吾尔自治区5个民族自治区；包括5个自治区以及贵州、云南和青海3个省份的民族8省区；包括内蒙古自治区、广西壮族自治区、重庆市、四川省、贵州省、云南省、西藏自治区、陕西省、甘肃省、青海省、宁夏回族自治区和新疆维吾尔自治区12个省区和直辖市的西部民族地区①。截至2010年，民族8省区少数民族人口为111966349人，占全国少数民族人口的63%。

由于本书涉及两个方面的研究内容，包括民族地区技术创新方面的纵向对比分析；以及东、西部省份技术创新方面的横向对比分析。因此，在进行民族地区技术创新的纵向对比研究时，其研究对象针对民族8省区；在进行民族地区技术创新的横向对比分析时，则采用西部地区12省区和直辖市这一界定。通过对民族8省区的区域经济，国家级高新技术产业开发区以及企业来进行研究。

技术创新是从企业技术创新投入到创新产出再到创新价值实现的全过程，包括新设想的产生、研究、开发、商业化生产及扩散一系列活动，本质上是一个科技、经济一体化过程，是技术进步与应用创新共同作用催生的产物。

技术创新绩效一般是指对企业技术创新活动的效率和效果，包括创新方案、活动、创新的经营、管理效果的具体表现。

公共政策是指特定的主体对社会公共资源进行权威性分配的过程，作为政府决策的产物，以有效解决社会公共问题为诉求和行为对象，是在一定的经济社会环境条件下，公共政策系统内部各要素（即主体与客体）相互作用而输出的社

---

① 见《中华人民共和国国民经济和社会发展第十二个五年规划纲要》。

会公共产品。民族地区公共政策是指国家为发展、扶持、帮助少数民族和民族地区发展而实施的政策,指导和影响少数民族和民族地区经济、科技活动所规定并付诸实施的准则和措施,是一种国家宏观调控手段。

创新支持政策是指政府通过提供公共政策和制度安排,为企业创新主体创造一个引导、促进和保护创新的制度环境,推动技术创新、引进、扩散和应用。由于中国科学政策的技术化特征非常明显①,科学技术政策和技术政策、创新政策的内涵在实际理解中非常接近,因此以"创新政策"、"科技政策"、"技术政策"和"科学技术政策"为主题研究的内容都可以大致理解为有关创新支持政策的研究。如政府运用公共政策引导科研机构和企业进行技术创新,通过中介组织促进技术应用与改进,加强与国外企业与研发机构的技术交流与合作。民族地区在经济落后的基础上,如何发挥技术创新的后发优势,制度与政策的创新是关键。在市场经济机制发育不完善的条件下,这种制度安排使公共政策可以起到一种补位的作用,弥补现实环境中所缺乏的支持创新的软要素,在民族地区的经济发展或者说在创新要素的聚集中发挥着巨大的作用。

创新系统是由创新主体子系统、创新基础子系统(技术标准、数据库、信息网络、科技设施等)、创新资源子系统(人才、知识、专利、信息、资金等)和创新环境子系统(政策法规、管理体制、市场和服务等)构成②。因此,政府创新支持政策是技术创新绩效和能力的重要因素。本书从政策工具视角来研究和探寻民族地区技术创新支持政策的供给质量、作用途径和制约因素。

(二)研究内容

发展高新技术产业和提升企业创新能力是促进地区经济发展、实现产业结构升级、改造地区传统产业发展的有效途径。民族地区正确有效的公共政策对促进和引导民族地区企业进行技术创新起着至关重要的作用,因此了解公共政策是如何影响企业技术创新、其作用途径和实施效果如何、和东部其他经济较发达地区的作用机制的共性和差异以及如何制定、实施和评估企业技术创新政策等,是国家和各地区相关主体部门面临和急需解决的重要问题。本书将从3个层面进行深度分析。

1. 民族地区技术创新政策体系及演化

通过进一步梳理和跟踪国内外有关民族公共政策及企业技术创新方面的研究成果,对我国民族地区企业技术创新绩效研究及实践应用进行分析,构建政策工具视角下民族地区公共政策和企业技术创新绩效的系统研究框架。通过对民族地

---

① 邓练兵. 中国创新政策变迁的历史逻辑 [D]. 武汉:华中科技大学博士学位论文,2013.
② 黄鲁成. 关于区域创新系统研究内容的探讨 [J]. 科研管理,2000,2.

区公共政策和企业技术创新绩效的界定，对技术创新政策支持体系和政策演变的梳理以及对民族地区企业技术创新和政策支持现状的深度分析，从而总结政策的得失，发掘民族地区技术创新支持政策作用发挥的制约因素。具体内容包括：

（1）回顾和梳理民族地区技术创新支持政策的发展脉络和演进路径。

（2）分析和构建民族地区技术创新支持政策的类型和体系。

（3）发掘民族地区技术创新政策的影响和制约因素。

2. 案例研究和实证分析

通过大量实地调研和访谈，从园区和企业等角度针对技术创新支持政策对民族地区产业结构调整和发展的作用机制进行个案研究、对比研究和分类研究。具体内容包括：

（1）技术创新支持政策对民族地区企业技术创新的有效性及影响因素研究。

（2）技术创新支持政策对企业创新绩效的作用路径和政策效果的实证研究。

（3）基于计算一般均衡（CGE）模型，转移支付政策对民族地区经济发展和产业升级影响的阶段性效果的测度研究。

3. 研究结论与展望

最后梳理和总结了本书研究结论。通过对民族地区企业技术创新政策体系的需求分析，确定了民族地区技术创新支持政策的调整方向和选择策略，并从财税、金融、人才、技术等相关政策的制定和实施上，提供对策建议。同时，也对本研究的局限性和有待解决的问题进行分析。

三、研究思路和方法

本书在文献研究和针对民族地区技术创新过程中现实问题的调研基础上，确定以民族地区技术创新政策和技术创新绩效的关系为研究主线，利用文献分析、实地调研、案例分析、实证分析、对比分析等方法，对民族地区的技术创新发展现状、民族地区技术创新支持政策进行较为深入的探讨，根据实际研究结论，提出了推动民族地区技术创新系统的构建、企业技术创新能力的提升的政策激励措施和实施的策略选择。

本书的研究框架如图 0-1 所示。

本书将采用理论研究与实证研究相结合的方法，基于文献研究与调查分析，运用规范分析法，从逻辑性、科学性、合理性的角度对相关问题进行研究和作以解释。在国内外文献和产业经济学、技术经济学等理论的基础上，综合运用结构方程模型（SEM）和可计算一般均衡模型（CGE）等计量方法，对我国民族地区企业技术创新和政策激励方面的现状和主要影响因素，从多个层面进行对比分析和实证研究。最后分析出民族地区企业技术创新支持政策存在的不足，并提出政策选择和实施策略方面的建议。

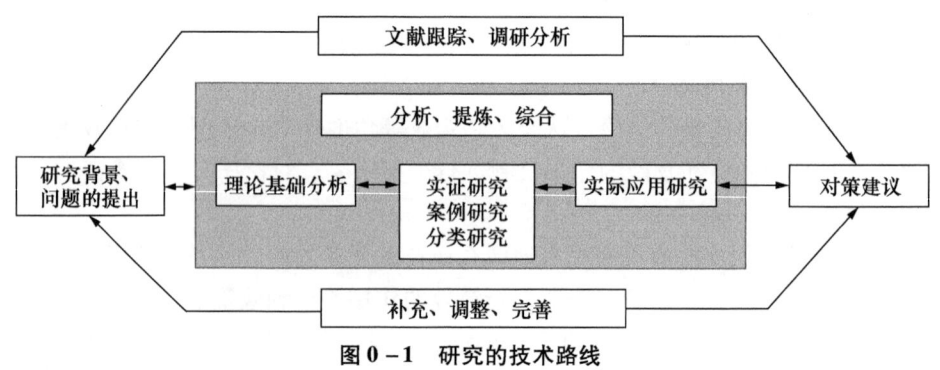

图0-1 研究的技术路线

具体研究方法如下：

（一）问卷调查、访谈和实地调研

针对企业、政府科技管理部门、科研机构的不同特征，分行业和地区来设计调研问卷和访谈提纲。通过对民族地区27个高新产业园区的超过1000家企业的中高层管理人员、科研工作者以及各职能部门人员的调研，获得技术创新过程中微观层面上不同主体对技术创新绩效的直观感受和对技术创新政策的需求。通过对政府科技管理部门和科研机构的调研，拟从宏观层面获取民族地区技术创新现状、技术创新政策实施过程中的供给质量和困境。进一步为分析问题、解决问题提供实证研究的第一手资料。

（二）文献分析、数据库和理论前沿跟踪

通过对相关理论文献的收集和分析研究，充分吸收国内外相关的理论成果，对相关领域的最新研究动态进行跟踪，同时，借鉴有关政策模拟和评估模型方面的成果，为本研究的开展以及选取构建模型提供相关的理论支持。原始数据来源于《中国统计年鉴》、《中国火炬统计年鉴》、中国科技部发展规划司统计数据、国研网数据库、国家民委政策研究室等数据库。通过对民族地区公共政策和企业技术创新绩效的界定、政策支持体系的政策演变以及民族地区企业技术创新和政策支持现状等深度分析，发掘民族地区企业技术创新和政策支持的作用机理。

(三) 案例研究和实证分析

根据面板统计数据和问卷数据等,从实证研究的视角将民族地区创新政策对企业技术创新的影响路径进行研究;从对比研究视角对民族地区与非民族地区企业技术创新影响进行对比分析;从分类研究的视角研究政策对民族地区不同类型的企业技术创新绩效的影响;从案例实证的视角分析高新产业园区的管理模式、政策实施情况对企业技术创新绩效的影响因素。

通过建立运用结构方程模型分析,探究创新支持政策对民族地区企业技术创新发展绩效的影响路径和机制。同时,通过可计算一般均衡模型、模拟转移支付政策在促进民族地区经济发展和高新技术产业推动产业结构调整的传导机制,分析各因素对产出增长的贡献。通过模拟计算并非解析分析,把宏观经济的经济体系分为大量可计算部分,研究在一般均衡体系下政策的变动对于民族地区宏观经济的影响。

四、本章小结

基于对研究背景和研究意义的详尽阐述,明确了本研究的核心内容,包括民族地区技术创新支持政策演进过程的梳理和得失分析,从创新主体的类型来具体分析创新政策绩效,重点关注民族地区技术创新的制约因素和影响机制,从政策需求角度来具体分析民族地区技术创新政策的调整方向和选择策略。

第一章

民族地区技术创新政策和创新绩效的理论与实践

纵观近现代世界经济发展过程,技术创新对一个国家或地区经济增长的作用和贡献日益明显,已成为决定世界各国或地区竞争力的关键要素。在研究技术创新政策以及创新绩效的关系这一问题上,首先要厘清有关技术创新政策和绩效方面的理论发展脉络和特征以及在理论和实践领域相关问题的研究现状。本章将从技术创新、技术创新政策、技术创新绩效等基本内涵入手,结合现有理论和实践的最新进展,分析技术创新支持政策与企业技术创新理论关系以及后续研究的可行性和必要性。

一、技术创新的内涵及相关理论

(一) 技术创新的内涵和分类

"创新"最早是由美籍奥地利经济学家约瑟夫·A. 熊彼特(Joseph A. Scohumpeter)提出,在1912年出版的《经济发展理论》一书中,熊彼特通过对经济发展的深入观察和分析,认为经济发展不是基于人口、财富的积累性增加而带来的规模扩大,而是经济社会不断实现的生产要素和生产条件的"新组合",这种新组合就是创新,并提出"创新"是经济增长最重要的驱动力(内生变量),是"新的生产函数的建立"和"企业家对生产要素的重新组合"。随着创新研究逐渐深入和创新实践不断丰富,其内涵也在不断地动态演变。其中,以经济合作和发展组织(OECD)和欧盟统计署(EUROSTAT)合作的《奥斯陆手册》对创

第一章　民族地区技术创新政策和创新绩效的理论与实践

新内涵的阐释最具代表性。该手册将创新分为产品创新、工艺创新、营销创新和组织创新①。该手册也成为其成员国测度科技与创新活动，收集和解释创新数据的指南以及应用国际可比方式收集和解释创新数据的准则。随着创新内容不断丰富，社会发展中的非技术创新（如组织管理、管理模式等）作用日益明显，也将创新分为技术创新和非技术创新。

20 世纪 40 年代末期，以微电子技术为核心的世界新一轮科技革命的兴起，世界经济出现了长达近 20 年的高速增长"黄金期"，这一现象让理论界认识到传统经济学理论中资本、劳动力等要素已经不能简单地对此加以解释②，开始意识到技术进步和创新因素也是经济发展的内生变量之一。其中，以索洛（S. C. Solow）等为代表的新古典学派，认为技术创新是经济增长的内生变量和经济增长的基本因素。索洛利用技术进步索洛模型对美国 1909～1949 年非农业部门的劳动生产率发展情况进行实证分析，测度技术进步对经济增长的贡献率，研究结果发现，劳动生产率提高的主要贡献来自技术进步和技术创新。

自 20 世纪 60 年代以来，有很多关于技术创新内涵的阐释。技术创新的定义首次得到明确界定源自伊诺思（J. L. Enos）在《石油加工业中的发明与创新》一文，文中指出技术创新是包括发明选择、资本投入保证、组织建立、制订计划、招收工人和开辟市场等几种行为综合的结果。索洛于 1951 年曾提出了"新思想来源和以后阶段的实现和发展"是技术创新成立的条件。这些观点视技术创新为一个动态过程，强调技术创新过程。美国国家科学基本会（NSF）在报告《1976 年：科学指示器》中将技术创新定义为"技术创新是将新的或改进的产品、过程或服务引入市场"。这些观点注重和强调技术创新是新产品和新工艺的首次应用和商业化。另外，还有部分观点，则从创新效果和成果来界定技术创新，如克里斯托夫·弗里曼（Christopher Freeman）在《工业创新经济学》一书中提出，技术创新是第一次引入一种新品种（或工艺）所包括的技术、设计、制造、管理以及商业活动。该观点强调新产品、新过程、新系统和新服务的首次商业化，即包括新产品、新工艺、新系统或新装置在内的第一次商业应用时，才能说明完成了一项创新。国内学者傅家骥、仝允恒、高健等在《技术创新学》一书中对技术创新的界定，同样也强调了创新效果，认为技术创新是企业家抓住市场的潜在盈利机会，以获取商业利益为目的，重新组织生产条件和要素，建立起效能更强、效率更高、费用更低的生产经营系统，从而推出新的产品、新的生产（工艺）方法，开辟新的市场，获得新的原材料或半成品供给来源或建立企

---

① OECD & EUROSTAT. Oslo Manual [M]. Paris：OECD Publishing, 2005.
② 彭靖里，邓艺，李建平. 国内外技术创新理论研究的进展及其发展趋势 [J]. 科技与经济，2006, 19 (4).

业新的组织，包括科技、组织、商业和金融等一系列活动的综合过程①。吴贵生教授认为"技术创新是由技术的核心构想，经过研究开发或技术组合，到获得实际应用，并产生经济、社会效益的商业化全过程的活动"。1999年8月，在中共中央、国务院《关于加强技术创新、发展高科技、实现产业化的决定》中提到"技术创新是指企业应用新的知识和新技术、新工艺、采用新的生产方式和经营管理模式，提高产品质量、开发生产新的产品，提供新的服务，占据市场并实现市场价值"。这一针对技术创新的界定已成为理论和实践领域的共识。

1. 技术创新的内涵

以上针对技术创新内涵的阐述和观点，可以归纳如下：

（1）技术创新是一个动态过程。技术创新是一个从产生新产品或新工艺的设想到市场应用的完整过程，它包括新设想的产生、研究、开发、商业化生产到扩散的一系列活动。

（2）技术创新以成功应用为目的。技术创新本质上不仅是纯粹的技术行为或经济行为，也是一个科技和经济一体化的过程，是技术进步与应用创新共同作用催生的产物，包括技术开发和技术应用两大环节。

（3）技术创新应强调其创新效果。唐纳德·瓦茨认为：技术创新是企业对发明成果进行开发，最后通过销售而创造利润的过程。该观点强调了其商业盈利。但弗里曼通过工业创新中的成功和失败的对比研究后发现，技术创新的成功不是以商业盈利为唯一标志的。一般认为，技术创新的成功与否，还有其他表现形式，如市场状态的改善，抢先开辟新市场和原有市场份额的扩大等。创新素质的提高，主要指技术能力和技术优势的增强以及创新管理经验的有效积累②。

2. 技术创新的类型

关于技术创新的类型有多种分类视角。代表性的分类有如下几种：

（1）从技术创新对象视角，将技术创新分为产品创新和工艺创新。产品创新是指现有产品的改进或新技术的引入，包括全新产品推出和产品的更新换代；工艺创新则指生产服务中的技术变革，是指把一种新的生产方式和流程引入生产体系，包括新工艺、新设备、新的生产管理方式流程的应用。

（2）从技术创新程度视角，将技术创新分为渐进性创新和根本性创新。渐进性创新是指由对现有技术的改进和完善引起的改进型创新，现实中多数技术创新都属于渐进性类型；根本性创新则是指技术上有重大突破，对经济发展和产业结构产生重大影响的技术变革。

（3）从技术创新来源视角，将技术创新分为原始创新和模仿创新。原始创

---

① 傅家骥，仝允桓，高健等．技术创新学［M］．北京：清华大学出版社，2001．
② 雷家骕，洪军．技术创新管理［M］．北京：机械工业出版社，2012．

新是指基于重大科学发现、技术发明、原理性主导技术的创新，该类创新难度大、投入多、风险高；模仿创新是指在引进技术的基础上，通过学习、分析、借鉴进行的再创新，这种模式的创新具有技术上的跟随性、研究开发和竞争对手的针对性、创新资源投入的集聚性等特点，是发展中国家和地区常采用的一种技术创新方式。

（二）技术创新理论和模型

1. 技术创新理论学派

自熊彼特创立创新经济学后的相当长时间内，技术创新相关理论发展停止不前，到20世纪50年代，许多国家的经济出现了长达20年的高速增长，这一现象无法用传统经济学理论中资本、劳动力等加以解释，技术创新的理论价值和实际意义，再一次得到了重视和进一步深化。内生经济增长理论表明，技术创新引起的技术进步是经济增长的主要源泉，而以盈利为目的的研究与开发为持续的创新提供了坚实的物质和技术基础，是技术创新的主要推动力量。纵观技术创新理论的发展，可以将其分为新古典学派、新熊彼特学派、制度创新学派和国家创新系统学派。

（1）新古典学派。以索洛等学者为代表的新古典学派，采用经济理论模型作为分析工具，指出经济增长率取决于资本和劳动的增长率、资本和劳动的产出弹性以及随时间变化的技术创新。认为经济增长的来源有两种：一是由要素数量增加而产生的"增长效应"的经济增长；二是由要素技术水平提高而产生的"水平效应"的经济增长。

（2）新熊彼特学派。新熊彼特学派秉承熊彼特经济分析的传统，强调技术创新和进步在经济增长中的核心作用，将技术创新视为一种相互作用的复杂过程，重视对技术创新过程的内部运作机制。关注的主要问题有新技术推广、技术创新与市场结构的关系、企业规模与技术创新的关系等。这些研究和探索已经初步搭建了技术创新的理论框架，但没有得出更多深层次的理论规律。

（3）制度创新学派。制度创新是指经济的组织形式或经营管理方式的革新。以兰斯·戴维斯（Lance E. Davis）和道格拉斯·诺思（Douglass C. North）为代表的制度创新学派将熊彼特的创新理论和制度理论结合起来，深入研究了制度安排对国家经济增长的影响。

（4）国家创新系统学派。国家创新系统学派以弗里曼、查德·纳尔逊（Richard R. Nelson）为代表，认为国家创新系统在优化创新资源配置，更好地指导政府如何通过计划和政策，来引导和激励企业、科研机构、大学和中介机构的相互作用，从而促进科技知识的生产、传播、扩散和应用。

随着技术创新的内涵不断发展，其他技术创新相关理论也相继出现，其中包括路径依赖理论和技术生命周期理论。路径依赖理论指出由于规模经济、投资不可逆性和技术相互关联性的影响形成了一种正反馈和自我强化的机制，认为技术一经选择可能产生一种"锁定"效应，使得经济上低效的技术可能继续存在下去。技术生命周期理论则详细地阐述了技术的出现、成长、成熟和被新的技术替代的过程①。

2. 技术创新模型

技术创新过程涉及创新构思产生、研究开发、技术管理与组织、生产制造、用户参与和市场营销等一系列活动。这些活动之间的相互联系与作用呈现多种形式，如循环交叉、并行操作、逐项渐进等。同时，这些技术创新活动之间，不仅伴随有技术变化，还涉及组织和制度的创新，生产运作方式和营销管理等方面的创新。根据活动之间相互作用形式，技术创新常见模型如下：

(1) 线性模型。最早的技术创新模型是线性模型，该模型认为技术创新是由前一个环节向后一个环节单向递进的。根据起始环节不同，分为技术推动模型和市场拉动模型。技术推动模型认为技术创新是以基础研究为先导，以科技为起点、市场为终点的直线过程。技术进步的速度、规模和方向决定着技术创新的速度、规模和方向。市场拉动模型则认为，市场需求是研发构思的主要来源，是激发创新的主要源泉。创新是根据市场需求进行研发，进而向生产和销售环节推进，最终形成市场需要的新产品。

(2) 交互作用模型。线性模型基于知识单向流动的假设。实际上，多数情况下，技术创新是科学、技术和市场之间耦合的过程。克莱因（Lawrence Klein）和罗森堡（Nathan Rosenberg）提出的链环—回路模型，认为技术创新与现有知识存量和基础研究相联系，并给出了五条创新路径。该模型较全面合理地体现了各个技术创新环节的多重反馈关系，符合人们认识规律，富有启发性，被普遍采纳和接受。

(3) 网络模型。网络模型基于系统理论思想，通过虚拟企业、动态协作和知识网络来实施技术创新。该模型认为，成功的技术创新不仅来自企业内部不同形式的能力和技能之间多角度的反馈，同时也是企业与外部众多知识生产和知识持有者之间联系和互动的结果。一般分为系统集成网络模型和莲花型创新模型。

技术创新过程模型是指一项重大技术创新出现后，而引起的相关产业的成长和演化。美国哈佛大学的阿伯纳西（N. Abemathy）和麻省理工学院的厄特拜克（Jame M. Utterback）通过对产品创新为主的持续创新过程和大量产业成长实例的

---

① 毛凯军. 技术创新：理论回顾和探讨 [J]. 科学学与科学技术管理，2005，10.

研究发现，企业产品创新和工业创新在产业成长的不同阶段具有不同的相互关系，将产品创新、工业创新及产业组织的演化分为不稳定阶段、过渡阶段和稳定阶段，提出了以产品创新为中心的产业创新分布规律的 A—U 创新过程模型和逆 A—U 创新过程模型。A—U 模型反映了发达国家以原创性技术推动产业演化的创新规律，而发展中国家产业则多是以技术引进、消化和吸收开始的，只有当具有一定技术能力后才能进行产品创新，这也是逆 A—U 模型认为在产业发展过程中，工业创新较产品创新有先行相对优势，然后产品创新才转变为主导地位的原因所在。

（三）技术创新绩效和影响因素

关于技术创新绩效（Technological Innovation Performance，TIP）的界定，从相关研究来看，目前尚未形成很明确的一致观点。海格达尼和加鲁德特（Hagedoorn and Cloodt，2003）认为，技术创新绩效从狭义上理解是指根据企业将发明创造引入市场的程度来衡量。而更多的学者对技术创新绩效的理解主要集中在技术创新产出效率以及技术创新活动的产出对企业的影响方面。

技术创新是创新主体的内外因相互作用引起新事物产生的必然结果。创新主体的内在素质是技术创新的根本，而创新环境等方面的外因是创新的必要条件。关于技术创新的影响因素的研究成果，主要集中在以下几个方面：

1. 创新主体的内部环境

创新主体内部环境是指从技术创新主体的角度，分析企业内部自身技术创新的环境因素，包括创新资金投入、人才储备水平、市场预研、组织激励、战略方向和运作水平、企业创新团队管理等。早期帕维特（Pavitt）研究得出企业规模与技术创新能力之间并非单纯的线性相关，而是呈现"U"型相关（Pavitt，1987）。而陈（Chen，2004）研究得出企业规模越大，其技术创新活动开展得越好，二者呈现出正相关关系。除企业规模因素外，波瑞哈弗（Brockhoff）对企业创新研究与开发（R&D）所投入的资金与人才所决定产品和工艺创新绩效的影响进行了研究，他认为创新研究与开发所投入的资金与人才是企业获得竞争优势的必要条件。研究与开发投入和技术人员素质是创新绩效的决定性变量。阿密特（Amit）和休梅克（Schoemaker）提出高效的管理是创造企业良好创新绩效最重要的因素，企业中高层管理人员要有思辨和以发展的眼光配置企业资源的素质和能力，如此才能实现企业的可持续发展，创造超额收益。

2. 创新主体的外部环境

创新主体的外部环境是指从外部环境出发，研究不同外部环境因素的影响，一般包括市场需求、行业发展水平、社会体制、市场竞争环境以及国家的技术创新的政策环境等。启军（2010）发现影响企业技术创新绩效的因素总体上可以分为两部分，分别是企业创新意识、创新能力和政策取向等内部因素和对外开放程度、知识产权保护、市场经济环境等企业外部因素。高敏（2003）在早期应用计量回归模型对1986~2001年我国电子产业数据进行了分析表明"产业企业规模、产业进出口额、大企业比重等对电子产业创新发展的影响较强"。相比之下，市场集中度、产权制度变化对电子产业创新发展的影响略逊一筹。王霄和胡军（2005）利用结构方程模型分析了在华中小企业技术创新的影响因素，研究结论为：社会关系网络、外部技术交流网络、社会信任合作环境、企业人力资本深化与企业知识积累等因素都直接或间接地影响着企业的技术创新活动。还有其他一些相关文献是基于企业所有制结构特点及市场竞争力度对企业最终技术创新效率的影响研究，研究得出不同所有制属性和竞争环境也会影响企业技术创新成果。当然，还有其他的一些因素，如客户参与创新、供应商创新、企业家创新性及组织文化因素对技术创新的影响（王涛，2007；张庆林，2007；宝贡敏，2007；徐二明，2007）。

创新激励是一种重要的影响因素，创新激励是指企业组织中利用各种力量来诱导创新的发生与持续，特别是使创新者的收益得到改善，从而使员工创新的动力和积极性、持久性得以增强。从激励的来源可分为政府激励、市场竞争激励、企业内部激励，其中政府激励主要是指通过制定相关政策，而使创新的企业和个人得到精神和物质的利益。

二、技术创新支持政策

（一）技术创新政策激励的理论基础

技术创新支持政策是指国家为了鼓励技术创新，促进科技成果转化，最终实现其商业价值所采取的一系列公共措施的总称。企业是技术创新的主体，因此，技术创新政策主要是针对企业的技术创新所提供的政策支持。经济合作与发展组织在1982年提出，技术创新政策的内涵主要有以下几个方面[①]：

第一，技术创新政策是有关开发和创新投资的措施，包括直接资助研究开发活动、税收刺激、促进风险资本的发展等。

---

① 睦平. 技术创新的横向研究 [M]. 北京：清华大学出版社，2013.

第二，有关技术方法的扩散和获取的措施，包括教育、科学技术信息以及促进建立集体技术研究开发中心等。

第三，有关一般竞争条件的措施，如政府采购、专利与许可及政府管制规则等。

第四，政府创新激励应分布在资助知识产权及其扩散以及企业之间技术竞争等的生产、分配与消费等各个环节。

通常所说的技术创新支持政策就是指对科学技术配置没能实现最优时，用于抵消市场失灵和面向技术扩散和转移的政策。前者一般围绕激励个体创新，而激励创新大多数情况下是通过政府补贴和税收，辅助以对知识产权的保护；后者则通常围绕着规范技术的被动传播机制①。

技术创新支持政策激励作用的提出与发展，分别基于两种不同的理论：一个是新古典主义经济学；另一个是创新和演化经济学②。早期的熊彼特学派研究中，认为技术创新（及其导致的经济发展）是一个有机的过程，创新的每个组成部分都要受到其他因素的影响，是一个复杂的动态过程。但当时的认识，只将政府因素视为创新外部给定的条件。这个时期，对于技术创新认知主要来自主流经济学，认为创新是企业行为，政府不用干预，因此创新政策研究缺乏理论基础③。

将政府的因素作为内生变量，把政府行为纳入技术创新体系来加以研究，最早来自英国的技术创新经济学家 R. 库姆斯的发现，他认为科学和技术领域实际上是受到高度控制和计划的领域。同时，新古典主义学派的代表索洛也认为技术与其他商品一样存在公共商品、创新收益和非独占性、外部性等市场失灵，适当的政府干预将极大地促进技术创新，并提出当市场对技术创新的供给、需求等方面出现失效时，或技术创新的资源配置不能满足经济社会发展要求时，政府应当采取金融、税收、法律以及政府采购等间接调控手段，对技术创新活动进行干预，以提高技术进步在经济发展中的促进作用。

政府行为在创新活动中的作用真正受到关注是始于 20 世纪 80 年代后新古典主义学派的研究者罗默（M. Romer，1986）、巴罗（J. Barro，1991）等对其进行的研究。继新古典主义学派之后，克里斯托夫·弗里曼（Freeman）1987 年将政府作为技术创新中内在因素进行系统研究。通过对日本、美国等国家或地区创新活动特征的实证分析，提出了国家创新体系（National System of Innovation，NSI）

---

① 李伟红. 区域创新政策设计和测评研究［M］. 北京：人民出版社，2013.
② ［挪］詹·法格博格，［美］戴维·莫利，［美］理查德·纳尔逊. 牛津创新手册［M］. 柳卸林译. 北京：知识产权出版社，2009.
③ 周华东. 科技政策研究：嬗变、分化与聚焦［J］. 科学学与科学技术管理，2011，11.

的概念①,后经伦德瓦尔②和尼尔森等③的发展才逐渐完善。国家创新体系学派认为影响技术创新绩效的障碍除了"市场失灵"外,还存在由于国家创新体系结构缺陷导致的"系统失灵",国家的经济发展和追赶跨越中,仅靠自由竞争的市场经济是不够的,而是由一个国家创新系统推动,需要政府提供一些公共商品,从一个长远的、动态的视野出发,寻求资源的最优配置,以推动产业和企业的技术创新。强调技术创新政策应基于"系统范式"构建功能完善的组织间网络,提高知识、信息和资源扩散及配置效率。在这个系统的技术创新体系,包括政府政策、教育培训、企业及其研究与发展、产业结构4个因素。不同要素对技术创新的影响是不同的,其中,政府政策对其他因素都能产生影响,政府的技术创新政策在推动技术创新中占有举足轻重的地位。国家创新体系也为创新政策提供了一个系统性的政策分析框架,为从政策视角研究技术创新奠定了理论基础。

(二)技术创新政策激励的必要性

1. 技术创新的基本特性

将政策激励与支持视为企业技术创新绩效的内生变量之一,通过政策来干预经济运行的合理性的理论依据,很大程度上是源于在技术创新过程中的"市场失灵",而在技术创新过程中之所以存在"市场失灵",则根源于技术创新的基本特性:

(1)企业技术创新具有外溢性,即企业技术创新成果所获得的个体收益小于社会收益。创新的成果一般是知识和方法,且无形的知识通常以有形的产品或相近的技术手段体现出来。通过知识产权保护(尤其专利)来对创新者的利益进行保护,但其外溢特性决定了技术创新成果非竞争性、非排他性和效用的不可分割性的特征,从而导致创新市场配置下的低效性,创新投资一般被认为低于社会最优化水平④。

(2)企业技术创新的高收益性和高风险性。技术创新从投入到收益实现,需经历研发、实验、试生产、试销等多个环节,在任何一个阶段,企业在投资技术创新上面临诸如技术风险、市场风险、管理风险、资金风险等因素。由于技术

---

① Freeman C.. Technology Policy and Economic Performance: Lessons from Japan [M]. London: Pinter, 1989.

② Lundvall B. A.. National Innovation Systems: Towards a Theory of Innovation and Interactive Learning [M]. London: Pinter, 1992.

③ Nelson R.. National Systems of Innovation: A Comparative Study [M]. Oxford: Oxford University Press, 1993.

④ Czamitzki D., Hanel P., Rosa J.. Evaluating the Impact of R&D Tax Credits on Innovation: A Micro - Econometric Study on Canadian Firms [J]. Research Policy, 2011, 40.

信息的快速推广性以及在创新回报上的复杂性和不确定性,引发技术创新的一个次优水平,而收益的不确定性也抑制了企业的创新欲望。

因此,在技术创新领域,由于技术创新成果的非独占性,创新活动本身具有的高风险性、高不确定性、周期长及其溢出效应,使得创新投资收益低于一般性的投资收益。同时,在我国还存在两个明显的现实问题:一是大多数中小企业为减少创新风险、降低创新成本,更倾向于引进较为成熟的技术,在技术创新上往往更愿意采取"搭便车"行为,来规避创新风险,缺乏创新动力;二是存在模仿者侵犯他人知识产权的现象,进一步强化了创新收益的非独占性。在这种氛围下,如果缺乏外部力量,单纯依靠企业进行技术创新,进而促进产业升级和进入高利润的高阶状态是难以实现的。因此,政府从发展国家和区域经济出发,采取一系列政策措施,减轻技术创新活动中"市场失灵"导致的低投资,促使企业创新成果的外部效应内在化,来促进企业的技术创新,并成为技术创新的主要推动者。

2. 技术创新政策的作用

技术创新政策对保障和促进企业技术创新的作用是多方面的,一般来说,其激励的作用有以下几点:

(1)推动科技资源的有效配置。根据资源的稀缺状况及合理配置信息和技术创新活动的规律对人、财、物等资源要素进行有效配置,对促进国家和地区的科技竞争力有长远的影响。

(2)激励企业技术创新与开发。通过保护创新主体的专有权利,打击侵权行为,确保权利人收回投资成本,获取高额垄断利润,来鼓励企业技术创新的作用。

(3)推动技术成果的转化。通过财税政策、金融政策、政府采购和知识产权保护政策,营造科技成果转化的政策环境,加快技术创新成果产业化和市场化。

当然,也不能一味地片面强调政策的积极效应。部分观点认为,在某些领域,市场机制无法实现资源的最优配置,但政府的介入很可能使情况更加恶化。在用"市场失灵"理论对某项政策给出正面评价的同时,更应该关注所谓"政府失灵"的问题,认为我国部分创新政策失灵的原因就在于政府利用创新政策工具和其他公权不断越过市场的边界,对创新主体的创新预期造成极大的干扰和阻碍①。

国内最早见诸学术刊物的创新政策研究成果是汤世国(1988)的《技术创

---

① 邓练兵. 中国创新政策变迁的历史逻辑[D]. 武汉:华中科技大学博士学位论文,2013.

新政策探讨》。多数研究表明，政府对企业技术创新活动的介入和干预能够缩小企业技术创新活动的收益与社会收益之间的差距①。企业创新过程中需要一定资金支出，而创新政策不但能促进科技型企业技术创新的发展，还能提高经济效益，并且增进社会福利水平。为了抵御风险，创新政策在科技型中小企业的创新发展中是必不可少的（谢作渺等，2009）。由于企业自身的特点和面临的发展困境使得其技术创新活动的开展及风险应对，都需要政府的大力扶持和引导。各级政府应当以政策为导向，以利益、资金为纽带，在资金、技术、管理、市场等方面切实履行宏观调控和协调促进职能（杨爱群，2009）。肖鹏（2006）②从供给、需求和环境三个层面探讨了促进技术创新的财税政策。金雪军、杨晓兰（2005）③基于演化范式研究了技术创新政策的含义及分类。卢锐、杨忠（2004）④从激励制度、协调制度、企业家制度、专利制度和学习制度等方面分析了制度对技术创新政策的影响。邵庆国、李乐涛（2004）⑤认为完整的技术创新政策是由知识产权保护、公共采购、财政金融、产业发展管制、科学技术发展、市场环境优化和经营机制激励等构成的政策链条。聂鸣、杨大进（2003）在对比目标导向和能力导向两类政策特点的基础上，提出我国技术创新政策应由以目标导向为主向以能力导向为主进行调整⑥。

世界发达国家（地区）和新兴经济体纷纷出台相应刺激政策的目的是用来提高企业参与技术创新活动的积极性。如为了鼓励产业研发、技术升级，台湾地区 1991 年颁布实施的"产业升级法规"（SUI），针对制造业企业技术的加速折旧、税收抵免或免税；挪威政府 2002 年引入基于量的税收抵免的"SkatteFUNN"政策，来激励企业的研究与开发活动。我国也先后发布了《"十二五"国家战略性新兴产业发展规划》、《关于实施高新技术企业所得税优惠有关问题的通知》和《关于强化企业技术创新主体地位全面提升企业创新能力的意见》等纲领性文件，来加快战略性新兴产业企业的发展和加强企业技术创新的主体地位。

---

① David P., Hall B., Toole A.. Is Public R&D a Complement or Substitute for Private R&D: A Review of the Econometric Evidence [J]. Research Policy, 2000, 29 (4): 497 – 529.
② 肖鹏. 技术创新过程中的市场失效与财税政策选择 [J]. 改革, 2006, 10: 43 – 47.
③ 金雪军, 杨晓兰. 基于演化范式的技术创新政策理论 [J]. 科研管理, 2005, 3: 55 – 60.
④ 卢锐, 杨忠. 制度视野中的技术创新政策研究 [J]. 中国软科学, 2004, 10: 98 – 102.
⑤ 邵庆国, 李乐涛. 构建完整的企业技术创新政策链条 [J]. 科学学与科学技术管理, 2004, 5: 47 – 51.
⑥ 聂鸣, 杨大进. 从目标导向到能力导向：我国技术创新政策的演进方向 [J]. 科学学与科学技术管理, 2003, 24 (10).

三、技术创新支持政策类型

（一）技术创新支持政策分类方法

技术创新支持政策是个复杂的政策体系，覆盖很多领域。由于科技广泛的社会经济关联性，其作用已经渗透到各种不同的政策领域中，也因此造成了技术创新政策的复杂性和多面性特征[①]。并且，很多政策的实施必须依靠各种政策工具支持及互相配合。连燕华（1999）按目标和手段、层次和调节对象、相关政策体系、技术创新政策的实施层次、技术创新过程、政策工具类型、政策实施模式等不同角度对技术创新政策进行分类和界定[②]。学术界对具体创新政策内容和政策工具的理解也有一定差异。

1. 从宏观和微观两个层面来界定

石定寰（1999）将技术创新支持政策大致分为四类：政府直接支持与指令性科技计划相关的创新政策类，如各类科技计划；政府间接支持的与指导性科技计划相关的创新政策；政府一般性创新政策，主要的如财税政策、科技人员的奖励政策等；特殊性创新政策等[③]。赵筱媛、苏竣（2007）[④] 将技术创新政策按层次和结构将其分为战略层政策、综合层政策和基本层政策。战略层政策主要是指推动企业创新的顶层设计，通常与国家科技长远发展相关的具有前瞻性与指导意义的宏观政策、理念及目标，包括国家科技政策、科技规划等，如2006年国务院颁布的《国家中长期科学和技术发展规划纲要（2006～2020年）》；综合层政策是一种中观层面的政策形式，是对战略层政策的细化和具体化，也是对基本层工具的集成和组合，包括科技中介、大学科技园、中小企业创业基金等；基本层政策属于操作型的政策形式，是具体落实战略层政策和综合层政策的手段，通常包括税收优惠、教育培训、科技资金投入、知识产权、公共技术采购等多种政策工具。郑代良（2011）将高新技术产业政策分为战略性政策、支柱性政策和基础性政策，并认为高新技术产业高层次人才政策、技术政策、财税政策和投融资政策是该产业发展的"四大瓶颈"[⑤]。

---

① 周华东. 科技政策研究：嬗变、分化与聚焦 [J]. 科学学与科学技术管理, 2011, 11.
② 连燕华. 关于技术创新的思考 [J]. 科学学与科学技术管理, 1999, 20 (4).
③ 石定寰. 国家创新系统：现状与未来 [M]. 北京：经济管理出版社, 1999.
④ 赵筱媛, 苏竣. 基于政策工具的公共科技政策分析框架研究 [J]. 科学学研究, 2007, 2.
⑤ 郑代良. 改革开放以来中国高新技术产业政策研究 [D]. 武汉：华中科技大学博士学位论文, 2011.

2. 从政策的一般性和特殊性分

武欣（2010）将创新政策工具分为一般性政策工具和特定性政策工具。一般性政策工具包括制度、基础设施等；特定性政策工具包括创新系统、研究与开发、政府采购等①。

3. 从政策的供需关系分

罗斯威尔和沃尔特将政策分为环境面政策、供给面政策（政府通过对信息、技术、资金、人才等要素的支持直接扩大供给，改善相关要素的供给状况，从而推动技术创新企业的发展）和需求面政策三种类型。其中，政策体系是通过环境面政策影响、供给面政策推动、需求面政策拉动来对创新体系产生影响。供给型创新支持政策通过对企业、科学院所、高等院校等创新的供给方实施激励来促进技术创新，包括财税投入政策、税收政策、社会化服务和人才政策、法律法规政策等。需求型创新支持政策通过对创新产品的购买者即创新的需求方实施激励来促进创新，包括政策采购、面向创新产品的税收和价格及补贴政策、面向创新产品的公共项目规划、促进企业创新的标准设定等。

4. 从政策手段不同角度分

白霞（2007）将企业创新的政策体系分为经济杠杆激励型、行政手段干预型和法律法规保障型三种类型②，分别包括产学研机制、政策采购政策、财政投入政策、法律法规政策、税收政策、社会化服务政策和人才政策。谢作渺（2014）③将政策工具分为两类：货币型政策，包括金融政策、财政政策和税收政策；行政性政策，包括创业支持政策、社会化服务政策和法律政策。政策手段主要有以下四个方面：财政税收政策支持；技术支持政策；金融支持政策；高科技人力资源支持政策等。从政策手段的干预性的角度，张小蒂和李风华（2001）将技术创新政策类型分为基础性干预和结构性干预④，认为后发国家政府应当顺应市场导向，相机抉择运用选择性干预政策，如包括强化基础性干预、增加创新投入、激励创新动力等，将潜在的后发优势转化为现实的竞争优势。

（二）技术创新支持政策的类型

有关技术创新的政策工具类型和相关研究，主要包括以下几个方面：

1. 财税政策

财税政策工具常见形式为财政直接拨款资助和税收优惠。在经济转型过程

---

① 武欣. 创新政策：概念、演进与分类研究综述［J］. 生产力研究，2010，7.
② 白霞. 企业自主创新的政策体系研究——以陕西企业为例［D］. 西安：西安理工大学硕士学位论文，2007.
③ 谢作渺. 政策支持与中小企业发展研究［M］. 北京：中央民族大学出版社，2014.
④ 张小蒂，李风华. 技术创新、政府干预与竞争优势［J］. 世界经济，2001，7.

中，政府的财政政策支持对企业的技术创新绩效至关重要。通过对企业经济补偿等形式，推动企业创新，引导产业升级，来纠正企业技术创新的外部性。研究表明，财政政策是企业研发投入的重要因素（Leyden，2004），促进了企业研发活动和重大新产品的开发（Hewitt – Dundas & Roper，2009）。同样，在我国的制度环境下，政府针对技术研发方面补贴类的财政支持对企业的研发投入的激励效应是显著的（王俊，2010；熊维勤，2011）①②。多数观点认为，政府的财政支持有利于弥补创新过程中的市场失灵，带动了企业层面的创新投入（Guangzhou Hu，2001）③。也有观点认为，政府选择性的财政政策对企业技术创新投入产生了挤出效应（Wallsten，2002）④，降低了激励效果（Rodrik D.，2004）⑤，企业所释放出的虚假信号很可能达到欺骗政策制定者的目的。王玉梅、林洲钰等（2014）⑥ 实证研究发现，政府的财政补贴与企业技术创新活动之间呈倒"U"型线性关系，当补贴强度较低时，政策支持对企业技术创新的激励作用十分有限，而随着补贴强度增加，政策对企业技术创新的正面影响也呈递增趋势。同时，也发现补贴激励政策对企业技术创新的影响效果与企业获得激励强度的高低密切相关。当补贴强度低于某一临界值时，政府补贴政策显著促进了企业技术创新；当补贴强度高于该临界值时，补贴政策对企业技术创新的抑制效果开始显现。

税收优惠是指政府对有关产业技术研究与开发活动减免税收，主要包括对试验研究用机械设备与新技术设备实行加速折旧制度，适当扣除试验研究费的税额，以技术转让所得收入按一定比例减收税费或予以免征等⑦。政府税收政策通过价格机制传递给企业，引导其在追求自身利益最大化的同时，按照政府调控目标进行生产经营活动，有利于促进企业更多地进行技术创新活动。税收政策通过影响企业的经济报酬，进而影响企业的技术创新活动的决策。

相对财政补贴政策支持，税收政策是一种更为有效的技术创新政策工具。技术创新的税收优惠政策在形式上更为公平，能够促进技术替代，减少技术创新过程中的不确定性。经济合作与发展组织认为：研究开发的税收刺激是一种提高产

---

① 王俊. R&D 补贴对企业 R&D 投入及创新产出影响的实证研究 [J]. 科学学研究，2010，9.

② 熊维勤. 税收和补贴政策对 R&D 效率和规模的影响——理论与实证研究 [J]. 科学学研究，2011，5.

③ Guangzhou H. A.. Ownership, Government R&D, Private R&D, and Productivity in Chinese Industry [J]. Journal of Comparative Economics, 2001, 5.

④ Wallsten S. J.. The Effect of Government – Industry R&D Programs on Private R&D: The Case of the Small Business Innovation Research Program [J]. RAND Journal of Economics, 2002, 1.

⑤ Rodrik D.. Industrial policy for the 21st Century [R]. Working Paper, 2004.

⑥ 王玉梅，林洲钰等. 中国企业转型升级的若干技术创新问题研究 [M]. 北京：企业管理出版社，2014.

⑦ 张伟. 美日政府推动企业技术创新的经验及借鉴 [J]. 投资研究，1999，3.

权性技术研究水平的有效机制。然而，产权性技术研究只是企业赖以作为创新过程投入的诸多技术因素中的一种。因此，研究开发税收优惠政策应该只被看作是促进私营部门技术创新更为多样化的财政战略的一个组成部分。技术创新的税收优惠政策作为促进研究开发支出的重要手段之一有许多优点①。首先，税收优惠政策减少了政府政策对市场的干预，使企业能够保留自己的决策权。其次，税收优惠政策涉及政府内较少的官僚层次，政策执行的效率更高。再次，税收优惠政策相对稳定，不需要类似政府补贴政策那样的评估，比政府补贴更具有可预见性。最后，税收优惠政策具有较高的灵活性。有学者认为，税收优惠政策是政府可以提供给技术创新企业的最为有效的补贴形式。能够成功地动员发明家、企业家和投资者的税收优惠政策，较之政府对于技术创新企业的任何直接补贴都更为有效地促进技术创新。

  部分学者针对不同税收政策类型对企业技术创新的影响进行了研究。如降低税率可从整体上降低企业的创新成本，有利于鼓励企业投入更多的资源进行技术创新活动。研发费用抵扣的税收政策则通过提供给企业一个与前期创新投入存在一定比例关系的抵税工具，研发费用抵扣产生的税盾效应可以激励企业增加研发投资（Mansfield E., 1986; Bloom, 2002）。曼斯费尔德和斯威兹（Mamsfield & Switxer, 1985）对加拿大公司进行访谈调研，结果显示，税收减免比直接投资的效果差，通过税收减免减少的财政收入只能换回更少的投资收入。安沃·沙赫则使用生产结构模型对加拿大科研开发进行影响分析，结果显示，税收政策对于开发投资有重大正面效果。该分析指出，合理的税收政策可以刺激和推动公共政策的有效实现，加速科研生产，从而实现目标的完成。后来，安沃·沙赫和J.巴夫斯利用带有可变加速数据的动态要素需求模型研究了巴基斯坦税收政策的刺激效果，发现税收政策对于有形资本等并不具有有效性支持，其扶持效果不明显②。长期来看，税率应该保持在低位上才能有效果，而短期来看，刺激效果方面，增加投资税收抵免比降低公司生产率更为有效。在税收政策效果方面，我国早期较为经典的研究成果有吴贵生、竺耐君（1992）③以北京高新技术开发区为实例，运用系统动力学模型对税收政策的效力进行了定量分析，得出税收优惠政策在开发区取得了多方面的成果。不仅积累了企业资金和上缴税金，还从一定程度上改善了企业投资结构，大大激励了企业的科技创新活动。童大龙（2005）④认为，我国作为执行"以政控财、以财行政"的分配体系的国家，财政政策在

---

① 宿沛然. 美日技术创新支持政策比较分析 [D]. 长春：吉林大学硕士学位论文，2007.
② 陈眉月. 中外科技创新财税政策研究综述 [J]. 黑龙江对外经贸，2007, 10.
③ 吴贵生，竺耐君. 高技术产业开发区税收政策效应的定量分析 [J]. 管理工程学报，1992, 4.
④ 童大龙. 我国税收流失的理论与实践探析 [J]. 管理世界，2005, 3.

国家宏观调控和发展社会经济中占有相当重要的地位。因此，在发展我国科技创新事业时，要充分发挥财政支持政策效力，要从改革预算制度、科学利用政府采购以及把握好财政投入和补贴扶持方面做起。与童大龙持同样观点的还有魏务云和罗掌华（2006）[1]，他们提出财政和税收政策作为科技创新支持政策中相对重要的政策工具，需要加强财税政策实施有效性，明确财税政策实施对象，制定合理的税收率。章祥（2008）研究了税收优惠政策是否直接或间接影响着企业 R&D 投入的问题，认为"税收优惠政策对企业总体 R&D 投入有促进作用，若要充分发挥税收激励政策的作用，还需要对各项税收优惠政策工具进行合理的选择组合"[2]。

另外，国内学者安同良、周绍东、皮建才（2009）[3] 从不同税收政策的激励强度对企业技术创新的影响进行了研究，发现企业技术能力信息的不透明加剧了"寻扶持"行为，严重削弱了税收政策对企业技术创新活动的促进作用。当税收政策激励强度较大时，政策出于对财政资金负责的考虑，会倾向于风险小、回报率高、市场前景好的项目。而税收政策，由于政策体系导致的负面效应就可能对企业技术创新产生一定程度上的抑制效应。胡晓东和龚家美（2013）[4] 提到民族地区中小企业是民族地区经济发展的重要力量，认为政府应通过税收政策扶持和促进其发展，缩小民族地区与发达地区的差距。如建立和规范中小企业税收优惠的法律、法规；加强政府引导，创造有利于中小企业发展的社会环境；拓宽融资渠道，鼓励对中小企业投资等。潘红雨（2012）[5] 提到民族贸易和民族用品生产贷款优惠利率政策是国家支持少数民族地区发展的一项重要举措，旨在利用利率政策工具，扶持民贸民品企业发展，从而促进少数民族地区经济社会繁荣稳定。

政府采购指各级政府为满足日常政务活动或为公共服务需要，在财政监督下，以法定形式、方法、程序，从市场购买商品和劳务的行为。在美国、加拿大、英国、日本等国家中，政府采购政策一直作为促进科技创新、实现科技进步的重要政策工具而存在，并发挥了不可替代的作用。[6] 2002 年《中华人民共和国政府采购法》的出台，为深化政府采购制度改革提供了有力的法律保障和良好的发展机遇，同时也对政府采购活动提出了新的更高的要求。从目前政府采购制度实行的实践来看，我国政府采购的目的主要是节约资金和抑制腐败，通过政府采

---

[1] 魏务云，罗掌华. 财政政策促进企业技术创新作用的博弈分析 [J]. 科技管理研究，2006，12.
[2] 章祥. 高新技术产业 R&D 投入与税收政策的研究 [D]. 镇江：江苏大学硕士学位论文，2008.
[3] 安同良，周绍东，皮建才. R&D 补贴对中国企业自主创新的激励效应 [J]. 经济研究，2009，19.
[4] 胡晓东，龚家美. 民族地区中小企业的税收支持政策研究——以贵州省为例 [J]. 西北民族大学学报（哲学社会科学版），2013，1.
[5] 潘红雨. 发挥优惠利率政策效应 支持民族地区经济发展 [J]. 民族大家庭，2012，12.
[6] 张文. 促进我国技术创新的财政政策研究 [D]. 济南：山东大学硕士学位论文，2006.

购促进技术创新还没有得到足够的理解与认识。殷亚红（2011）[1]认为《政府采购法》已明确政府采购是支持少数民族地区发展的一项重要的政策功能。但探讨该政策应该不再仅仅局限于其政策意义，而应探讨政策设计架构和政策落地的因素，借鉴发达国家经验，通过政府采购政策促进技术创新的实现，推动政府采购支持少数民族地区发展政策的起步。

2. 金融政策

金融政策主要是运用金融杠杆在信贷额度、利率优惠、贴息优惠等方面对国家重点基础性产业进行支持，对符合战略性产业导向的企业在融资过程中给予扶持，对有发展潜力的新兴企业在技术创新过程融资给予优惠。

技术创新企业的生命周期的四个阶段：种子阶段、初创阶段、扩展阶段和成熟阶段都面临资金需求和融资需求。企业如果仅仅凭借创新公司内部筹资投入自己的创新活动中，那很可能会导致研发中的投资不足。良好的金融政策、高效的融资效率能激励企业技术创新、降低其技术创新风险、提升企业创新成功概率。根据经济合作与发展组织的统计资料，政府每投入1美元可以带动企业1.7美元的研究和开发经费的增长。我国政府是技术研发资金的投入主体，政府的直接投资，可以为创新提供物质支撑和资金储备，刺激企业创新经费的增长。这些资金融资方面的政策优惠，有效促进了企业的健康发展和创新项目的有效推进。不仅可以缓解企业的资金困难，提高企业技术创新的积极性，引导企业增强创新能力，而且，可以带动风险资本和其他社会资本的加入。李光（2011）[2]认为，要积极采取优化金融机构网点布局、规范发展民间融资、拓展农业保险业务、实施倾斜性的金融政策、完善担保机制和抵押机制、培育直接融资市场等措施。谢启明（2013）[3]研究发现，现有融资政策存在对拓宽科技型中小企业融资渠道和融资成本支持力度不足，并通过对广西的科技型中小企业的调研分析，结果显示现有融资政策的不足是由企业、市场、政策三方面的原因造成的，并提出为改善民族地区科技型中小企业融资环境，引导资金合理分配，对经济发展滞后的民族地区实行特殊财政和货币政策。

除了直接金融投资外，基金扶持也是政府常采用的金融政策之一。这类基金通常会关注一些技术含量高、风险大、商业性资金进入尚不具备条件、最需要政府支持的科技型中小企业，为其进入产业化扩张和商业性资本的介入起到引导作用。另外，政府还依靠社会力量成立专门用于创新的基金，由政府掌握并进行有

---

[1] 殷亚红. 政府采购支持少数民族地区发展的政策设计 [J]. 中国政府采购，2011，9.
[2] 李光. 少数民族地区金融支持政策探讨 [J]. 黑龙江民族丛刊，2011，2.
[3] 谢启明. 民族地区科技型中小企业融资政策创新研究 [D]. 武汉：中南民族大学硕士学位论文，2013.

计划的发放和资助。如小企业自主创新基金、军转民基金等。

3. 创新人才政策

舒尔茨认为：人力资本投资的作用大于物力资本投资，人力资本投资增长速度远大于物力资本投资的增长速度，因此，资本积累的重点应从物力资本转移到人力资本。国家的经济和社会的发展进步，任何时候都无法剥离人力资本，人力资本是科学技术发展、社会进步的基石，是国家存在和参与竞争的核心与关键，促进国家长远发展并长久不衰。人力资本的核心是人才，人才与技术创新活动、企业活力和发展潜力息息相关。技术创新之于人力资源，企业家位于其核心位置，一方面，企业家能以全局性观察企业的行为与活动，能够从长远发展的视角，总体发展的层面，对技术创新活动进行系统布置，可以更加科学与合适地配置生产资料与要素，提高各种要素的组合效率，其对于技术的领先与适用性有更好的了解，可以更加有力地规避技术创新的风险，同时善于筹集资金，为技术创新创造良好的资金渠道与环境；另一方面，企业家对人力资源足够关注，可以引进与培养具有相对丰富经验的人才，其也是技术创新成功的决定性因素。加大对人力资源的开发，有效发挥人才的主体作用。

创新激励主要是对创新人才的激励。人才政策方面，西方发达国家与其他新兴的工业化国家对于人力资本加大了政策的扶持，加大对教育投资比例，重视各个层次的人才培养，提高各层次人才的素质与综合能力。科研工作的开展无疑受到教育水平的影响，而科研对于技术创新以及技术创新成果的转化更是意义非凡。学者们一致认为，高、中、初人才结构比例一般应为1∶3∶6较为合理，我国则为1∶5∶12，高层次人才匮乏。并且，我国人才分布相对国外很不合理，大部分技术人才集中于东部地区和沿海地带，相比之下，西部地区的技术工作者仅是全国技术人员的15.4%。这样不仅会阻碍科研成果应用的效果，也对行业间的成果传递与升级带来阻碍。钟杰、覃宪（2004）研究发现技术人才严重流失是造成西南民族地区科技创新支持政策效力不佳的根本原因。在人才支持政策方面，范柏乃（2013）就人才支持政策对科技创新发展的效力及未来趋势等进行了实证研究。

其他相关政策支持还有知识产权、专利保护方面的法律政策，技术创新服务体系和平台方面的政策等，这里不再详述。

四、民族地区技术创新支持政策的影响及区域经济发展研究

民族地区是我国经济欠发达地区，其经济与东、中部地区之间呈现发展趋势

的"马太效应"。区域发展战略是国家战略的重要组成部分,也是国家发展在区域空间上的重要体现,产业转移和国内地域分工使得民族地区的技术创新和新兴产业发展具有特殊的内容。自1999年国家实施西部大开发战略以来,国家不断加大支持民族地区发展的政策力度,使得西部民族地区的投资环境、技术创新环境和发展条件不断改善。特别是"十二五"期间,西部民族地区通过充分发挥战略资源和市场潜力,构建现代产业体系,从根本上缩小了区域差距。但在其经济发展取得了长足进展的同时,与东部地区发展的绝对和相对差距仍在继续扩大,产业结构不合理、自我发展能力不强、技术创新主体地位不明显等问题依然存在。

各国工业化历程和技术进步的实践表明,技术创新是产业结构深层裂变的起点和基础,而民族地区的技术创新发展,不仅影响民族地区经济及产业结构调整,更是影响该区域中长期自我发展能力的基础构建。民族地区的技术创新面临着更加明显的内外部环境制约,发展民族地区经济及新兴产业,要立足现有条件,充分考虑技术基础和产业升级,在产业发展初期或市场及机制不健全甚至失效的情况下,发挥政府政策激励的积极作用,通过弥补企业技术创新的市场失灵、降低技术创新风险、提升企业内部技术创新层次,对有效刺激企业的创新活动、促进企业技术创新的健康发展至关重要。

首先,部分学者针对技术创新及其政策对民族地区发展的必要性,做了较为深入的探讨。早期,郑庆汉(1990)依据历史发展论述了科学技术向民族地区转移的必然性①。张国杰(1998)指出高技术产业为民族地区经济带来高效益,同时使民族地区的产业结构得以变动②。郑长德(2012)③认为民族地区的技术缺口还在进一步扩大,要实现新的跨越式发展,需根据民族地区经济发展的实际,从政策选择、政策强度、政策工具等方面给出实现技术赶超的政策支持。龙少波、罗添元(2010)④根据1978~2008年民族地区各产业数据,通过库兹涅茨K值和摩尔(Moore)结构变动值测度民族地区各省产业结构变动,研究发现工业对民族地区经济增长的贡献率较低,建议民族地区加快工业化进程,尤其需要加快高新技术产业的发展步伐。陈景辉、赵颖(2011)⑤认为民

---

① 郑庆汉. 探索科学技术向民族地区转移的规律 [J]. 科学学与科学技术管理, 1990, 2.
② 张国杰. 高新技术开发区与西部民族地区经济的发展 [J]. 中央民族大学学报(哲学社会科学版), 1998, 1.
③ 郑长德. 基于新经济地理学视角的支持欠发达地区经济发展的政策研究 [J]. 西南民族大学学报(人文社会科学版), 2012, 7.
④ 龙少波, 罗添元. 民族地区产业结构变动和优势产业选择的实证研究 [J]. 经济论坛, 2010, 6.
⑤ 陈景辉, 赵颖. 西部民族地区特色产业集群和工业园区发展研究 [J]. 特区经济, 2011, 8.

第一章 民族地区技术创新政策和创新绩效的理论与实践

族地区发展产业集群和工业园区是转变经济发展方式的突破点，并以此提出相关政策建议。王永亮、崔保田（2002）①以内蒙古自治区财政科技拨款与研究和开发经费分析了内蒙古自治区高新技术产业对经济的推动作用，并提出民族地区高新基础产业的发展应以战略选择和发展环境的培育为主。同样，郝戊与李晟韬（2009）②以1997～2007年度内蒙古自治区的时间截面数据为基础，从内蒙古自治区科技活动与内蒙古自治区国民产业经济结构调整的量化关系角度对内蒙古自治区科技活动的经济效果进行了实证分析，结果表明，不同的技术创新活动投入要素对国民产业经济结构的影响程度显著不同。要充分发挥科技创新推动作用，必须引入新要素或要素的新组合，结合内蒙古自治区发展实际，培育区域创新系统，创新人才机制，加大科技与教育投入，完善政府服务体系，增强自主创新能力。梅其君（2008）③认为民族地区企业技术创新首要的和最重要的是改善企业的恶劣技术环境。张冬梅（2014）④从福利经济学角度出发，认为中央支持民族地区政策体系的构建，应该基于民族文化价值观更激励、资源环境承载力约束更绿色和整体福利增进更和谐等。部分研究还针对民族经济生态可持续发展问题，提出了民族经济生态化是民族地区可持续发展的必然选择，而生态化技术创新是实现民族经济生态化发展的动力，从国家和民族地区的发展现状出发，战略性新兴产业应成为民族地区生态化技术创新发展的主要载体（郭永园、施璠，2015）⑤。

其次，关于民族地区创新支持政策面临的困境方面的研究。多数学者认为，在我国少数民族地区，科技现状并不能有力支撑社会经济发展，并从宏观定性角度提出一些相应的政策建议。李俊杰、刘崇元（2001）⑥认为促进民族地区企业发展方面，政府要在制定优惠的税收政策、优惠的金融政策、优惠的人力资源开发政策等几个方面进行职能转变。杜伟（2001）⑦就西方国家对欠发达地区的政府援助从"思想上高度重视、援助目标明确、援助方式灵活多样、援助资金法定来源、重视基础设施建设以及援助的法制化"六方面将西方

---

① 王永亮，崔保田. 民族地区高新技术产业化发展的探索与实践 [J]. 内蒙古科技与经济，2002，4.
② 郝戊，李晟韬. 科技创新和少数民族地区产业结构优化升级关系的实证研究——以内蒙古自治区为例 [J]. 科学学与科学技术管理，2009，9.
③ 梅其君. 基于技术环境论的西部民族地区企业技术创新分析 [J]. 工业技术经济，2008，7.
④ 张冬梅. 中央支持民族地区政策体系的科学基础探寻 [J]. 西北民族大学学报（哲学社会科学版），2014，6.
⑤ 郭永园，施璠. 生态化技术创新：民族经济生态化的必然选择 [J]. 广西民族研究，2015，3.
⑥ 李俊杰，刘崇元. 促进民族地区中小企业发展的政府职能转变 [J]. 企业经济，2001，9.
⑦ 杜伟. 西方国家对欠发达地区进行政府援助的经验和对我国西部大开发的启示 [J]. 贵州民族研究，2001，1.

重要国家在发展欠发达地区的经验进行总结。陶清德（2008）[①] 总结了我国西部民族地区中小企业的发展特点，重点提出民族地区的企业存在的民族性与非民族性，在观念上未能真正与现代管理制度接轨以及缺少产品市场与资本。同时提出对于西部民族地区中小企业的发展，除了要求国家必须调整支持西部民族地区社会经济发展的政策以外，还需要进一步完善西部民族地区中小企业发展扶持制度。李俊杰（2003）[②] 认为"民族地区科技创新支持政策目前正处于启动和加速状态，政策体系不完善、科技基础薄弱、经费投入滞后、人才缺失是制约科技创新政策发挥良好效力的主要障碍"。纳慧（2006）[③] 对甘肃少数民族地区产业结构的发展现状进行了分析，认为甘肃少数民族地区除农业外都是自给型的产业，对此状况急需依靠科学技术的发展，促进新兴产业的发展和传统产业的振兴。王晓伟（2008）[④] 认为，技术创新支持政策需要因地制宜，区域差异性决定了需求差异性，发展民族地区科技创新，不能一味地跟随东部发达地区的脚步，结合地理背景、当地经济发展水平、当地技术人员素质以及当地民族传统文化等特殊因素是十分必要的。苏多杰（2005）[⑤] 提出制度建设是民族地区科技创新体系稳定发展的关键所在。闭青青（2011）[⑥] 认为"在我国民族地区，科技财力投入总量低，基础研究投入比重低，方向不明确等"是制约着科技创新活动发展的根本因素。刘秀兰、王康（2004、2005）[⑦⑧] 在对四川民族地区技术创新的困境与优势分析之后，认为该地区技术创新的起点很低，即使具有资源优势，但更面临着人才、技术、资金方面的障碍。通过总结四川民族地区技术创新工作中积累的经验和发展模式（政策引导型、直接引导型、自创型、内引外联型），提出完善技术创新体系应采取的措施：健全完善法规和政策，开展密切的产学研合作，重视引进再创新的战略，政府提供充足的财力保障，形成有效的

[①] 陶清德. 西部民族地区中小企业发展和当地的现代化、企业化及族群发展 [J]. 甘肃理论学刊，2008，6.

[②] 李俊杰. 西部大开发与民族地区中小企业发展对策研究 [J]. 中南民族学院学报（人文社会科学版），2003，1.

[③] 纳慧. 甘肃少数民族地区产业结构现状分析 [J]. 西北民族大学学报（哲学社会科学版），2006，5.

[④] 王晓伟. 对我国少数民族地区科技政策的思考 [J]. 北京科技大学学报（社会科学版），2008，3.

[⑤] 苏多杰. 西部少数民族地区科技创新的制度结构分析 [J]. 青海民族研究，2005，2.

[⑥] 闭青青. 我国民族地区科技财力投入现状研究 [J]. 学理论，2011，3.

[⑦] 刘秀兰，王康. 四川民族地区技术创新的困难与优势分析 [J]. 西南民族大学学报（人文社会科学版），2004，5.

[⑧] 刘秀兰，王康. 四川民族地区技术创新体系建设的对策 [J]. 西南民族大学学报（人文社会科学版），2005，4.

激励机制以及具备科学的程序和核心技术。曾海鹰（2007）① 采用全球可持续创新组织的调研工具，对贵州少数民族地区企业可持续创新能力进行了调研分析，认为欠发达省区国际要素流动的外溢效应不足，并对此情况给出了相关的政策建议。部分研究者认为西部技术经济表现出"技术后发性"的特点，具有总体技术创新能力不足，科技成果商品化、产业化、国际化程度较低，知识配置率以及科技进步对经济增长的贡献率也较低等现存问题，并由此总结了西部高技术产业的成长模式，提出了相关发展策略与建议。梅其君（2008）② 认为对于西部民族企业的发展，技术引进与选择非常重要，民族地区企业的技术引进与选择不论采取何种策略，都应该重视技术环境的改善。对政府而言，要为企业构建技术进步的服务体系，制定相关政策，完善相关机制。汪攀、杜国蓉、李能武等（2008）③ 对民族地区企业发展问题在企业创新、人力资源等方面提出了相关的见解。王维平、罗旋（2007）④ 论述了政策创新及政策创新环境的概念，分析了欠发达地区所面临的经济政策创新环境制约问题，从"政策手段创新、目标性政策、制度性政策"三方面对如何优化欠发达地区的政策创新环境提出了对策思考。在汲取国外经验方面，蒋峰（2008）⑤ 通过对财政政策与货币政策的理论分析，结合湖北省的实证分析以及两种政策组合的经济学分析，提出从机制、配合等方面在欠发达地区采取积极的财政政策，以较宽松的货币政策达到二者的协调发展。

五、本章小结

本章首先从技术创新特征和内涵发展剖析入手，重点分析了技术创新的类型和技术创新绩效的影响因素，进而对技术创新政策作用的理论基础进行了分析，并通过对民族地区技术创新政策方面的理论研究和实践前沿的进一步阐述，为后面章节的深入研究做好理论铺垫和方法借鉴。

---

① 曾海鹰. 企业可持续创新能力的调研分析——以贵州省企业可持续创新能力的调研分析为例［J］. 科技进步与对策，2007，2.
② 梅其君. 基于技术环境论的西部民族地区企业技术创新分析［J］. 工业技术经济，2008，8.
③ 汪攀，杜国蓉，李能武等. 民族地区企业发展问题研究——以甘孜州企业发展为例［J］. 管理观察，2008，7.
④ 王维平，罗旋. 欠发达地区经济政策创新环境及其优化研究［J］. 理论与改革，2007，4.
⑤ 蒋峰. 财政政策与货币政策协调问题研究——基于欠发达地区的视角［J］. 海南金融，2008，4.

第二章

民族地区高新技术创新支持政策的供给和演变

经济发展的历史轨迹表明,技术创新早已成为影响经济增长的举足轻重的要素,在经济增长方面取得较大成功的国家都将技术创新置于极重要的地位。同时,政策作为上层建筑的重要组成部分,是一种潜在的资本,协调生产力的各要素,形成推动经济发展的合力。国家创新体系理论也强调国家政策因素对技术创新的影响,认同国家是参与和影响创新资源的配置及其利用效率的行为主体、关系网络和运行机制的综合体系。自《坚持走我国特色自主创新道路,为建设创新型国家而努力奋斗》重要讲话发表以来,我国明显加快了创新政策体系建设步伐。从世界各国发展历史来看,通过政策干预和倾斜来促进落后地区的发展,是各国政府普遍采用的有效手段[1]。国家先后出台了上百个创新政策文件,对提升我国民族地区企业技术创新能力起到了积极推动作用,是我国民族地区经济发展政策的核心组成部分。高新技术是技术创新的载体,因此,回顾近年来我国民族地区高新技术创新支持政策,梳理和剖析创新支持政策的基本现状,发现目前技术创新支持政策的得失,对于我国未来制定和实施更加有效的政策手段,具有重要的理论和现实指导意义。

一、民族地区高新技术创新支持政策回顾

我国高新技术产业起步于 20 世纪 50 年代,之后又经历了从技术引进、模仿

---

[1] 江世银. 西部大开发新选择——从政策倾斜到战略性产业结构布局 [M]. 北京:中国人民大学出版社,2007.

创新到自主创新的国家高新技术产业战略发展阶段。尤其是在我国经济经历了30余年的改革开放后，高新技术产业发展的政策体系得到了逐步完善。根据国家高新区近几十年创新发展报告，国家高新产业创新政策呈现出四个阶段的演变过程：第一阶段是政策制定的不成型探索；第二阶段是线性创新模式下的区域聚焦政策；第三阶段是着眼于创新系统要素相互作用的创新体系的构建；第四阶段也就是目前正在探索的全部门创新政策（如表2-1所示）。

表2-1 国家高新技术创新支持政策发展演变阶段

政策阶段	1978~1987年（第一代）	1988~1998年（第二代）	1999~2006年（第三代）	2007~2020年（第四代）
关注焦点	积极探索、恢复和发展因"文革"而中断的科学技术	吸引投资、支持创业、促进技术转让	搭建创新服务平台、鼓励研发、支持企业成长、产业集群	改善环境、人力资源、财政创新、市场建立、机构改革
政策方向	全面恢复和探索	区域目标	部门目标、创新促进	平行政策、创新促进
主要政策	恢复被破坏或停滞的各项人才政策，研究和制定技术政策，高科技园区财税优惠措施，科技贷款	国家高新区内税收优惠、出口和外商直接投资优惠政策、孵化器	创新资助，研发加计扣除、研发中心支持、孵化器和加速器、合作计划、产业联盟、软件服务产业	人才招募、政府采购、风险资本/母基金/产业基金、平台网络、股权激励、创新资源平台、社区服务
主要部门	科技部门为主	科技部门为主	科技部门为主	相关部门高度参与

资料来源：王胜光，程郁. 国家高新区创新发展报告：二十年的评价与展望[M]. 北京：中国经济出版社，2013.

由于环境要素和历史遗留问题等，民族地区经济发展始终处于较东部落后的地位，西部民族地区的高新区的建设和高技术发展，也是在20世纪90年代初期才步入正轨。

（一）恢复和探索期（1978~1987年）

1978~1987年，国家对于高新技术政策的研究完全处于初步状态和探索期，并没有区域差异。该时期国家在高新技术方面取得了多项科技成果，技术开发能力也进一步增强并培养了大批科技人才和科技管理人才，但因为历史遗留问题的残局需要修复，恢复国民经济正常发展需要解决的问题千头万绪，因此，并没有明确地发展高新技术的计划和政策。

1. 高新技术产业税收政策

国家在高新技术产业发展初期颁布有《国务院关于外商投资的规定》、《国家高新技术产业开发区税收政策的规定》等政策文件,对在经济特区、经济技术开发区、高科技园区范围内的企业实行不同程度的财税优惠措施。

2. 高新技术产业金融支持政策

改革开放初期,在"经济振兴必须依靠科学技术进步,科学技术工作必须面向经济建设"的方针指导下,金融部门为支持科研开发和高新技术企业发展,开办了中短期设备贷款、专项贷款、引进技术及设备的外汇等科技开发投资性信贷业务,从而在我国产生了科技贷款这一新生事物。1985 年 3 月《中共中央关于科学技术体制改革的决定》中明确提出"对于变化迅速、风险较大的高技术开发工作,可以设立创业投资给予支持",这是"创业投资"首次正式出现在具有原则性指导思想的政府文本中,这为创业投资的发展提供了强有力的政策依据和政策保障。

3. 高新技术产业技术推进政策

改革开放以来,我国政府以不同形式颁布了各种技术政策,如 1981 年《技术引进和设备进口工作暂行条例》,1983 年《关于抓紧研制重大技术装备的决定》,1985 年《关于技术转让的暂行规定》等。1985 年原国家科委首次发布了《我国技术政策》,其中包括能源、通信、集成电路和电子计算机等 14 项技术政策的要点,这是我国第一次系统地创造性研究和制定的技术政策,阐述我国技术发展的基本路线和基本目标,同时作为指导、监督检察我国技术发展方向的基本政策依据的专门技术领域政策文件①。

4. 高层人才建设政策

1978~1985 年期间,全国主要以拨乱反正为重点同时恢复被破坏或停滞的各项人才政策,并探索切实有效的人才政策。1978 年国家恢复因"文革"而中断的出国留学政策并扩大了留学人员规模,同时为了加强国内高层次人才培养,1985 年我国正式设立了博士后制度;另外,邓小平 1983 年引智谈话开启了引进国外智力的大门,国家先后颁布多项人才政策和启动多项人才专项计划以吸引国外高层次人才,从而实现了高层次人才自主培养和国外引进的双重途径②。

(二) 应用和区域聚焦阶段 (1988~1998 年)

根据不完全统计,1991~1998 年,关于高新技术方面国务院与有关部委出台近 150 个政策文件,颁发的政策文本几乎涉及高新技术产业发展的各个方面,

---

①② 郑代良. 改革开放以来中国高新技术产业政策研究 [D]. 武汉:华中科技大学博士学位论文,2011.

也为 21 世纪我国高新技术产业发展提供了政策蓝本。在"科学技术面向经济建设"的方针下，我国在这一阶段加快了科技体制改革，从而诞生出"高新区"这一科技体制改革的产物。该阶段的政策基点是将高新区作为一种特殊空间，以促进"基础研究—技术开发—生产经营"的科技成果的转化。国家指出在科技力量密集的地区可先集中力量搞两三个试点兴办高技术产业开发区。

在我国西部，1991 年被批准设立了 5 个国家级高新区，分别是西安、成都、重庆、桂林、兰州高新区。1992 年批准设立了 7 个国家高新区，分别是包头稀土、南宁、绵阳、贵阳、昆明、宝鸡和乌鲁木齐高新区。1997 年批准设立了全国唯一一家农业高新技术产业示范园区——陕西杨凌农业高新技术产业示范区。我国西部高新区主要分布在智力资源密集、经济发展水平较高以及区域条件较好的各省、市大中城市。西部 12 个省、市（区）中，国家级高新区设立最多的是陕西省，设立了 3 个国家级高新区，分别是西安高新区、宝鸡高新区和杨凌农业高新技术示范园区；其次是四川和广西，各设立了 2 个国家级高新区，分别是成都、绵阳高新区和桂林、南宁高新区。1991 年 3 月 6 日国务院颁布的《国务院关于批准国家高新技术产业开发区和有关政策规定的通知》通过三个附件：《国家高新技术产业开发区高新技术企业认定条件和办法》、《国家高新技术产业开发区若干政策的暂行规定》和《国家高新技术产业开发区税收政策的规定》，明确了建设国家高新技术产业开发区的有关政策。

这个阶段西部民族地区高技术产业创新政策主要体现在税收优惠和财政扶持方面。西部民族各省努力提高财政研发投资占国内生产总值比重和财政科技投入的增长比例，通过资金配套等方式支持研发与科技创新，不断构建并形成西部民族地区高新技术开发区群。1996 年我国科学院启动了"西部之光"人才培养计划，对吸引和培养高层次人才到西部工作起到了积极的作用。实践证明，这一时期的高技术产业政策提升了政策对优化资源配置的功能，在西部民族地区发展高新技术产业初期起到积极作用。

1. *高新技术产业税收政策*

《国务院关于批准国家高新技术产业开发区和有关政策规定的通知》规定：国家税务局在 1991 年给予高新区内企业"两免三减"的税收优惠，即高新区内企业可享受从获利年度起 2 年免征、3 年减半征收企业所得税的待遇，而在此之前能够享受这种待遇的只有经营期 10 年以上的外商投资企业。除此之外，在高新区范围内认定高新技术企业，企业从被认定之日起，减按 15% 的税率征收所得税；开发区企业出口产品的产值达到当年总产值 70% 以上的，经税务机关核

---

① 郑代良. 改革开放以来中国高新技术产业政策研究 [D]. 武汉：华中科技大学博士学位论文，2011.

定，减按10%的税率征收所得税；新办的开发区企业，经企业申请，税务机关批准，从投产年度起，2年内免征所得税。对中外合资经营的开发区企业，合营期在10年以上的，经企业申请税务机关批准，可从开始获利年度起，头2年免征所得税；内资办的开发区企业，以自筹资金新建技术开发和生产经营用房的，按国家产业政策确定免征建筑税（或投资方向调节税）。在进出口货物关税方面的优惠有高新技术企业为生产出口产品而进口的原材料和零部件，免领进口许可证，海关凭出口合同以及高新技术产业开发区的批准文件验收；高新技术企业可以在高新技术产业开发区内设立保税仓库、保税工厂，海关按照进料加工的有关规定，以实际加工出口数量，免征进口关税和进口环节产品税、增值税；高新技术企业生产的出口产品，除国家限制出口或者另有规定的产品以外，都免征出口关税；高新技术企业用于高新技术开发而国内不能生产的仪器和设备，凭审批部门的批准文件，经海关审核后，免征进口关税。

2. 高新技术产业金融支持政策

《国务院关于批准国家高新技术产业开发区和有关政策规定的通知》规定：信贷支持政策有银行对高新技术企业，给予积极支持，尽力安排其开发和生产建设所需的资金；银行可给高新技术产业开发区安排发行一定额度的长期债券，向社会筹集资金，支持高新技术产业的开发；有关部门可在高新技术产业开发区建设风险投资基金，用于风险较大的高新技术产品开发，条件比较成熟的高新技术产业开发区，可创办风险投资公司。另外，在不影响上交中央财政的部分，经当地人民政府批准，高新技术产业开发区中高新技术企业所缴各项税款，以1990年为基数，新增部分五年内全部返还高新技术产业开发区，用于开发区的建设。

3. 高新技术产业技术推进政策

《国务院关于批准国家高新技术产业开发区和有关政策规定的通知》规定：对内资办的开发区企业，其进行技术转让以及在技术转让过程中发生的与技术转让有关的技术咨询、技术服务、技术培训的所得，年净收入在30万元以下的，可暂免征收所得税；超过30万元的部分，按适用税率征收所得税。对其属于"火炬"计划开发范围的高新技术产品，凡符合新产品减免税条件并按规定减免产品税、增值税的税款，可专项用于技术开发，不计征所得税；从其留用的技术转让、技术咨询、技术服务、技术培训净收入中提取的奖金，不超过15%的部分可不征收奖金税。另外，高新技术企业用于高新技术开发和高新技术产品生产的仪器、设备，可实行快速折旧。在《技术创新工程纲要、国家科委"九五"技术创新工程实施要点》中强调要"形成一批具有国际竞争能力的企业和企业集团，特别是形成一批拥有自主知识产权的高新技术企业，培养一批具有技术创新能力的现代企业家"。在《关于加快科技成果转化、优化外贸出口商品结构的若干意见》中，明确指出要"促进贸工技结合，加快科技成果商品化产业化，优化我国出口商品结构，提高出口商品技术含量和技术附加值"。1994年12月甘肃省科技厅发布《甘肃省技术市场优惠政策》和《甘肃省技术市场优惠政策实施管理办法》。

4. 高层人才建设政策

1988~1998年，我国初步建立高层次人才培养、使用、流动、引进、评价、奖励、福利退休等政策体系且实现制度化、机构化和规范化，同时高层次人才专项计划也已成为培养、引进高端人才的重要平台和手段，标志着我国高层次人才政策体系基本确立并初步发展。《国务院关于批准国家高新技术产业开发区和有关政策规定的通知》规定：高新技术产品出口企业，按国家规定从出口奖励金中发放给职工的奖金，不超过1.5个月标准工资的部分，可暂免征收所得税。

（三）创新系统构建和发展阶段（1999~2006年）

20世纪末期日益激烈的国际竞争态势凸显了我们国家创新能力和创新体系的不足，促使了创新要素的系统化配置。从1999年全国科技大会后，国家对高新区的发展也更加注重园区创新环境建设，着眼于自身创新政策体系的建立。同年国务院还批准了《科技型中小企业创新基金》，该基金旨在扶持、促进科技型中小企业技术创新，用于支持科技型中小企业技术创新项目，由科技部科技型中小企业技术创新基金管理中心实施。1999年8月11日科学技术部印发《关于加强国家高新技术产业开发区发展的若干意见》，将优化创业环境、完善创业服务体系和支持科技型中小企业作为重点任务。在2001年我国加入世界贸易组织（WTO）后，当年9月，科技部在武汉召开国家高新区所在市市长座谈会，提出了"二次创业"的战略构想。"二次创业"的核心就是要面向全球化的竞争，通过优化局部环境，提高我国高新技术产业的自主创新能力和竞争力。2002年科学技术部相继印发了《关于进一步支持国家高新技术产业开发区发展的决定》和《关于国家高新技术产业开发区管理体制改革与创新的若干意见》，强调了创新创业政策环境、中介服务体系和投资体系的建设。2005年1月17日科学技术部印发《国家高新技术产业开发区技术创新纲要》，开始将政策的重点放在了营造高新区的创新创业环境。

在以上国家政策环境下，2006年11月为认真落实《中共陕西省委、陕西省人民政府关于增强自主创新能力提高经济竞争力的决定》（陕发〔2006〕16号），陕西省人民政府组织实施《陕西省中长期科学和技术发展规划纲要（2006~2020

技术创新支持政策及其绩效

年)》和《陕西省"十一五"科学和技术发展规划（2006~2010年)》，充分发挥陕西省科教资源优势，进一步增强自主创新能力，全面提升产业技术水平，促进经济增长方式转变，建设创新型陕西。2006年12月西藏科技创新政策体系建设研讨会在拉萨召开，研讨会围绕科技人员到基层到企业创业优惠政策、区域创新体系建设政策、引进消化吸收创新协调机制、民营科研机构审批和管理政策、科技企业税收鼓励政策、科技人才的引进和培养机制建设、科技管理体制改革、科技进步目标责任考核指标体系和机制建设、科学技术普及与农牧民科技培训机制建设以及产学研相结合的政策措施10个方面深入展开。2006年为实施《贵州省中长期科学和技术发展规划纲要（2006~2020年)》，营造激励科技创新的环境，加快科技进步，根据《国务院关于印发实施〈国家中长期科学和技术发展规划纲要（2006~2020年)〉若干配套政策的通知》（国发〔2006〕6号）精神，结合贵州省实际，省委省政府制定了若干配套政策。2006年新疆维吾尔自治区党委、自治区人民政府出台《关于面向优势资源转换加强科技创新的意见》，是一个指导该区科技改革发展的纲领性文件。2006年为组织实施《内蒙古自治区中长期科学和技术发展规划纲要（2006~2020年)》，落实科教兴区战略，推进自主创新，建设创新型内蒙古，根据《国务院关于印发实施〈国家中长期科学和技术发展规划纲要（2006~2020年)〉若干配套政策的通知》（国发〔2006〕6号）精神，结合内蒙古自治区实际，制定了一系列相关政策。

在这一时期，西部民族地区高新技术产业发展的总体规模已经得到明显改善，高新技术产业政策的综合效率显著提高。随着2000年西部大开发战略的试行，首先，对西部民族地区调整和改革了增值税制度，完善了税收优惠政策，对科技成果收入给予了减免税负。其次，加大了对西部民族地区高新技术产业的转移支付力度，进一步完善了省以下分税制财政体制。此外，还制定了在通信等项目上予以营业税的减免等措施。这一时期的财政政策主要是平衡高新技术产业规模与技术进步目标的实现，自1998年以来，西部民族地区得到了积极财政政策的倾斜，国家调整中央财政的国债期限结构，增发了支持西部大开发的长期专项国债，时间期限放长；允许省级地方政府发行一定量的地方债券；国债资金重点投入以基础设施和保护生态环境为主，各省区政府提供担保和贴息。这使得大批高新技术企业得到政策的惠及，提高了西部民族地区高新技术产业发展动力。在创新人才队伍建设方面，西部大开发要求高新技术产业中必须拥有建设完善的人才队伍。一是建立发布高层次人才信息制度，加强人才统计工作，鼓励提供各类形式的智力服务；二是健全引进高层次人才相关政策，引进人才不受专业限制，形式多样，提高人才总量；三是奖励机制明确，根据贡献划分奖励等级，建立健

第二章 民族地区高新技术创新支持政策的供给和演变

全人才评价激励机制，实行关键岗位和重要技术岗位的分配制度，完善绩效奖励等①。在技术方面的政策主要也是体现在税收优惠上，西部民族地区高新技术开发区内对直接用于新技术开发和应用的各项费用进行减免，外商投资企业和自主非关联科研机构等开发经费均有相应的税务处理办法。

1. 高新技术产业税收政策

在西部大开发政策的响应下，重庆市地方税务局于2006年贯彻落实《中共重庆市委重庆市人民政府关于实施中长期科技规划纲要建设学习型社会和创新型城市的决定》（渝地税发〔2006〕216号），规定凡设立在重庆市的国家鼓励的内资企业以《当前国家重点鼓励发展的产业、产品和技术目录（2000年修订）》中列举的国家鼓励类产业、产品和项目为主营业务，其主营业务收入占企业总收入70%以上的各种经济成分的内资企业，在2010年年底前，减按15%税率征收企业所得税。《陕西省中长期科学和技术发展规划纲要（2006~2020年）》和《陕西省"十一五"科学和技术发展规划（2006~2010年）》中完善促进高新技术企业发展的税收政策。《贵州省中长期科学和技术发展规划纲要（2006~2020年）》配套政策中指出要落实对企业创新投入的所得税前抵扣政策和税收政策，支持技术创新能力建设的税收优惠政策和创业风险投资企业发展的税收政策，执行企业加速研究开发仪器设备折旧政策等。

2. 高新技术产业金融支持政策

《重庆市高新技术产业化贷款风险担保资金管理办法》（渝办发〔2005〕19号）规定设立高新技术产业化贷款风险担保资金，促进重庆市高新技术产业发展。2006年重庆市开始实行《重庆市科技贷款贴息资金管理暂行办法》。在《陕西省中长期科学和技术发展规划纲要（2006~2020年）》和《陕西省"十一五"科学和技术发展规划（2006~2010年）》中规定金融机构在支持自主创新方面要突出重点，要将支持高科技发展和企业自主创新与陕西省及各地区优先发展的产业和产品结合起来，利用信贷手段培育和支持企业发展，鼓励企业向"专、精、特、新"方向发展，形成与其他企业和大集团分工协作、专业互补的关联产业群体。并且要推进开展银银联合、政府协调、联合担保、财政风险有限补偿的支持高新技术企业融资的联合贷款试点工作。支持保险公司发展企业财产保险、产品责任保险、出口信用保险、业务中断保险等险种，为高新技术企业提供保险服务。"十一五"期间，青海省也加大对高新技术及重大科技项目产业化的金融支持力度。按照"不求所有，但求所用"的原则，采取更加优惠的政策措施。《贵州省中长期科学和技术发展规划纲要（2006~2020年）》配套政策要求加强金

---

① 曹如. 系统视角下西部地区高新技术产业发展战略分析与选择 [D]. 南宁：广西大学硕士学位论文，2013.

对科技创新的支持；加快发展创业风险投资事业；支持创业风险投资企业的发展；建立支持科技创新的多层次资本市场。《内蒙古自治区中长期科学和技术发展规划纲要（2006~2020年）》的若干政策中提到要加强政策性金融对自主创新的支持。政策性金融机构对国家和自治区重大科技产业化项目、引进消化吸收再创新项目等提供贷款，给予重点支持。国家开发银行内蒙古分行在获准的软贷款规模内，向高新技术企业发放软贷款用于自主创新项目的参股投资。我国农业发展银行内蒙古分行对自治区农业科技成果转化和产业化项目实施倾斜支持政策。另外，政府以专项资金、贴息、担保等方式，引导各类商业金融机构支持企业自主创新与产业化。商业银行对国家和自治区立项的高新技术项目积极给予信贷支持，对有效益、有还贷能力的自主创新企业出口产品所需的流动资金贷款，根据信贷原则优先安排、重点支持，对资信好的自主创新产品出口企业，可核定一定的授信额度，在授信额度内，根据信贷、结算管理要求，及时提供多种金融服务。加快建设企业和个人征信体系，促进各类征信机构发展，创造商业金融支持科技发展的良好条件。文件还要求拓宽创新型中小企业投融资渠道，自治区本级财政继续安排中小企业信用担保风险补偿资金，用于建立和完善中小企业信用担保机构风险分担机制，支持担保机构开展技术创新企业担保。开展自主创新风险投资试点，健全和完善风险投资进入和退出机制，引导社会资金流向创业风险投资企业，鼓励创业风险投资企业投资处于种子期和起步期的创业企业。

3. 高新技术产业技术推进政策

《陕西省中长期科学和技术发展规划纲要（2006~2020年）》和《陕西省"十一五"科学和技术发展规划（2006~2010年）》中指出要加强技术标准建设。支持企业、科研机构、高等学校和行业协会参与行业标准、国家标准、国际标准的研制，并通过消化吸收再创新形成有自主知识产权的技术和标准。鼓励企业结成技术标准联盟，推动自主知识产权与技术标准的结合，形成优势产业事实标准。积极开展技术标准企业试点，鼓励企业采用国际标准和国外先进标准组织生产。《贵州省中长期科学和技术发展规划纲要（2006~2020年）》配套政策提到鼓励支持合作创新。充分利用国内外和中央在黔科研机构的科技资源，引导和支持其围绕贵州省经济社会发展的重大科技需求，开展科技攻关和科技服务。引导和支持国内外科研机构、企业、高等院校和科技人员参与贵州省的重大关键技术攻关，承接企业的技术创新项目。积极创造条件，引进著名大学、有实力的科研机构、大型企业等在省内设立科研分支机构或与有关单位联合建立研发机构，支持和推动跨区域科技合作；支持技术引进和消化吸收再创新。并且落实技术要素参与分配的有关政策。引导和激励科技人员以多种形式转化科技成果，允许知识产权作为生产要素，以股权、期权等形式参与分配。

4. 高层人才建设政策

2004年国家实行"创新人才引智计划"和"人才绿色通道"。重庆市为响应国家对人才计划的号召,于2000年和2004年先后发布了《重庆市人民政府关于进一步优化人才环境的决定》和《关于加快区域科技创新体系建设的决定》。实施创新人才"引智计划",对带项目、专利、资金来渝创业的境内外科技人员,享受外商投资相关优惠政策。在编制使用、户口、子女入学、住房等方面给予优先安排或资助。《陕西省中长期科学和技术发展规划纲要(2006~2020年)》和《陕西省"十一五"科学和技术发展规划(2006~2010年)》中指出完善各类科技创新型人才培养体系。引导高等学校针对经济社会发展需要,优化学科专业布局,抓紧培养电子信息、生物技术、现代医药、汽车、物流、新材料、环境能源、管理、法律、营销类紧缺人才。"十一五"期间,青海省以相关政策鼓励国内外科技人才资源为该省进行科技攻关和再创业。完善人才激励机制,鼓励技术要素参与收益分配,支持科技人员用科技成果入股创办科技型企业,对技术入股和技术要素分配,不作比例要求。将创造和应用知识产权作为自主创新的重要目标,制定激励政策,鼓励发明创造。同时大力发展职业教育,着力培养高技能人才,积极实施了"国家技能型人才培养培训工程"。同时期,贵州省落实了《贵州省中长期科学和技术发展规划纲要(2006~2020年)》配套政策,畅通了人才引进的"绿色通道"。围绕贵州重点产业、重点学科、重大项目建设引进急需的紧缺人才,采取团队引进、核心人才带动引进、柔性引进等多种方式引进国内外优秀人才到贵州创新创业。落实了省人才引进的住房补贴、岗位津贴、科研启动费等有关政策,并且建立了有利于科技创新和成果转化的人才评价和奖励制度。

(四)规范和全部门创新阶段(2007~2020年)

2006年的全国科技大会标志着新政策促进阶段的开始,科技大会提出了创新型国家建设的目标。表明创新已经深入到社会经济发展的方方面面,成为各行业和各领域的核心,国家创新政策也随之进入到了以创新为中心各部门共同推进的创新政策新阶段。这一阶段主要强调:①创新政策不仅要推动创新要素之间的互动,而且着重推动创新要素或机构的内部变化,以改进合作效果和提升创新绩效。②创新政策还需要立足于全局和整体性的战略框架,强调管理部门间的横向协调和合作,进而保证各部门的行动和各项政策适应和促进全社会的协同创新和可持续发展。③创新已经超越了创新系统本身,政策需要横架在一个更为广阔的领域里牵动不同部门之间的互动和合作,面向的是综合目标,国家各部门和地方政府都可以,且都对促进创新方面有重要作用。

在该国家政策背景下,2009年,青海省出台《青海省关于增强科技创新能力的若干政策措施》，为提高科技创新能力注入了一针强心剂。2010年12月根据科技部《关于推动产业技术创新战略联盟构建与发展的实施办法》（国科发政〔2009〕648号）等文件的精神，云南省科技厅结合该省实际研究制定了《云南省推动产业技术创新战略联盟组建与发展的实施办法（暂行）》，又于2013年为认真贯彻落实党的十八大关于加快实施创新驱动发展战略部署和《中共中央、国务院关于深化科技体制改革加快国家创新体系建设的意见》（中发〔2012〕6号）精神，充分发挥科技对经济社会发展的支撑引领作用，云南省委就加快实施创新驱动发展战略提出具体落实意见。为贯彻落实《国务院关于加快培育和发展战略性新兴产业的决定》（国发〔2010〕32号），积极应对新兴科技革命和产业革命挑战，推进产业结构优化升级，转变经济发展方式，落实"加速发展、加快转型、推动跨越"主基调，提高自主创新能力，2010年，广西壮族自治区修订出台了《广西壮族自治区科学技术奖励办法》，首次增设自然科学奖和技术发明奖，完善奖励体系，并大幅提高奖励额度，将广西科学技术特别贡献奖奖金由原来的50万元提高到100万元，广西科技进步奖的一、二、三等奖奖金也实现翻番。2011年6月修订的《广西壮族自治区高新技术产业开发区条例》颁布实施，新条例旨在鼓励高新区企业做大做强，支持企业制定创新发展战略，开展技术创新和管理创新，提升原始创新、集成创新和引进消化吸收再创新的能力，同时明确了扶持和奖励认定高新技术企业的有关规定。宁夏回族自治区于2011年根据《自治区党委、人民政府关于加强自主创新建设创新型宁夏的决定》（宁党发〔2006〕49号）和《宁夏"十二五"科学技术发展规划》制定相关政策意见，对宁夏科技创新平台持续健康发展，集聚创新要素、激活创新资源、培养创新人才、转化创新成果起到了引领和带动作用。贵州省于2011年出台《贵州省人民政府关于加快培育和发展战略性新兴产业的若干意见》。2012年《中共贵州省委贵州省人民政府关于加强科技创新促进经济社会更好更快发展的决定》再一次充分体现出科技创新对经济社会发展的支撑引领作用。2013年9月为贯彻落实《中共中央、国务院关于深化科技体制改革加快国家创新体系建设的意见》精神，着力推动新疆科技体制改革，新疆维吾尔自治区研究起草了《关于实施创新驱动发展战略加快创新型新疆建设的意见》，在提升企业创新能力、打造高层次创新人才队伍、优化创新环境等方面提出了一系列强有力的政策措施。2014年陕西省建设创新型省份重点实施"四工程一计划"，即产业转型升级工程、企业创新能力提升工程、园区基地创新发展工程、创新型市县建设工程和优化创新环境计划。扎实推进《创新型县（市、区）建设方案》、《关于促进科技园区和创新平台发展的意见》、《关于加强中试环节促进科技成果转化的实施方案》、《创新人才推进计划实施方案》等配套政策的落实。研究制定《关于进一步强化企业技术创新主体地位全面提升企业创新能力的实施方案》。整合科技规划和资源，统筹各类科技计划，制定《改进和加强科技项目和经费管理的意见》等实施意见。并着手建立创新调查制度和科技报告制度。2014年7月西藏自治区科技厅与武汉理工大学在武汉共同举办了西藏文化科技创新体系建设研讨会暨西藏文化科技创新研究院揭牌仪式。2014年内蒙古自治区根据《中共中央、国务院关于深化科技体制改革加快国家创新体系建设的意见》（中发〔2012〕6号）和自治区"8337"发展思路，以科技体制创新、科技对外开放为动力，以增强自主创新能力为中心，推出系列相关政策。

  2006年国务院国家中长期科学和技术发展规划纲要（2006~2020年）明确"自主创新能力"的突出地位，我国高技术产业政策开始向战略性方向发展，西部民族地区响应国家政策，从"技术模仿创新"向"自主创新"发展。自2006年至今，国家重视西部民族地区高新技术产业发展，明确了将经济建设中心向西部倾斜，西部大开发初见成效，"十二五"规划中明确高新技术产业发展，国家重点增加对西部民族地区的财政支付力度和建设资金投入，在税收、资源、人才和对外开放等方面采取优惠政策，推广高新技术的运用，为西部民族地区高新技术产业的发展提供各类政策支持。各地政府重视知识经济背景下的后发优势，而西部民族地区作为我国高新技术产业的后发展地区，一方面能够直接吸收发达地区先进的科学技术和经济发展的优良成果和发展经验；另一方面可以调动起本地区发展高新技术产业的积极性，向先进地区靠拢，从而以更先进的技术、更迅速的速度和更低廉的成本参与全国的市场竞争[①]。这一阶段西部民族地区完善了税收优惠政策，以继续实行产业税收优惠为基础，建立高新技术产业中普惠制税收政策，完善现有税收法规政策，完善增值税优惠政策和加速折旧政策。在财政金融方面，实现发展高新技术产业的财政体系的健全是现阶段西部民族地区发展高新技术产业的重点目标。调整财政投入方式，提高财政资金的使用效率是首要目标。西部民族地区发展高新技术产业各有侧重，各省区政府财政资金投入方式多样，渠道分散，信贷政策放宽，对西部高新技术产业和风投的中介机构加大帮助力度，发展各类投资基金，完善资产撤出机制，不断优化发展高新技术产业的资本环境，实行优惠的贷款和信用担保机制，通过担保和贴息等方式支持企业融资。各级政府通过担保补偿等方式，增强西部高新技术产业的资金实力，使用政府信用作为担保。该阶段在创新人才队伍建设方面，健全各区域政府管理部门对产业的横向服务机制，参考发达地区信息定期交流的目标，建立对外贸易的咨询网络平台，提供各方面专家团队服务等。在技术领域加深了西部高新技术产业参

---

① 曹如. 系统视角下西部地区高新技术产业发展战略分析与选择 [D]. 南宁：广西大学硕士学位论文，2013.

与中东部地区的程度，对于技术性贸易壁垒有了行之有效的解决办法，加大了西部创新型产业的竞争力。

1. 高新技术产业税收政策

《青海省关于增强科技创新能力的若干政策措施》规定除落实国家对创新企业税收政策之外，自2008年1月1日至2010年12月31日，对符合条件的企业孵化器自用以及无偿或通过出租等方式提供给孵化企业使用的房产、土地，免征房产税和城镇土地使用税；对其向孵化企业出租场地、房屋以及提供孵化服务的收入，免征营业税。对符合非营利组织条件的孵化器收入，自2008年1月1日起按照税法及其有关规定享受企业所得税优惠政策。对符合条件的科技孵化器、大学科技园和从事科技服务为主的科技服务机构，在2010年以前，减按15%的税率征收企业所得税。云南省响应《中共中央、国务院关于深化科技体制改革加快国家创新体系建设的意见》时指出：全面落实鼓励科技创新的税收优惠政策。本着便利、快捷、从优的原则，全面落实对企业研发费用税前加计扣除、符合条件的设备和软件等加速折旧、高新技术企业税收优惠、技术转让所得税减免、创业投资企业税收抵扣、科技型小型微利企业所得税优惠、高端人才引进税收优惠等鼓励科技创新的各项税收优惠政策，切实做到应减则减、应免尽免。相关部门应当结合具体政策的落实，制定方便企业申报和享受政策的操作办法。《贵州省人民政府关于加快培育和发展战略性新兴产业的若干意见》要求切实落实税收政策。切实落实国家促进战略性新兴产业发展的税收政策和鼓励创新、引导投资和消费的税收支持政策。对企业生产符合《资源综合利用企业所得税优惠目录》的产品，或购置符合《环境保护专用设备企业所得税优惠目录》、《节能节水专用设备企业所得税优惠目录》、《安全生产专用设备企业所得税优惠目录》的专用设备，或从事符合《公共基础设施项目企业所得税优惠目录》的战略性新兴产业项目的投资经营，按规定享受企业所得税优惠政策。

2. 高新技术产业金融支持政策

宁夏回族自治区实施积极的金融扶持政策。鼓励金融机构对该区创新平台获国家、自治区立项的重大科技专项、科技成果转化项目、引进技术消化吸收再创新项目等给予积极的信贷支持。对宁夏回族自治区各家金融机构按银行同期基准利率及以下利率提供的上述项目贷款，由自治区财政给予年利率2.5%的贷款利息补助。鼓励担保机构为中小企业高新技术项目提供信用担保。对年度内为中小企业高新技术项目信用担保累计达到一定金额的担保机构给予相应的保费补助。云南省响应《中共中央、国务院关于深化科技体制改革加快国家创新体系建设的意见》时指出：鼓励银行业金融机构加大对科技项目、科技型企业的信贷支持，推广知识产权和股权质押贷款等金融产品，对科技型中小企业知识产权评估质押贷款形成的中间费用给予一定比例的补助。加快科技支行、科技小额贷款公司、科技担保公司和再担保公司等科技金融机构建设。鼓励和支持企业通过上市融资、发行债券、股权投资等方式，利用资本市场和股权投资市场直接融资。鼓励企业投保科技保险化解产品研发与创新风险，落实将科技保险费用纳入企业技术研发费用的政策，并对企业科技保险费用支出进行补助。贵州省《中共贵州省委贵州省人民政府关于加强科技创新促进经济社会更好更快发展的决定》要求建立和完善以政府投入为引导，企业投入为主体，银行贷款、社会融资为支撑的多元化投融资体系。加大政府投入力度，逐步增加地方财政对战略性新兴产业发展的投入总量。整合现有的资金渠道，设立省培育发展战略性新兴产业专项引导资金。进一步扩大创业投资引导资金规模。从现有省级财政安排到省发改委、教育、经信、国土、交通、农业、水利、林业、能源等部门的相关资金中，调整3%~5%的比例用于技术引进、消化吸收、成果转化及创新平台建设。推进实施科技金融结合行动计划，加强科技风险投资体系和创业投资体系建设。《贵州省人民政府关于加快培育和发展战略性新兴产业的若干意见》确立了"政府资金引导、社会资金参与、市场化运作"的方式，创建省级创业投资引导基金。《关于实施创新驱动发展战略加快创新型新疆建设的意见》中提出要促进科技与金融结合，创新金融服务科技的方式和途径。推动金融信贷、风险资本、社会资本等资金支持创新成果的转化和规模化，努力构建多元化的科技投融资体系。综合运用多种金融工具，进一步引导金融机构加大对企业创新发展的信贷支持。积极争取将新疆维吾尔自治区纳入我国证监会非上市股份公司代办股份转让系统试点省份，支持科技型企业进入非上市股份公司代办股份转让系统挂牌，鼓励有条件的高新技术企业在国内主板、中小企业板和创业板上市，加大多层次资本市场对科技型企业的支持力度，积极推进和开展知识产权和股权质押融资。内蒙古自治区财政设立科技金融合作专项资金，以贷款风险补偿、贴息、担保等方式，引导各类商业金融机构支持企业自主创新与产业化。加强政策性金融机构对国家和自治区科技重大专项、重大科技产业化项目、重点科技成果转化项目的支持。商业银行对国家和自治区科技重大专项、星火计划项目、火炬计划项目等，根据投资及信贷政策规定积极给予信贷支持。内蒙古自治区科技创新引导奖励资金贷款担保和贴息向盟市、旗县（市、区）科技型中小企业科技创新项目倾斜。鼓励和引导科技型企业上市融资。完善风险投资机制。鼓励和引导券商、保险公司在县域企业等开展创业投资。积极推广科技保险和知识产权质押贷款业务。

3. 高新技术产业技术推进政策

《关于推动四川省产学研创新联盟构建的指导意见》、《关于推动成都市产业科技创新战略联盟构建与发展的指导意见》、《陕西省高技术产业联盟建设指导意见》为各省市发展创新技术联盟提出了指导意见。宁夏回族自治区于2011年公布的《宁夏"十二五"科学技术发展规划》鼓励企业实施技术标准战略。支持创新平台积极参与或主导国际标准、国家标准、行业标准和地方标准的研究与制定。鼓励特色优势产业链上下游企业之间结成技术标准联盟，推动专利与技术标准的结合，形成特色优势产业事实标准。对创新平台主导或参与各类标准制定并已被正式批准发布的，给予不同程度奖励。《贵州省人民政府关于加快培育和发展战略性新兴产业的若干意见》指出，要加快建立以企业为主体、市场为导向、产学研相结合的技术创新体系。加强产业共性、关键技术研发，培育具有自主知识产权的核心技术，提高产业核心竞争力。通过政策引导，进一步促进资金、人才、技术等创新资源向企业集聚，积极支持申报、建设以大企业为龙头、高等院校和科研院所参与的国家级和省级工程（技术）研究中心、企业技术中心、中试基地、院士工作站、博士后工作站和产业（技术）联盟，鼓励高等院校和科研院所与大企业共建重点实验室、博士后流动站。坚持"引进来"和"走出去"相结合，加强对国内外技术创新资源的引进和利用，鼓励国内外优强企业、著名高校和科研院所在省内设立研发机构；鼓励贵州省优强企业在国内中心城市和国外建立研发中心或研究基地，与国内外有关研发机构建立长期科技合作关系。《中共贵州省委贵州省人民政府关于加强科技创新促进经济社会更好更快发展的决定》指出，要加快军民两用技术创新和转移平台（基地）建设。进一步完善军民科技融合机制，加快军民结合创新基地建设。充分发挥航空、航天、电子信息产业的人才、装备、技术优势，建设军民两用技术创新转化平台及军民融合科技园区或基地。《关于实施创新驱动发展战略加快创新型新疆建设的意见》中要求加快特色优势产业技术升级。以石油天然气、煤炭（煤层气）煤电煤化工、矿产资源勘探开发、纺织、建材、电力、农产品深加工等特色优势产业为重点，加大技术研发和成果引进力度，提高产业技术水平和核心竞争力，促进企业节能减排降耗。完善推进特色优势产业持续创新的体制机制，建立以企业为主体的技术创新体系，充分调动企业技术创新的积极性和主动性，创新产学研合作模式，促进产业技术研发基地和服务平台建设。

4. 高层人才建设政策

西安高新区管委会对大型研发机构实行补贴政策的实施细则；2011年甘肃省科技厅印发《甘肃省高层次人才科技创新创业扶持行动项目管理办法（试行）》的通知，同年印发《甘肃省市（州）科技进步和创新工作考核办法（试行）》的通知，大力引进了海内外科技创业创新领军人才。为了积极贯彻落实《宁夏回族自治区中长期人才发展纲要（2010~2020年）》，宁夏回族自治区实施了"百人计划"和"312计划"，支持创新平台加大赴海外招才引智力度，对领军人才在科研启动经费、研发用房、住房和融资等方面给予重点支持。同时还建立国内行业领军人才信息库,进一步完善柔性引才机制,鼓励专业技术人才通过兼职、定期服务、技术开发、项目引进、科技咨询等方式进行流动。除此之外,宁夏回族自治区正在实施"塞上英才"工程,计划用10年时间培养选拔百名学术领军人才,授予"塞上英才"称号并给予物质奖励,以进一步推动科技创新工作。《云南省推动产业技术创新战略联盟组建与发展的实施办法(暂行)》中规定,试点联盟在申报省高端科技人才、省中青年学术和技术带头人后备人才及技术创新人才培养对象时,在同等条件下,省科技厅将优先列入人才培养计划,加以扶持。鼓励联盟建立新型的人才联合培养机制。加强联盟成员之间的交流互动,探索建立长效的人员交流机制,为产业持续创新提供人才支撑,增强联盟的创新活力。在《中共中央、国务院关于深化科技体制改革加快国家创新体系建设的意见》中,云南省省委就从加大力度引进高层次科技人才及团队、鼓励高层次科技人才及团队来滇投资创业、鼓励云南省科技人员服务企业服务"三农"、开展企业股权激励和分红激励试点四个方面对构建新的创新体系人才建设给出优惠政策。贵州省继续实施"科研机构人才集聚计划",落实国家引进海外高层次人才"千人计划",制订贵州省战略性新兴产业各领域高层次人才引进计划,完善引进方式和配套政策,依托重点产业、重点企业、重大项目,引进一批产业领军人才和学术带头人来黔创办企业,从事技术研究开发工作;通过进修、出国(境)培训、参与国际科研合作和学术交流等多种途径,培养一批具有强烈创新精神的拔尖人才;整合省内现有技术人才培训基地的教育资源,调整学科设置,扩大培训规模,加大战略性新兴产业领域企业职工的在职培训力度,鼓励校企合作培养人才,支持企业为高等学校和职业学校建立学生实习、实训基地;改革和完善人才评价、激励机制,将科技成果转化和产权制度相结合,允许战略性新兴产业领域的国有企业对技术骨干和管理骨干实施期权等激励政策,通过技术创新成果参与分配、技术作价入股、科技人员持股经营、对技术成果进行奖励等方式,充分调动和激发优秀人才的积极性和创造性。《关于实施创新驱动发展战略加快创新型新疆建设的意见》着力实施国家重大人才计划、自治区重点人才工程和政策,选拔和培养相结合,造就一批具有国家水平的科学家、科技领军人才、卓越工程师和高水平创新团队。大力引进区外高层次人才和急需紧缺人才。重视科研生产一线高层次专业技术人才和高技能人才培养,加强工程实用人才、紧缺技能人才和农村实用人才培养。按照梯次配置、衔接有序的原则,加快培养青年后备人才、科研辅助人才、科技成果转化推广人才、科技管理服务人才。大力培养少数民族人才。支持鼓励各类人才在疆开展创新创业活动。支持区外人才来疆创新创业,鼓励高校毕业生自主创新创业。制定优惠政策,引导创新创业人才到基层和艰苦边远地区开展工作,引导产学研人员柔性流动。广西壮族自治区出台了《关于加快吸引和培养高层次创新创业人才的意见》和三个配套文件,建立了"八桂学者"和特聘专家制度,使培养和引进高层次人才的机制进一步完善,首批27名"八桂学者"、31名特聘专家已于2011年11月22日产生。此外,已完成聘请自治区主席院士顾问66名。在广西壮族自治区"十二五"科技发展规划中,提出了每万人口发明专利拥有量达到3件的目标任务。为推动该目标的达成,2011年12月自治区印发《关于在全区开展全民发明创造活动的决定》和《广西发明专利倍增计划》,突出对发明创造的激励与扶持,制定了《〈广西壮族自治区专利申请资助和奖励暂行办法〉的补充规定》,对发明专利年费给予部分资助;并修订自治区科技计划课题申报指南,强化了对发明专利产出的要求。在内蒙古自治区根据《中共中央、国务院关于深化科技体制改革加快国家创新体系建设的意见》大力实施"人才强区"工程,以"草原英才"工程为抓手,衔接各类国家人才计划,引进、培养和集聚高层次领军人才和高水平创新团队。

二、民族地区企业技术创新支持政策的类型分析

政策是指特定的主体对社会公共资源进行权威性分配的过程,作为政府决策的产物,以有效解决社会公共问题为诉求和行为对象。最初解释政府干预经济运行合理性的理论是经济学上所讲的"市场失灵":一项政策的出台是否合理,政府干预是否有效,就看它能不能解决市场机制在某些领域的失灵问题,能不能弥补"看不见的手"固有的缺陷。国外将政策工具理论引入到公共领域时间比我国要早,政策工具理论的应用领域包括环境保护政策、土地资源管理政策、财政金融政策、可再生能源产业政策等。从世界各国发展历程来看,通过政策倾斜来促进落后地区的发展是各国政府普遍采用的有效手段。

第二次世界大战后,美国为迅速提高国家高技术创新能力,全方位采取支持性政策推动新技术供给,激励民营企业加快创新步伐。其政策支持主要涉及供给、需求和规则三个方面①。①政府直接资助研发活动,包括与私人企业签订研发合同,全额或部分支付研发成本;与大学签订研发合同;由政府实验室进行研发活动;与包含企业、大学、政府在内的研发联盟签订研发合同。②对技术创新的商业化活动进行直接或间接资助,包括专利保护;研发支出的税收抵免;对那

---

① 杨长湧.美国支持国内技术创新政策研究[J].经济研究参考,2012,20.

些给市场带来新技术的企业进行税收抵免或生产补贴；对购买新技术的支出进行税收抵免或返还；政府采购；技术创新工程。③对知识和技术的学习和扩散给予支持，包括加强教育与培训（针对技术人员、工程师、科学家、企业家和消费者）；对技术知识进行汇编和扩散（对研发结果进行筛选、解释并合理化，对数据库进行资金支持）；设定技术标准；技术和产业延伸服务；宣传和证明消费者使用新技术、新产品的信息。

另外，美国总统科技政策办公室在1990年向国会提交的《美国技术政策》蓝皮书以及1993年美国总统发表的技术政策报告《促进美国经济增长的技术——增强经济实力的新方向》，提供了创新政策的八个主要方面：①通过政府的财政与金融环境，促进企业对技术创新投资。②创造适宜的技术创新政策和法律环境，消除技术创新的障碍。③促进政府研究机构的成果向企业转移。④鼓励政府研究机构、大学和产业合作。⑤政府采购法规和行为。⑥对知识产权进行妥善保护，以便从研发中获取更多的利益。⑦重申对基础科学技术的承诺，是一切技术进步的最终依托的基础。⑧促进互利的国际科技合作。国家政策干预技术创新的途径主要通过包括财税、金融、人力等政策工具，来诱导资源更多地投入研究开发、高新技术企业发展、人力资本投资等领域。当前多数国家，如美国、日本和中国主要从政府补贴、税收优惠、风险投资、知识产权以及政府采购来进行。

通过对西部民族地区高新技术创新支持政策脉络的基本梳理，不难发现，政策工具主要包括高新技术产业税收政策、高新技术产业金融支持政策、高新技术产业技术推进政策、高层人才建设政策四个方面构成。这些政策共同作用，构成了我国西部民族地区高新技术政策支持的基本框架。下面从政策的目标导向和作用机理，来具体分析其激励政策的类型。

（一）财税政策

财税政策工具常见的形式为财政直接拨款资助和税收优惠。支持企业技术创新政策中，财政投入政策至关重要。在我国民族地区，对于一些预期可以获得最高边际社会报酬的项目，政府会采取直接拨款补贴的方式资助，目的是鼓励企业创新或满足特定的社会经济目标。个别民族地区政府及主管部门设立有技术创新发展基金，如贵州省的《中共贵州省委贵州省人民政府关于加强技术创新促进经济社会更好更快发展的决定》，要求设立省培育发展战略性新兴产业专项引导资金。但是，由于整体经济社会发展较滞后的原因，目前，民族地区政府对于技术创新事业的专项资助还不够普及。

税收是一种收入再分配制度，它可以直接影响到技术创新参与者的经济利益，现有的很多研究结果都表明税收优惠能促进企业研发投入，积极开发新产品和新技术，对于技术创新的激励作用比较明显。国家很重视该类政策对技术创新的激励作用，出台的技术创新税收优惠政策涉及高技术产业的各个方面。《国务院关于批准国家高新技术产业开发区和有关政策规定的通知》规定：国家税务局在 1991 年给予高新区内企业"两免三减"的税收优惠，同时，民族地区的企业也同样出台了响应国家发展规划的地方政策。如《中共重庆市委、重庆市人民政府关于实施中长期科技规划纲要建设学习型社会和创新型城市的决定》、《陕西省中长期科学和技术发展规划纲要（2006~2020 年）》、《青海省关于增强科技创新能力的若干政策措施》、《贵州省人民政府关于加快培育和发展战略性新兴产业的若干意见》等，明确了各地在高新产业发展方面的税收优惠：对高新技术开发区内的企业减免相应比例税负；调整和改革了增值税制度，对科技成果收入给予减免税负；对直接用于新技术开发和应用的各项费用进行减免；外商投资企业和自主非关联科研机构等开发经费均有相应的税务处理办法。其次，深层次规范财税体制，加大对西部民族地区高新技术产业的转移支付力度，进一步完善了省以下分税制财政体制。税收优惠政策不仅提高了中西部民族地区省份的科研水平，也使得民族地区以税收优惠为基础的高新技术产业日益发展。

（二）金融政策

近年来，我国民族地区多地设立了科技企业担保公司，吸引社会资本共同对当地技术创新企业提供信贷担保和贴息优惠。建立和完善以政府投入为引导，企业投入为主体，银行贷款、社会融资为支撑的多元化投融资体系。同时，为了吸引投资机构的进驻发展，多地还对风险投资机构的投资奖励、投资收益税优惠、人才补贴、个税返回奖励等一系列政策给予支持。

为了综合运用多种金融工具，努力构建多元化的技术创新投融资体系和投资渠道，充分依靠民间资本来探寻市场化的运作方式，民族地区多地还积极鼓励有条件的高新技术企业在国内主板、中小企业板和创业板上市，更多民族地区高新区也快速开展了股权代办试点。加大了多层次资本市场对技术创新型企业的支持力度。

1. 技术创新发展基金

西部多省市地方政府及主管部门设立的技术创新发展基金，如贵州省《中共贵州省委、贵州省人民政府关于加强技术创新促进经济社会更好更快发展的决定》要求设立省培育发展战略性新兴产业专项引导资金。此类地方政策是落实各种创新支持政策的主管道，包括对人才培育和发展的支持，对产学研合作的支持，对园区产业品牌、标准、知识产权和产业技术联盟的支持，对发展园区社会资本的支持以及对各种大中小创新型企业机构的创新创业支持,对产业示范工程的支持等。

2. 中小型技术创新企业的信用担保和风险补偿

宁夏回族自治区引进技术消化吸收再创新项目等给予积极的信贷支持。对宁夏回族自治区各家金融机构按银行同期基准利率及以下利率提供的上述项目贷款,由自治区财政给予年利率2.5%的贷款利息补助。鼓励担保机构为中小企业高新技术项目提供信用担保。对年度内给予中小企业高新技术项目信用担保累计达到一定金额的担保机构给予相应的保费补助。内蒙古自治区也建立技术创新引导奖励资金贷款担保和贴息优惠,并向盟市、旗县(市、区)技术型中小企业技术创新项目倾斜。除此之外,贵州省、内蒙古自治区、新疆维吾尔自治区等地的高新区由财政设立技术型中小企业风险补偿金,对技术创新性企业贷款和贷款担保按一定比例提供风险补偿。

3. 鼓励风险投资政策

为鼓励风险投资的发展及其对技术创新企业的投资,西部陕西省、内蒙古自治区、新疆维吾尔自治区等地的高新区内设立了创业引导基金,通过风险补贴、参股设立创业投资企业以及对区内科技企业的创业投资按照比例跟进投资等办法,引导和支持民营投资和创新创业公司的建立与发展。《中共贵州省委、贵州省人民政府关于加强科技创新促进经济社会更好更快发展的决定》要求建立和完善以政府投入为引导,企业投入为主体,银行贷款、社会融资为支撑的多元化投融资体系。加大政府投入力度,推进实施科技金融结合行动计划,加强科技风险投资体系和创业投资体系建设。

4. 股权代办系统试点

2006年1月,经国务院批准,中关村科技园区非上市股份公司进入证券公司代办转让系统(又称"新三板")试点工作正式启动。这是我国多层次资本市场建设的重要举措。2010年年末,证监会已经明确了在综合实力强、储备企业又好又多的国家高新区扩大代办股份转让系统试点。地处西部的成都高新区因此做了大量的试点筹备工作和出台了相应的支持政策,启动了企业的改制辅导工作等。新疆维吾尔自治区也在《关于实施创新驱动发展战略加快创新型新疆建设的意见》中提出要促进科技与金融结合,创新金融服务科技的方式和途径。推动金融信贷、风险资本、社会资本等资金支持创新成果的转化和规模化,努力构建多元化的科技投融资体系。综合运用多种金融工具,进一步引导金融机构加大对企业创新发展的信贷支持。积极争取将新疆维吾尔自治区纳入我国证监会非上市股份公司代办股份转让系统试点省份。股权代办试点在西部更多高新区正在快速开展。

5. 鼓励创新型企业上市融资

西部民族地区多省鼓励和引导科技型企业上市融资。完善风险投资机制。鼓励和引导券商、保险公司在县域企业等开展创业投资。积极推广科技保险和知识产权质押贷款业务。例如《关于实施创新驱动发展战略加快创新型新疆建设的意见》中明确指出支持科技型企业进入非上市股份公司代办股份转让系统挂牌，鼓励有条件的高新技术企业在国内主板、中小企业板和创业板上市，加大多层次资本市场对科技型企业的支持力度，积极推进和开展知识产权和股权质押融资。

（三）技术创新的服务政策

服务政策涉及一个地区的软实力，是体现一个地区服务均等化水平高低的重要标志。围绕充分发挥科技创新的主导作用，推动技术创新发展。制定设立各项科技基金、科技计划经费向西部民族地区倾斜；鼓励企业提高技术开发经费的开支比重；加大科技型中小企业创新基金支持民族地区的力度；对科技人员在实施科技成果转让和兴办科技型企业过程中，提供转让收入提成、提高科技成果入股等奖励的比例。技术创新方面的服务政策为有效整合资源，降低创新成本，提高创新效率发挥着重要作用。

技术创新服务方面的政策重点主要包括①：①加快生产力促进中心发展。如2011年6月，科技部发布了《生产力中心"十二五"发展纲要》，提出"十二五"时期生产力促进中心发展的指导思想、发展思路、总体目标、重点任务、支撑条件和保障措施。②实施科技服务体系的火炬创新工程。2011年，科技部下发了《关于印发科技服务体系火炬创新工程方案试行并组织科技服务体系建设试点工作的通知》，以国家高新区创新型产业集群为重点，组织实施"科技服务体系火炬创新工程"。为推动这一工程的实施，科技部从加强组织领导，加大经费投入，深入推进改革和认真总结推广等方面采取保障措施。③加强服务平台建设。如2011年12月，财政部、工信部等4部联合发文《关于国家中小企业公共技术服务示范平台适用科技开发用品进口税收政策的通知》，明确提出了对符合条件的国家中小企业公共服务示范平台中的技术类服务平台纳入现行科技开发用品进口税收优惠政策的范畴。

在对创新技术政策的制定上，主要体现在三个方面：一是对具有创新意义的技术实施在设备的构建、维护、折旧等方面的费用优惠，同时也对该技术在实现应用过程中各纳税环节制定了相应优惠规定；二是利用政策加强了民族落后地区的技术标准建设，并对形成的知识产权严加保护；三是利用政策工具发展民族地

---

① 黄速建，王钦. 我国企业创新政策研究［M］. 北京：经济管理出版社，2013.

第二章 民族地区高新技术创新支持政策的供给和演变

区与发达地区的创新技术联盟。从民族地区企业技术创新角度来看，主要包括以下几个方面：

1. 创新技术推进政策

（1）技术开发方面的税收优惠。《国务院关于批准国家高新技术产业开发区和有关政策规定的通知》规定，对内资办的开发区企业，其进行技术转让以及在技术转让过程中发生的与技术转让有关的技术咨询、技术服务、技术培训的所得，年净收入在30万元以下的，可暂免征收所得税；超过30万元的部分，按适用税率征收所得税。另外，高新技术企业用于高新技术开发和高新技术产品生产的仪器、设备可实行快速折旧。因此对西部高新技术开发区内的企业，对直接用于新技术开发和应用的各项费用进行了减免，用于高新技术开发和高新技术产品生产的仪器、设备，实行快速折旧。个别西部省份还出台了针对技术市场的具体优惠办法，如甘肃省科技厅发布的《甘肃省技术市场优惠政策》和《甘肃省技术市场优惠政策实施管理办法》、《贵州省技术市场培育资金后补助管理暂行办法》、《昌吉国家高新技术产业开发区支持入园企业加快发展暂行办法》等。

（2）技术标准建设。我国西部多地鼓励企业实施技术标准战略，鼓励支持多家机构参与国际、国家、行业标准和地方标准的研究与制定。并通过消化吸收再创新，形成有自主知识产权的技术和标准，完成上述任务者还会给予不同程度奖励。对于已形成自主知识产权的创新技术施以正式保护，如专利、版权或商标，防止在一段时间内技术创新成果的"溢出效应"导致的"搭便车"问题，使创新者能够通过技术创新的溢出效应得到应有的效益补偿。

西部民族地区省份也出台了很多鼓励企业实施技术标准战略。如《陕西省中长期科学和技术发展规划纲要（2006～2020年）》和《陕西省"十一五"科学和技术发展规划（2006～2010年）》中指出要加强技术标准建设。支持企业、科研机构、高等学校和行业协会参与行业标准、国家标准、国际标准的研制，并通过消化吸收再创新，形成有自主知识产权的技术和标准。鼓励企业结成技术标准联盟，推动自主知识产权与技术标准的结合，形成优势产业事实标准。积极开展技术标准企业试点，鼓励企业采用国际标准和国外先进标准组织生产。宁夏回族自治区于2011年公布的《宁夏"十二五"科学技术发展规划》鼓励企业实施技术标准战略，支持创新平台积极参与或主导国际标准、国家标准、行业标准和地方标准的研究与制定。推动专利与技术标准的结合，形成特色优势产业事实标准。对创新平台主导或参与各类标准制定并已被正式批准发布的，给予不同程度奖励。

2. 发展技术创新联盟

在鼓励技术创新联盟方面，《贵州省人民政府关于加快培育和发展战略性新兴产业的若干意见》以及《宁夏"十二五"科学技术发展规划》等相关政策文件为各民族自治区及民族省份发展创新技术联盟提出了指导意见。相继出台的《关于推动四川省产学研创新联盟构建的指导意见》、《关于推动成都市产业科技创新战略联盟构建与发展的指导意见》、《陕西省高技术产业联盟建设指导意见》指出,要加快建立以企业为主体、市场为导向、产学研相结合的技术创新体系。加强产业共性、关键技术研发,培育具有自主知识产权的核心技术,提高产业核心竞争力。通过政策引导,进一步促进资金、人才、技术等创新资源向企业集聚,积极支持申报、建设以大企业为龙头、高等院校和科研院所参与的国家级和省级工程(技术)研究中心、企业技术中心、中试基地、院士工作站、博士后工作站和产业(技术)联盟。此外,还鼓励企业结成技术标准联盟。

(四)人才开发政策

人才资本是本企业开展技术创新活动的智力基础和先决因素。人才队伍建设是提升企业创新能力的核心内容。经济发展水平的高低与人力资本开发配置是互为因果,区域经济发展非均衡性和根本原因在于人力资本生产和形成方面的区域差异。"十二五"以来,国家从人才环境建设,创新人才引进,创新人才培养和发展,人才特区建设等方面,出台了很多有关创新人才培养,相关激励政策,如"引智计划"、"绿色通道"、"塞上英才"、"草原英才"工程等政策的落实,切实提升了西部民族地区创新人才队伍的水平。

1. 人才环境建设政策

人才资源供给环境指供给"创新人才"这一要素的外部载体。提供支撑的组织主要是大学、科研机构和社会高级人才培训机构。大学(只要是本科以上)是创新人才的供给基地;科研机构是创新领军人才的供给摇篮;社会培训机构是创新经营人才的提升渠道。

2. 创新人才引进

创新人才引进主要体现为对接国家各种人才计划而出台西部高层次人才引进计划,鼓励留学人员创业的政策等文件。如重庆市为响应国家对人才计划的号召,于2000年和2004年先后发布了《重庆市人民政府关于进一步优化人才环境的决定》和《关于加快区域科技创新体系建设的决定》,实施创新人才"引智计划",对带项目、专利、资金来渝创业的境内外科技人员,享受外商投资相关优惠政策。"十一五"期间,贵州省落实的《贵州省中长期科学和技术发展规划纲要(2006~2020年)》配套政策,畅通了人才引进的"绿色通道"。围绕贵州重点产业、重点学科、重大项目建设引进急需的紧缺人才,采取团队引进、核心人才带动引进、柔性引进等多种方式引进国内外优秀人才到贵州创新创业。2011

年甘肃省科技厅印发《甘肃省高层次人才科技创新创业扶持行动项目管理办法（试行）》的通知，同年印发《甘肃省市（州）科技进步和创新工作考核办法（试行）》的通知，大力引进海内外科技创业创新领军人才。同期，宁夏回族自治区积极贯彻落实《宁夏回族自治区中长期人才发展纲要（2010～2020年）》，实施宁夏回族自治区"百人计划"和"312计划"，支持创新平台加大赴海外招才引智力度。还有很多西部省份结合人才引进政策措施，对于符合高新产业发展导向、具有技术先进性和应用前景广阔的高新技术项目给予重点支持。

3. 创新人才的培养和发展

西部多省份落实的"引智计划"、"绿色通道"等措施都是从建设创新人才服务平台、支持创新人才落户工作、创新人才培养发展、创新人才生活服务等方面建立西部民族地区较完整的创新人才工作体系。例如，为了积极贯彻落实《宁夏回族自治区中长期人才发展纲要（2010～2020年）》，宁夏回族自治区实施的"百人计划"和"312计划"，对领军人才在科研启动经费、研发用房、住房和融资等方面给予重点支持，结合了人才引进政策措施，支持创新平台的招才引智力度。对于符合高新产业发展导向、具有技术先进性和应用前景广阔的高新技术项目给予重点支持。同时还建立国内行业领军人才信息库，进一步完善柔性引才机制，鼓励专业技术人才通过兼职、定期服务、技术开发、项目引进、科技咨询等方式进行流动。除此之外，"塞上英才"工程，培养选拔百名学术领军人才，授予其"塞上英才"称号并给予物质奖励。内蒙古自治区实施"人才强区"工程，以工程为抓手，衔接各类国家人才计划，培养和集聚高层次领军人才和高水平创新团队，促进民族地区各类人才提升专业技能水平。此类政策在编制使用、户口、子女入学、住房等方面给予优先安排或资助。根据地区产业发展需要，大力引进教育培训机构来支持西部民族地区人才市场的快速发展，促进西部民族地区各类人才提升专业技能水平。

4. 人才特区建设

西部一些地方都提出"人才特区"的战略目标。积极探索人才管理创新模式，创新人才工作机制，优化人才环境，聚集各地人才，推出引才、留才、用才的各项举措。以成都高新区"人才特区"的特殊政策为例：①每年300万元高级人才创新奖励基金，奖励在高新技术产业发展中做出突出贡献、创造较大经济效益和社会效益的高级人才。②每年不低于2000万元的软件产业人才发展基金，支持软件产业人才引进和培训。③每年不低于5000万元的人才创新创业专项基金。成都市在其《成都市中长期人才发展规划纲要（2010～2020年）》中提到，到2020年将建成中西部民族地区人才高地，成为中西部领先、全国一流的人才市场。此外，内蒙古自治区也根据《中共中央、国务院关于深化科技体制改革加快国家创新体系建设的意见》大力实施"人才强区"工程,以"草原英才"工程为抓手,衔接各类国家人才计划,引进、培养和集聚高层次领军人才和高水平创新团队。

三、民族地区技术创新政策体系的特征分析

新中国成立以来,民族地区实施国家科技政策,为发展民族地区的经济做出了巨大的贡献。尤其是进入21世纪后,民族地区的科技政策不断完善,企业、科研院所以及个人的科技创新意识、动力和能力明显加强,政策法规建设取得重要进展,区域创新系统建设受到各级政府的高度重视,并根据西部民族地区的实际,制定出了一些科技政策,一方面服务于国家的基本政策;另一方面使国家科技政策更加具体化,为科技发展和科技创新服务。

一项政策的制定和演进,会从实际出发不断完善。由于受到西部民族地区自身条件的变化以及国内外政治和经济等因素的影响,民族地区技术创新支持政策逐渐得到扩展和完善。其政策体系的特征如下:

(一)对政策重视程度高,但缺乏系统性和前瞻性

从出台的政策来看,各地政策的共同点主要体现在以下几方面[①]:一是对科技成果管理推广比较重视;二是对技术创新体制改革高度重视;三是从战略的高度重视高新技术产业化,纷纷出台有关推动科技创新和高技术产业化政策;四是对加强技术创新人才队伍建设非常重视,出台了一些吸引和稳定高科技人才的政策措施。但是西部少数民族地区的技术创新政策处于启动和加速状态,政策力度不强,技术创新体制改革比东部弱一些,技术创新政策的前瞻性也较弱。导致少数民族地区技术创新活动中技术创新投入不足、企业的主体地位没有形成、技术成果转化率低、企业缺乏技术创新的动力、技术创新者的利益得不到保护、技术创新资源不合理等问题出现。

(二)资金投入式的政策为主,自主创新引导性政策为辅

由于历史和现实条件的限制使民族地区人民生活贫困、技术水平和生产率低下,加上技术创新能力不足,地方政府的财力短缺,产业发展的不平衡,投融资

---

① 苏多杰.进一步完善西部少数民族地区科技政策[J].青海社会科学,2005,2.

环境不完善，导致了民族地区经济发展滞后。要想打破这种状况，完全依靠民族地区自身力量和民间资本是不够的，况且技术创新又具有高投入、高风险特征，所以，应加大国家的资金支持，通过"供血式"的资金投入，再借助外部资金流入，连通民族地区技术创新系统的各要素资本，推进该地区的技术创新，首先需要的是资金的大力投入，加大财政倾斜。

另外，西部民族地区的经济落后，不仅体现在数量上，更体现在质量上。国家已明确重点扶持西部战略性产业，其中一些国防科技力量比较发达和专利资源比较雄厚的城市，需要加快发展具有市场竞争力的机械装备工业、航空航天工业、新能源、新材料、生物技术和信息技术等高新技术产业的发展。在政策设计中，通过货币金融政策、税收优惠政策、人才政策、科技政策等来调节优势资源的转化，企业自主创新，促进产业升级。

（三）政策手段多样，呈现多元投资的政策供给

政策初期，技术创新支持的政策手段是依靠政府的直接投资、国家财政及相关金融政策支持。主要有两种形式：一是直接干预。如关于企业创新政策采用市场准入、项目审批、目录指导等手段来直接干预企业技术创新。二是间接诱导。如政府投资、财政补贴、税收减免、政府采购、贷款优惠等政策。

随着经济的进一步发展，推动西部民族地区技术创新政策手段开始呈现多元化特征。在政府资金和其他配套政策的促进下，还需要构建多元化的投资渠道，依靠民间资本来探寻市场化运作模式。打造技术创新的投资环境，为外商和民营资本的进入做好相应的政策支持。在产品出口贸易、技术合作以及地区之间的合作方面实施优惠的技术创新投资政策等。国家先后出台的《关于促进西部民族地区特色产业发展意见》将高技术产业、重大装备制造列为特色产业，并先后出台了《关于进一步加强国家重点领域紧缺人才培养工作的意见》、《中西部民族地区外商投资产业指导目录（2007年修订）》、《关于加强西部大开发科技工作若干意见》（2000年8月）等政策，使得民族地区技术创新从"输血型"外延式向"造血型"内涵式演进。

（四）强化创新支持政策颁布，弱化政策执行的监督机制

从前面的梳理和研究，不难发现，国家在针对西部民族地区的政策投入并不少，但"政策失灵"在某些地区和部门出现，基于局部利益的考虑，部分相关创新政策在实施过程中没有得到很好的执行，如财政政策、资金利用受部门分割管理和专款专用制度的制约，资金拨付滞后或不到位，地方在产业资金的使用中很难有效整合。另外，有些创新政策在具体实施过程中，由于没能被认真消化吸

收,而未能得到很好的落实,出现实施偏差。甚者,针对政策内容对局部利益的影响而进行取舍,使得对创新政策进行抵触、滞后而执行不力。如财政资金流转环节监控不力,资金擅自挪用、转移、侵吞等问题频频曝出,财务风险增加,体系监督和约束制度不力或缺乏。

四、本章小结

本章在我国高新技术产业政策发展的四个阶段背景下,简要回顾了我国民族地区的技术创新政策的演变过程,并重点从民族地区高新技术产业的税收支持政策、金融支持政策、技术推进支持政策和高层次人才建设支持政策四个方面,做了详尽梳理和阐述。最后分析了民族地区出台的具体技术创新支持政策工具,并总结了其政策体系的特征:对政策重视程度高,但缺乏系统性和前瞻性;资金投入式的政策为主,自主创新引导性政策为辅;政策手段多样,呈现多元投资的政策供给;强化创新支持政策颁布,弱化政策执行的监督机制等。

第 三 章

比较研究：民族地区技术创新现状及其政策绩效分析

民族地区技术创新支持政策涵盖了金融、财政、技术支持、人才等多个方面。总体上这些政策对促进西部民族地区的经济发展、缩小东西部经济差距、提升技术创新能力、调整产业结构趋于合理等方面起到了很大的促进作用。本章将从数据层面来展现和测度民族地区在国家政策支持和引导下，企业的创新资源条件、创新要素投入、创新成果产出、创新活动绩效、创新驱动发展等各个方面的成效，从而能够更好地挖掘和分析其横向和纵向层面在技术创新绩效序列中的优势和劣势，明确创新发展方向。

一、引　言

技术创新的复杂性决定了其产出成果的多样性，技术创新统计的标准化开始于20世纪90年代。国外技术创新绩效多指产品生产过程中新技术的产出量，体现在创新产品生产工艺及功能中。在我国，技术创新绩效更多的是指效率和最终成果。傅家骥、高建笛（1987）以国内权威学者从技术创新的投入、实施、产出和非过程因素测度的思路出发，设计出全面系统的技术创新测度框架和指标体系[1]。马宁、官建成（2003）[2]等以我国工业企业为研究对象，用专利数量、技术创新产品数量及技术创新产品销售额占总销售额比例来衡量企业技术创新绩

---

[1] 傅家骥，高建笛. 技术经济学 [M]. 北京：中国经济出版社，1987.
[2] 马宁，官建成. 影响我国工业企业技术创新绩效的关键因素 [J]. 科学学与科学技术管理，2003，3.

技术创新支持政策及其绩效

效,利用回归分析探究了影响工业企业技术创新水平的因素。如刘满凤(2006)① 选择相对数指标,新产品产值占工业总产值比重、新产品销售收入占产品总销售收入比重、新产品销售利润占销售利润总额比重以及专利数量来评价企业的创新绩效。另外,常见的还有用新产品销售收入、专利申请量、自主产权、创新业绩等指标来衡量技术创新绩效。黄鲁成、张红彩(2006)② 在用因子分析定权法研究北京市制造行业的技术创新水平时,选用了产品项目数、专利申请数、新产品销售收入和新产品工业总产值作为技术创新绩效衡量指标。赵玉林、程萍(2013)③ 从技术创新投入、产出和环境三个方面,构建了高技术产业技术创新能力评价指标体系,对全国高技术产业技术创新能力进行动态评价,并比较分析了"八五"、"九五"、"十五"和"十一五"期间四个时段的高技术产业技术创新能力,认为重点关注技术创新(及所包括的研究与开发)的度量,产业研究与开发经费内部支出等。

本章将主要从投入与产出两个方面来分析民族地区企业技术创新绩效现状。技术创新的特点决定了"无法直接衡量技术创新的质量和数量"(Hill,1979)④。目前的研究都是采用一些替代性指标体系进行测量。部分学者采用专利数据来分析技术进步和经济发展的关系,而阿伦德尔(Arundel)也认为专利数据对创新分析仍然具有重要作用⑤。由于研究与开发、专利、新产品、科技人员等指标的相对独立性、可得性及统计可比性的优点。研究与开发统计针对的是基础研究、应用研究和试验发展,主要统计投入(包括经费和人力)和产出(主要包括科学出版物和专利)。本章中测度的指标包括:①技术创新投入方面,主要是资金和人力,包括各地区研究与开发经费和研究与开发人员全时当量。②技术创新产出方面,主要采用有效专利数量、专利申请受理量。

数据来源包括两个方面:调研问卷和统计数据。从问卷调查和统计数据两个方面较深入地了解民族地区技术创新支持政策和企业技术创新现状两个方面的具体表现。统计数据主要是源自中国统计年鉴、中国科技统计年鉴、中国高技术产业统计数据。数据库有中国国家统计局、中国经济与社会发展统计数据库、中国国家科技部、国研网—国务院发展研究中心信息网和中国经济信息网等。

样本范围说明:采样数据主要集中在 2010~2014 年。西部民族地区 8 省区

---

① 刘满凤.我国各地区大中型工业企业技术创新绩效比较[J].统计与决策,2006,20.
② 黄鲁成,张红彩.北京制造业中技术创新的投入和产出分析[J].统计与决策,2006,6.
③ 赵玉林,程萍.中国省级区域高技术产业技术创新能力实证分析[J].商业经济与管理,2013,6.
④ Hill, Christoper T., James M., Utterback. Technological Innovation for a Dynamic Economy [M]. New York: Pergamon Press, 1979.
⑤ 朱勇,张宗益.技术创新对经济增长影响的地区差异性研究[J].中国软科学,2005,11.

第三章 比较研究：民族地区技术创新现状及其政策绩效分析

包括内蒙古自治区、广西壮族自治区、贵州省、云南省、西藏自治区、青海省、宁夏回族自治区、新疆维吾尔自治区。在西部民族地区和中、东部地区对比分析中，西部地区包括西部民族8省区以及甘肃、陕西、重庆和四川共12省区。

二、技术创新政策绩效的横向比较

（一）综合科技进步水平指数对比

综合发展指数（Comprehensive Development Index，CDI）用来代表科技活动水平的提升，是科技实力、竞争能力、研发能力、创新能力在经济社会发展中的集中体现。根据《全国及各地区科技进步统计监测报告》发布的各地区综合科技进步水平指数[①]，2010年我国民族8省区居于第三、第四、第五类地区，其中新疆维吾尔自治区、内蒙古自治区、青海居于第三类，西藏自治区居于第五类，其余4省区都是第四类地区[②]。2011年，全国综合科技进步水平指数比上年提高了1.83%。内蒙古自治区比上年上升三位，新疆维吾尔自治区比上年下降三位。相比较前一年，除了西藏自治区提升为第四类地区外，其余的民族7省区保持不变，综合发展指数仍处在全国平均水平之下。2012年监测与2011年监测比较，全国综合科技进步水平指数比上年提高了0.23%。民族8省区中宁夏回族自治区、青海、内蒙古自治区居于第三类地区，新疆维吾尔自治区、云南省、广西壮族自治区、贵州居于第四类地区，西藏自治区居于第五类地区。

2013年全国综合科技进步水平指数比上年提高了2%，全国31个地区的综合科技进步水平划分详情为[③]：第一类为综合科技进步水平指数高于全国平均水平（60.30%）的地区，包括上海、北京、天津、江苏、广东和浙江；前三位位次与前一年相同；第二类为综合科技进步水平指数低于全国平均水平（60.30%），但高于50%的地区，包括辽宁、陕西、山东、湖北、重庆、福建、黑龙江和四川；第三类为综合科技进步水平指数在50%以下，但高于40%的地区，包括安徽、吉林、湖南、内蒙古自治区、山西和甘肃；第四类为综合科技进

---

① 科学技术部发展规划司。
② 第一类为综合科技进步水平指数高于60%的地区；第二类为综合科技进步水平指数低于60%，但高于全国平均水平的地区；第三类为综合科技进步水平指数低于全国平均水平，但高于40%的地区；第四类为综合科技进步水平指数在40%以下，但高于30%的地区；第五类为综合科技进步水平指数低于30%的地区。
③ 资料来源：科学技术部发展规划司：2013年全国及各地区科技进步监测统计结果。

步水平指数在40%以下，但高于30%的地区，包括宁夏回族自治区、青海、河南、江西、河北、海南、广西壮族自治区、新疆维吾尔自治区、云南和贵州；第五类为综合科技进步水平指数低于30%的地区，只有西藏自治区。民族8省区中，除了内蒙古自治区仍居于第三类地区外，其余各省居于第四、第五类地区。

（二）技术创新活动投入对比

1. 研究与开发人员全时当量

研究与开发（R&D）人员全时当量是国际上通用的用于比较科技人力投入的指标。全时当量为全时人员数与非全时人员按工作量折算为全时人员数的总和。2014年全国研究与开发人员全时当量共计3710580人年，其中广东省居于首位，高达506862人年，江苏省与浙江省分别居于第二位和第三位。而民族8省区均居于后位，其中研究与开发人员全时当量最多的是广西壮族自治区，也只有41208人年，仅为广东省的8.1%。宁夏回族自治区、青海、西藏自治区的研究与开发全时当量均以四位数垫底。总体来看，民族地区研发人员全时当量均远低于全国平均水平，且民族8省区总量为163290人年，仅占全国总量的4.4%。

2. 研究与开发经费内部支出

企业研发经费指企业在产品、技术、材料、工艺、标准的研究、开发过程中发生的各项费用。这一指标可以衡量研发活动中的财力投入程度。2014年全国各地区研究与开发投入经费内部支出总计13015.6亿元，江苏、广东、山东分别以高于1000亿元的额度居于前三位。其次，全国共有20个省份全年研发投入经费超过百亿元，经费超过百亿元的省份占全国的64.5%。民族8省区中仅有内蒙古自治区与广西壮族自治区跻身百亿元行列中，其余6省区以排名先后顺序分别为广西壮族自治区、云南省、贵州省、新疆维吾尔自治区、宁夏回族自治区、青海省、西藏自治区，民族8省区全年研发经费合计4651392万元，占全国全年投入研发经费的3.57%。

（三）技术创新活动产出对比

1. 专利申请受理数量

专利申请数量反映了技术创新成果。截至2014年全国总共申请专利受理数为2210616项，江苏省、广东省、浙江省分别以421907项、278358项、261435项的数量位居前三。全国有26个省市专利申请数过万，4个省市专利申请过千，仅有西藏自治区专利申请数低于1000项。民族8省区中专利申请受理量最高为广西壮族自治区，申请专利32298项，剩余7省区在2014年专利申请数量依次是贵州22467项、云南13343项、新疆维吾尔自治区10210项、内蒙古自治区

6359 项、宁夏回族自治区 3532 项、青海 1534 项以及西藏自治区 248 项。民族地区共计申请专利为 89991 项，占全国专利申请受理数的 4.1%。

2. 有效专利数量

有效专利是指还处于有效期内的专利即该专利已经得到授权，并且处于保护期中，并且没有因为专利权人没交维持费而终止。专利权维持有效时间越长，表明其创造经济效益的时间越长，市场价值越高。截至 2014 年全国有效专利总共有 4032362 项。其中，国内有效发明专利为 708690 项，所占比重为 17%，广东省以有效专利 670131 项排位全国第一，广西壮族自治区作为民族 8 省区中全年有效专利最多的地区，为 28303 项。民族 8 省区总共获得有效发明专利 119959项，占全国有效发明专利总量的 2.97%。

3. 工业企业新产品开发项目数

新产品开发项目数反映了创新产品的开发力度。2014 年全国工业企业新产品开发项目数总计为 375863 项。民族 8 省区全年总计新产品开发项目数为 11043项，仅占全国总数的 2.93%。位于前 3 位省份分别是江苏（62306 项）、浙江（51466 项）、广东（49177 项）。全年新产品开发项目数超过 10000 项的共有 12个省份，占全国 31 个省份的 38.71%。民族 8 省区中，广西壮族自治区全年新产品开发项目最多，以 3328 项位居全国第 21 位。然后，依次是云南 2123 项，全国排名第 23 位；贵州为 1802 项，全国排名第 25 位；内蒙古自治区为 1570 项，全国排名第 26 位；宁夏回族自治区为 1049 项，全国排名第 27 位；新疆维吾尔自治区为 1025 项，全国排名第 28 位；青海和西藏自治区分别以 130 项、16 项居于全国最后两位。

4. 工业企业新产品销售收入

新产品销售收入直观地反映了创新产品的收入绩效。2014 年全国工业企业新产品销售收入总计 1428952968 万元。民族 8 省区全年新产品收入总计为51641240 万元，仅占全国同年新产品销售收入的 3.61%。江苏、广东、浙江、山东均以高于 1 亿元的收入在全国名列前茅。民族 8 省区新产品收入情况普遍不乐观，其中，广西壮族自治区和内蒙古自治区分别以 13484220 万元和 5573230万元的收入排名全国第 19 位和第 23 位。其余 6 省区依次居于末位。

三、民族地区技术创新现状及政策绩效分析

通过全国各地区在科技进步发展情况、技术创新活动投入、技术创新成果产

技术创新支持政策及其绩效

出等方面的截面数据比较,不难发现,民族8省区与全国平均发展水平及东部发达地区在技术创新绩效方面差距是显著的。

(一)创新基础能力低,科技综合发展水平的提升幅度有限

2010~2014年,内蒙古自治区、广西壮族自治区、新疆维吾尔自治区、宁夏回族自治区、西藏自治区、云南省、贵州省、青海省民族8省区综合科技进步指数不仅全部低于全国年平均水平,而且居全国31个地区末位的均为民族地区。这表明,民族地区的科技进步水平与其经济社会发展水平是相一致的。

(二)企业技术创新的主体地位需进一步强化

"十二五"规划以来,在一系列创新激励政策的作用下,我国企业逐渐替代科研机构和高等院校,成为研发活动和技术创新的主体。企业技术创新方面的投入不断增加,其创新投入主体地位进一步强化。2014年,全国研发经费内部支出达到了13015.6亿元,占国内生产总值的2.05%;相比2010年增长了18%(如表3-1所示)。从2014年企业内部资金研发投入占总的研发经费的比例来看,全国为75%,东部地区为77%,而西部地区为61%。特别是西藏自治区只占到了13%。表明民族地区的企业尚未真正成为技术创新的主体。相反,政府资金投入的相对比例,则明显高于其他地区,如2014年,西部地区政府资金投入所占比例达35%,高出全国平均水平的15%。同时,西部民族地区企业没有成为技术创新的利益分配主体和技术创新的风险主体,导致企业技术创新动力不足。

表3-1 2010~2014年各地区(R&D)经费内部支出 单位:亿元

年份 地区	2010			2011			2012		
	R&D投入费用	企业资金投入所占比例	政府资金投入所占比例	R&D投入费用	企业资金投入所占比例	政府资金投入所占比例	R&D投入费用	企业资金投入所占比例	政府资金投入所占比例
全国	7062.6	0.72	0.24	8686.9	0.74	0.22	10298.41	0.74	0.21
东部	4986.9	0.74	0.21	6182.6	0.75	0.19	6900.7	0.76	0.19
中部	1201.4	0.75	0.21	1463.4	0.76	0.20	1510.8	0.79	0.17
西部	874.2	0.52	0.43	1040.9	0.57	0.38	1240.3	0.58	0.37

续表

年份 地区	2013			2014			2014/2010（倍）		
	R&D投入费用	企业资金投入所占比例	政府资金投入所占比例	R&D投入费用	企业资金投入所占比例	政府资金投入所占比例	R&D投入费用	企业资金投入所占比例	政府资金投入所占比例
全国	11846.6	0.74	0.21	13015.6	0.75	0.20	1.84	1.04	0.83
东部	7924.6	0.76	0.18	8750.6	0.77	0.18	1.75	1.04	0.85
中部	1771.1	0.79	0.17	1977.7	0.80	0.16	1.65	1.06	0.76
西部	1420.4	0.58	0.34	1559.9	0.61	0.35	1.78	1.17	0.81

资料来源：根据《中国科技统计年鉴》（2010～2014年）统计数据整理所得。

（三）技术创新支持政策的激励效果不明显

民族地区的企业创新主体不到位，导致企业的技术创新能力较弱。专利是企业创新的重要产出成果，反映了技术创新能力和水平。在国家的创新激励政策的推动下，企业在专利申请、专利授权和有效专利数量方面快速增加。如2014年东部地区有效专利数达到了286万件，较2010年增长了1倍多。从增长速度来看，3个地区趋同，都增加了1倍左右。但从总量上看，2014年西部地区有效专利数只有41万件，相当于东部地区的1/7（如表3-2所示）。这种惊人的差距反映了其科技创新产出的竞争力的不足。多年来国家制定了一系列包括财政、税收、金融、政府采购、知识产权等在内的创新支持政策，其数量、内容和范围，均达到甚至超过了世界创新型国家及东亚各国的政策力度①。从创新资金投入上来看，西部地区2014年政府资金占到了35%，而东部地区只占到了18%。目前民族地区面临着创新政策实际投入大，但创新效率和创新效果一般的尴尬境地。

表3-2 2010～2014年各地区国内有效专利数 单位：万件

年份 地区	2010	2011	2012	2013	2014	2014/2010（倍）
东部	135	166	218	261	286	2.12
中部	20	23	32	41	48	2.40
西部	18	21	27	35	41	2.28

资料来源：根据《中国科技统计年鉴》（2011～2014年）统计数据整理所得。

---

① 邓练兵. 中国创新政策变迁的历史逻辑 [D]. 武汉：华中科技大学博士学位论文，2013.

四、民族地区技术创新政策绩效的制约因素分析

(一) 基础设施和创新意识方面

民族地区经济发展总量偏小,经济结构落后,受自然、历史和社会等诸多因素的影响,西部民族地区的经济总量和人均国内生产总值低于全国其他地区。民族 8 省区综合科技进步指数(2010~2014 年)全部低于全国年平均水平。

一方面,从硬件条件来看,首先,我国民族地区基本位于西南、西北边疆,是我国最主要的贫困地区,许多地方自然环境恶劣,基础设施十分薄弱,发展起点低,工业发展设施不完善,远离了国家政治经济核心区,社会发育程度低。客观地理条件增加了社会运行成本和交易成本。其次,薄弱的经济基础使得大多数区域内企业短期内根本无法以雄厚的资金实力来投入科技创新项目的开发。地广人稀导致各项投资较难形成规模效益,同时影响投资回报。

另一方面,从软环境来看,虽然目前全国范围的投资软环境得到了极大的改善,但民族地区地方政府的工作效率低及优惠政策落实难等问题屡见不鲜。创新的动力来源于市场竞争,由于民族地区的经济体制改革缓慢且经济的市场化水平不高,受传统计划经济体制的影响,民族地区企业的科技开发多是由国家行政拨款,其研发机构多集中在大专院校、科技部门,政府干预过多,而企业自有的研发机构较少。改革开放以来,我国民族地区国有经济比重较高,非公有制经济发展迟缓,科技体制改革滞后,使得不少企业特别是国有企业技术创新能力较差,与国际先进水平和东部地区不但没有缩小差距,而且有拉大的趋势[①]。

另外,市场竞争意识和主动创新意识相对落后。长期以来,思想保守、自给自足的小农经济观念根深蒂固,已成为民族地区深化改革、加快发展的最大障碍。改革开放以来,东部地区的开拓创新意识逐步展现为现代市场经济观念,成为推动生产力发展的强大动力。而民族地区由于本身的地理位置闭塞,在传统观念引导下人们更愿意凭借前人的经验来发展小农经济,对新的生产方式、经营模式、技术运用具有一定的抵触情绪,导致民族地区企业科技进步与创新基础能力低,创新氛围淡薄,创新驱动严重不足。不仅有市场经济体制建成后仍存在的技

---

① 曹海英,贾春晨.西部地区技术创新存在的问题与对策研究 [J].北方民族大学学报(哲学社会科学版),2010,1.

术创新环境问题,而且有经济体制转型期诸如股份制、产权等特殊问题。制定合理适宜的政策作为政府推动技术创新的主要手段,需要政府部门观念和行为方式的改变。

(二) 技术创新研发经费投入不足

科学研究与试验发展包括基础研究、应用研究和试验发展三类活动。研究与开发经费支出及其占国内生产总值的比例,是国际上通用的衡量一个国家或地区科技活动规模、科技投入水平和科技创新能力的主要指标和一个国家或地区经济发展方式的重要内容。

技术创新需要大量的资金投入,研究与开发经费支出是一个地区技术创新的重要支撑,研究开发经费强度是评价一个地区技术创新能力的一项重要指标。2013年,我国研究与开发经费总量为11846.6亿元,已跃升为全球第二大研究与开发经费国家。我国研究与开发经费投入强度达到2.01%,比2010年上升了0.32%,高于欧盟28国平均1.92%的投入强度。

民族地区和中东部地区经济发展的不平衡是不争的事实,从纵向来分析,研究与开发经费的投入也表现出区域间的不平衡。2005~2013年,东部、中部、西部地区研究与开发投入上一直呈现较大的差距。东部地区的研究与开发投资占到了70%左右,而西部地区则在15%左右。2014年,全国研究与开发经费支出13015.63亿元,占国内生产总值的2.05%。各个地区相比有很大差距,无论是研究与开发经费支出的绝对数,还是其占国内生产总值的比重,民族地区均低于国内平均水平并处于全国末端。2014年,西部地区研究与开发经费支出总和为1559.9亿元,占全国的12%,仅略高于北京的1268.79亿元,其中,政府投入资金为542.94亿元,占35%。西藏自治区研究与开发投入经费为2.5亿元,是全国唯一低于10亿元的地区,其中,政府投入资金为1.9亿元,约占80%。东部地区的研究与开发经费支出为8750.6亿元,其中,政府资金投资占18%。从2014年研究与开发政府投入资金占比来看,西部高于东部,且西藏自治区最高达到80%。从经费投入强度来看,西部民族地区8省市中研究与开发经费投入强度最高的宁夏回族自治区为0.87,低于全国平均水平1.18%,研究与开发经费投入强度最低是西藏,为0.26。受经济水平的制约,民族地区企业普遍缺乏技术创新活动所需要的资金,其技术创新的资金支持、投入体系还有待建立或完善,资金不足是民族地区企业提高技术创新能力的主要障碍。

财政科技拨款是从另一个侧面反映国家或地区科技投入水平的重要指标,主要包括支持科技发展而设立的新产品试制费、中间试验费和重大科研项目补助费三项费用,是实施中央和地方各级重点科技计划项目的重要资金来源。在我国的研究与开发经费中，企业投入的资金占比约70%，其余部分为政府拨款。有关统计资料表明，东、西部地区地方财政科学技术支出方面明显不均衡。2007~2013年，西部地区年均经费从10亿元增至32.7亿元，而东部地区年均科技经费投入从55亿元增至165.2亿元，增长速度持平。其中，东部地区地方财政科技拨款最多的是上海，为257.7亿元，占地方财政总支出的5.69%；北京次之，为5.62%；民族地区地方财政科技拨款最少的是西藏自治区，为4.2亿元，占地方财政总支出的0.41%（如表3-3所示）。

表3-3 2007~2013年东部、西部地方财政科学技术经费支出

单位：亿元

年份 西部地区	2013	2012	2011	2010	2009	2008	2007
内蒙古自治区	31.6	27.6	28.2	21.4	18.1	15.4	9.2
广西壮族自治区	54.4	42.8	28.3	21.7	18.1	16.2	13.2
重庆市	38.7	29.8	25.0	17.9	15.6	15.1	11.1
四川省	69.5	59.4	45.8	34.7	28.6	25.8	20.8
贵州省	34.3	29.0	21.7	16.7	14.3	13.0	10.0
云南省	42.6	32.7	28.3	21.4	19.0	17.7	13.1
西藏自治区	4.2	5.1	3.4	2.7	2.7	2.9	1.9
陕西省	38.0	34.9	29.0	25.3	20.8	17.1	13.3
甘肃省	19.8	16.2	13.2	10.9	10.2	9.5	7.3
青海省	8.4	7.2	3.8	4.1	4.8	4.0	2.5
宁夏回族自治区	10.7	9.6	7.9	6.0	4.4	4.3	4.8
新疆维吾尔自治区	39.9	33.0	26.4	20.2	16.1	14.8	12.8
总计	391.9	327.3	260.9	202.8	172.6	155.8	120.0
均值	32.7	27.3	21.7	16.9	14.4	13.0	10.0
年份 东部地区	2013	2012	2011	2010	2009	2008	2007
北京市	234.7	199.9	183.1	178.9	126.3	112.2	90.7
天津市	92.8	76.5	60.2	43.3	34.0	28.7	22.3
河北省	49.8	44.7	33.2	29.7	26.4	21.7	17.4
辽宁省	119.0	101.2	87.1	68.9	57.5	49.0	38.7
上海市	257.7	245.4	218.5	202.0	215.3	120.3	105.8

续表

年份 东部地区	2013	2012	2011	2010	2009	2008	2007
江苏省	302.6	257.2	213.4	150.4	117.0	91.5	68.7
浙江省	191.9	166.0	143.9	121.4	99.3	86.8	71.5
福建省	60.6	48.5	40.5	32.3	27.9	25.6	21.3
山东省	149.1	125.0	108.6	84.4	62.9	57.1	46.4
广东省	344.9	246.7	203.4	214.4	168.5	132.5	119.3
海南省	13.8	12.1	9.8	7.5	6.1	4.5	2.8
总计	1816.9	1523.2	1302.3	1133.1	941.2	729.9	605.0
均值	165.2	138.5	118.4	103.0	85.6	66.4	55.0

注：地方财政支出均为本级支出，2000年以前不包括国内外债务还本付息支出和利用国外借款收入安排的基本建设支出。

资料来源：根据国家统计局，《中国统计年鉴》（2014年统计数据整理所得）。

2014年国家财政科技经费支出为6454.5亿元，民族8省区全年获得地方财政科技创新活动拨款总计为247.1亿元，仅占全国的3.83%。从2009~2014年统计数据来看，民族8省区地方财政科技支出普遍不高，尤其是宁夏回族自治区、青海省、西藏自治区三地的年支出量基数较低，直至2014年，宁夏回族自治区、青海省、西藏自治区三地财政科技创新年支出数仍未超过15亿元。从绝对数衡量，2009~2014年，民族8省区地方财政的科技创新活动拨款逐年增长。2009年8省区总拨款量为97.41亿元，到2014年已涨至247.1亿元，涨幅将近154%。其中，广西壮族自治区、新疆维吾尔自治区、贵州省、云南省的涨幅较快，广西壮族自治区涨幅为232%，新疆维吾尔自治区、贵州省、云南省在这6年内的涨幅分别是150%、211%和127%。宁夏回族自治区和青海省6年来的涨幅虽说分别也有165%和117%，但由于2009年的财政科技支出基数小，因此到2014年全年财政科技支出分别也只有11.66亿元和10.39亿元。而内蒙古自治区、西藏自治区、青海省这5年来的涨幅均未超过100%。详情如图3-1所示。

如表3-4所示西部民族地区8省区近几年来的财政科技支出增长势头良好，但是，从每年地方财政科技创新拨款占地方财政总支出的比例来看，2009~2014年每年民族8省区的财政科技支出比例并未发生明显改变，一直维持在1%左右。绝对数的增长并没有从实质上加大地方财政对于民族地区科技创新活动的支持力度。

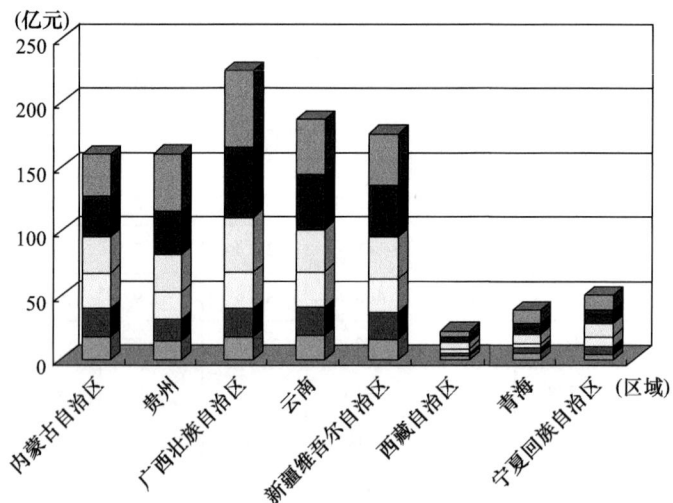

图 3-1 2009~2014 年民族 8 省区地方财政科技拨款

资料来源:根据中华人民共和国科学技术部、中国科技统计数据整理所得。

表 3-4 2009~2014 年民族 8 省区地方财政科技创新支出占总财政支出比例

单位:%

地区 年份	内蒙古 自治区	广西壮族 自治区	贵州	云南	西藏 自治区	青海	宁夏回族 自治区	新疆维吾 尔自治区
2009	0.94	1.11	1.04	0.97	0.57	0.98	1.02	1.2
2010	0.94	1.08	1.02	0.94	0.49	0.55	1.07	1.19
2011	0.94	1.11	0.96	0.97	0.45	0.39	1.11	1.16
2012	0.8	1.4	1.1	0.9	0.6	0.6	1.1	1.2
2013	0.9	1.7	1.1	1	0.4	0.7	1.2	1.3
2014	0.85	1.7	1.2	1	0.4	0.8	1.2	1.27

资料来源:根据中华人民共和国科学技术部、中国科技统计数据整理所得。

自身资金不足加之财政扶持不够,使民族地区的研发经费投入远不足以实现自我创新能力的发展。同时,长期以来,政府在技术创新财政经费使用上存在着一些结构性的问题,如支持企业自主创新的财政经费比例过低,重视用财政科技经费立项解决具体的技术问题,而对利用财政科技拨款引导企业把资金投入技术创新的力度较弱①。很多国家都提出需要公共财政补贴来开展技术创新，如美国的制造业的复兴，欧洲提出的面向 2020 年的制造业政策框架等。我国民族地区在模仿创新的路径下，实施持续的经济增长完成二次创新，也要实施基金的相关补贴性政策措施，从利益上保证创新企业的积极性，培养和发展高技术新兴产业。

（三）创新人力资源和创新型高端人才严重不足

投入结构是指技术创新要素的投入比例结构，如果创新要素之间的比例协调，则创新效果好，反之亦然，一般认为劳动者素质越高对科技投入的转化效率越高。据统计，2014 年全国共有研发工作人员 5351472 人，其中，江苏省研发人员总数居于首位，高达 676526 人，广东省与浙江省分别居于第二位和第三位。而 8 个民族省份均居于后位，其中广西壮族自治区研发人数稍多，为 65382 人，仅为江苏省研发人数的 9.6%。另外，2014 年全国规模以上工业企业研究与开发人员为 3632627 人，东部地区为 2376699 人，西部地区为 396521 人，占全国研究与开发人员比重的 10.9%，比 2011 年增加 1.1%，而东部地区的研究与开发人员占全国的比重为 65%，比 2011 年降低了 4%。东部地区的研究与开发人员相对于西部地区的人数由 2011 年的 7 倍降低到 2014 年的 6 倍。其中，西藏自治区、青海地区的研究与开发人员不足万人，最低的是西藏自治区，其人数只有 270 人。表明随着国家相应激励政策的推出，西部民族地区的人力投入有所上升。

研究与开发人员全时当量指研究与开发全时人员（全年从事研究与开发活动累积工作时间占全部工作时间的 90% 及以上人员）工作量与非全时人员按实际工作时间折算的工作量之和，是国际上通用的、用于比较科技人力投入的指标。从表 3-5 西部民族 8 省区工业企业的研究与开发人员全时当量指标来看，数据在逐年上升，其中最好的是内蒙古自治区，而最差的是西藏自治区，不足 100。

表 3-5　2010~2014 年民族 8 省区研究与开发全时当量

单位：万人年

序号	地区	2014 年	2013 年	2010 年	2014 年/2010 年
1	全国	371.06	353.28	255.38	1.45
2	东部地区	240.16	228.54	169.04	1.42
3	中部地区	63.14	60.06	52.44	1.20

---

① 安果．西部战略性新兴产业技术路径研究［M］．北京：中国经济出版社，2013.

续表

序号	地区	2014年	2013年	2010年	2014年/2010年
4	西部地区	46.56	44.12	33.90	1.37
5	内蒙古自治区	3.64	3.73	2.47	1.47
6	广西壮族自治区	4.12	4.07	3.39	1.22
7	贵州省	2.39	2.38	1.51	1.58
8	云南省	3.05	2.84	2.25	1.36
9	西藏自治区	0.13	0.12	0.12	1.08
10	青海省	0.47	0.47	0.48	0.98
11	宁夏回族自治区	0.95	0.82	0.64	1.48
12	新疆维吾尔自治区	1.57	1.58	1.44	1.09
	均值（民族8省区）	2.04	2	1.53	1.33

注：从2011年起，规模以上工业企业的统计范围从年主营业务收入为500万元及以上的法人工业企业调整为年主营业务收入为2000万元及以上的法人工业企业。

资料来源：根据《中国科技统计年鉴》（2009~2015年）统计数据整理所得。

图3-2和图3-3分别给出了民族8省区2011~2014年规模以上企业科技创新活动中研发人员投入量及各省区位次变化。2011~2014年，全国规模以上企业科技创新中研发人员投入量分别是1939074人、2246179人、2493957人、2641578人，年平均增长率为10.92%。从图3-2中可以看出民族8省区的科技

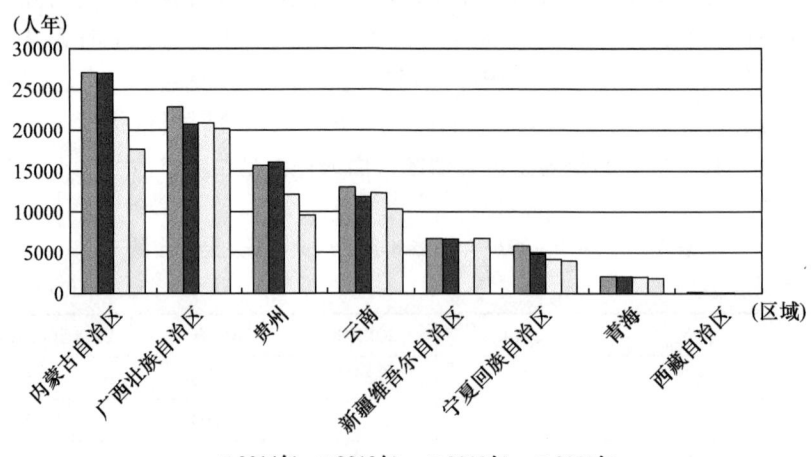

图3-2　2011~2014年民族8省区规模以上企业科技创新研发人力投入

资料来源：根据中华人民共和国科学技术部、中国科技统计数据整理所得。

创新活动研发人员投入总量低且不平衡。民族8省区年科技研发人员总量从2011年近5万增长至2014年的9万以上,其中,广西壮族自治区、内蒙古自治区、贵州和云南的研发人员投入呈明显的年增长趋势,研发人员数量也略高于其他省区。而新疆维吾尔自治区、宁夏回族自治区、青海、西藏自治区的研发人员投入从图上看出绝对值非常之少,且这近几年来总量基本维持在一个稳定的低水平。

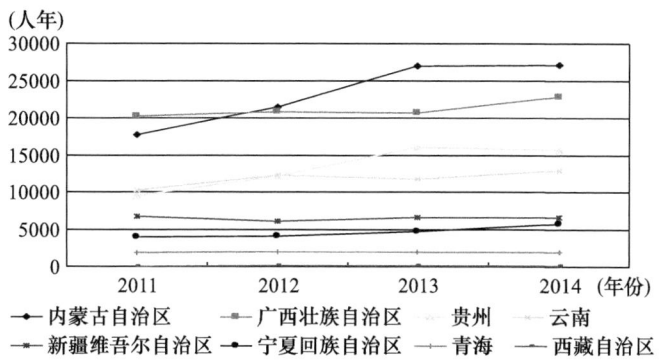

图3-3 2011~2014年民族8省区规模以上企业科技创新研发人力投入位次变化对比

资料来源:根据中华人民共和国科学技术部、中国科技统计数据整理所得。

民族地区有限的科技人才分布也不合理,从地区看主要集中在少数大城市,如西安、成都、重庆等。而且,西部地区有限的科技人才很多想方设法留在党政机关和事业单位,使企业更加缺乏技术创新的人才,如2013年西藏自治区的博士人数为219人,而2013年北京博士人数为60068人。受技术水平低、科研人员少等条件的限制,民族地区企业不仅技术开发能力明显不足,而且消化、吸收新技术的能力也不足。目前民族地区不同程度地存在着制约科技进步和创新的体制性、机制性障碍,一些地区和单位对人才的使用还缺乏良好的制度与环境,科技人才流失严重[①]。

民族地区缺乏创新需要的专业技术人才和管理人才。高新技术人才不愿选择各方面条件都比较差的地区就业,这种流动趋向导致民族地区的科技队伍与东部相比差距较大。在科技创新人才匮乏的同时,由于经济地理环境的限制,员工待遇差,发展机遇少,民族地区人才流失现象更加严重,"孔雀东南飞"使得西部

---

① 曹海英,贾春晨.西部地区技术创新存在的问题与对策研究[J].北方民族大学学报(哲学社会科学版),2010,1.

民族地区和东部发达地区在人才、技术上的差距进一步拉大。仅新疆维吾尔自治区近10年来流失各类人才20多万，留住人才是当下民族地区面临的一个重要难题。人才总量少、总体素质偏低、人才行业分布和专业结构不合理、新兴产业技术型人才稀缺等问题使得民族地区的科技创新人才严重匮乏，加之由于财政困难、经费有限，各行业劳动者能外出学习进修的机会很少，知识更新速度慢，导致专业技术水平日趋落后，更谈不上技术创新驱动。

（四）科技产出和产业化能力低，政策激励作用未能充分发挥

科研成果是技术创新的投入和政策支持的有效性检验标准之一。民族地区较少的科技研发投入导致其科技创新产出，如发明专利、新产品收入等成果大幅度低于全国平均水平。从2013~2014年科技统计年鉴的部分指标中（如表3-6所示）不难发现，民族地区的研发机构个数、总数、新产品开发项目数量、专利申请数、技术市场成交合同数等方面，都推进缓慢。

表3-6　2013~2014年民族8省区技术创新相关数据

地区	研究与开发人员（人）		规模以上工业企业办研发机构（个）		新产品开发项目数（项）		规模以上工业企业申请专利数（个）		技术市场技术转出地域（合同数）（项）	
	2014年	2013年	2014年	2013年	2014年	2013年	2014年	2013年	2014年	2013年
内蒙古自治区	50208	48366	235	240	1570	1581	2269	2062	535	631
广西壮族自治区	65382	65783	421	447	3328	3332	4840	4468	2347	694
贵州	38165	36113	224	165	1802	1908	4051	3446	658	593
云南	52943	49585	388	339	2123	1903	3137	2793	2785	3084
西藏自治区	2496	2318	3	6	16	8	18	9	0	0
青海	7860	7322	47	33	130	111	384	334	801	747
宁夏回族自治区	16385	14412	160	159	1049	966	1160	1132	544	597
新疆维吾尔自治区	28271	26950	187	150	1025	1103	2458	2256	704	984

资料来源：根据《中国科技统计年鉴》（2014~2015年）统计数据整理所得。

从纵向来分析，除了西藏自治区，基本上其他省区，新产品开发数目在逐年上升，虽增幅不大。新产品销售收入方面，2013年全国新产品销售收入总计为1284606903万元。江苏、广东、浙江、山东均以高于100000000万元的收入名列全国前茅。民族8省区新产品收入情况普遍不乐观，其中，广西壮族自治区和内蒙古自治区分别以15866038万元和6285040万元的收入排名全国第18位和第22

位。其余6省区依次居于末位。民族8省区全年新产品收入总计为36746705万元，仅占全国同年新产品销售收入的2.86%。

一般认为科技与经济和社会协调发展程度决定区域技术创新效率，而制度创新的倾向性、投入结构、劳动者素质、企业群体结构、产业结构等则是影响创新效率的关键要素。制度创新倾向性是指区域经济体制和企业制度约束或激励创新能力的程度，体现了企业制度的创新意愿。[①] 一般认为国有企业的运行模式最不利于企业开展技术创新，被认为是技术创新倾向性最低的企业制度。而相比东部地区，西部地区科技成果转换效率低，是因为东西部科技成果转换利润落差、经济基础和地区科技政策不同导致的后果。我国民族地区经济发展战略未能实现向依靠技术创新和提高人力资本质量的转移，技术创新对经济增长的推动效应明显弱化。

五、本章小结

本章从横向和纵向层面对西部民族地区、民族8省区以及全国平均水平和东部省份，通过技术创新投入和产出两个方面，进行了直观对比分析。总体上发现，作为我国经济社会发展的相对滞后区域，民族地区总体技术创新能力相对不足，科技成果商品化、产业化程度低，技术创新对经济增长的带动作用比较薄弱。同时，民族地区企业尚未成为技术创新的主体，企业技术创新能力较弱，并且由于技术以及相关方面的人才向民族地区企业转移比较困难，再加上当地企业科技经济的低层次循环，导致民族地区企业对科学技术的吸纳能力很低。另外，受经济水平的制约，民族地区企业普遍缺乏技术创新活动所需要的资金，民族地区企业技术创新的资金支持、投入体系还有待建立或完善。因此，总体上看，民族地区企业与东部沿海地区企业相比差距较大、技术创新能力较弱、企业效益较差、产品的市场占有率较低，企业缺乏活力和竞争力。另外，民族地区的技术创新方面的能力和绩效在国家政策的大力支持下，在稳步发展和逐步提升。

---

① 池仁勇，虞晓芬，李正卫. 我国东西部地区技术创新效率差异及其原因分析［J］. 中国软科学，2004，8.

第 四 章

案例分析：包头市装备产业园区技术创新政策绩效分析

民族地区的高新区是其技术创新、人力资源和资本集聚的重要载体，也是其经济发展和增加就业的主要来源，在区域经济中的重要性日益凸显。装备制造业是为国民经济和国防建设提供技术装备的基础性产业，其整体能力和水平决定着一个国家或地区的经济实力和国防实力。本章通过对包头市装备产业园区技术创新发展现状的案例研究，分析产业园区在技术创新过程中的经验和不足，为提升民族地区产业园区创新能力的支持政策提供借鉴。

一、我国高新产业园区的发展现状

高新技术产业以高新技术为基础，从事一种或多种高新技术及其产品的研究、开发、生产和技术服务的企业集群，是知识密集、技术密集的产业，产品的主导技术必须属于所确定的高技术领域，而且必须包括高技术领域中处于技术前沿的工艺或技术突破。这种产业所拥有的关键技术往往开发难度很大，但一旦成功，却具有高于一般产业的经济效益和社会效益。20 世纪 60 年代，美国首先提出了高技术（High – Tech）这一概念。关于高技术（高新技术）的界定各国都有自己的标准，如美国商务部根据研发支出占产品销售额的比例、科技活动人员占从业人员的比重、产品的技术复杂程度超过一定标准三个方面来界定高技术产业[1]。经济合作与发展组织则主要从研发支出的角度定义高技术和高技术产业，

---

[1] 韩霞．高技术产业公共政策研究［M］．北京：社会科学文献出版社，2009．

高技术产业是指研发经费占总产值的比例远高于各产业平均水平①。我国高新技术的概念源于1986年3月的《高技术研究发展计划》("863"计划)。1988年,国家提出高新技术产业的指导性计划——"火炬计划"。将高技术扩宽为高技术、新技术,简称高新技术。2002年,国家统计局公布了《高技术产业统计分类目录》,确定我国高技术产业包括核燃料加工等8大类58个小类②。《中国高新技术产品目录(2006)》中对高新技术产业的划分依然是以经济合作与发展组织的标准为基础。

高新技术产业开发区是指在一些知识密集、技术密集的大中城市和沿海地区建立的发展高新技术的产业开发区。自1951年美国建立斯坦福工业园(即"硅谷")之后,许多国家和地区在条件适宜、智力密集的地区开辟高新技术产业园区,开启了高新产业园区的蓬勃发展之路,到目前为止,世界已拥有不同类型的高技术园区1000多个。围绕高新技术而形成的各类产业园区如技术园、科学城、科技园区等已成为代表各国科技发展水平的象征和推动经济起飞的助推器。

从国内外高新技术园区的发展过程来看,其发展经历了初创期、成长期和成熟期三个阶段③。初创期以1951年美国斯坦福工业园和1957年苏联的新西伯利亚科学城为标志。这个时期,主要以园区发展为主体,高新技术产业的优势及效应还未充分显现,其辐射带动作用较小,在数量上还不足50个,大都分布于欧美等发达国家。随着"硅谷"模式被各个国家不断效仿,高新技术园区发展到成长期,这个阶段是高新技术园区发展的快速增长阶段,台湾新竹、新加坡裕廊、波士顿128号公路高技术园区、英国剑桥科学城、法国法兰西岛科学城等都是这个阶段的典型代表。到1990年,世界高新技术园区总数达到641个,高新产业园区发展到达了成熟期,这个时期的园区注重产学研相结合,产业功能区的定位、发展特色较为成熟,园区建设向城区发展的意识已形成,如印度的班加罗尔、日本筑波科技城、中国上海张江高科技园、长春国有高新技术产业开发区等。

从各国对高新科技园区的目标与功能定位来看,各有侧重点④。美国高新科技园区注重高度自主创新,如硅谷;英国注重园区的大学、科研与企业生产紧密结合;德国强调高新科技园区对中小型科技企业的孵化功能,创新与创业中心较多;俄罗斯和日本的高新科技园区注重园区的综合功能,多采取科学城或技术城的模式;印度特别注重高新科技园区的专业化、产业化和国际化功能,如班加罗尔。

---

① 张同斌. 中国高新技术产业的发展及其影响因素研究 [D]. 大连:东北财经大学博士学位论文,2012.

② 国家统计局,2014年。

③ 金花. 国内外高新技术园区发展的基本规律与趋势研究 [J]. 中共青岛市委党校青岛行政学院学报,2012,2.

④ 陆利华,张克俊. 我国与国外高新科技园区比较研究 [J]. 中国科技论坛,2007,3.

技术创新支持政策及其绩效

我国于 1985 年 7 月成立了第一个高新技术园区——深圳科技工业园，在 1986 年和 1988 年又先后推出"863 计划"和"火炬计划"，2012 年国家的《高技术产业发展"十二五"规划》，明确将技术创新视为经济转型和发展的内源，有力地推动了我国高新产业园区的进一步发展，国家高新区已经成为创新经济发展的主要载体和引领，也同时呈现出自主创新的国际竞争优势。国家级高新区从 1988 年的 1 家发展到 2014 年的 115 家，范围遍及除西藏之外的所有省、自治区和直辖市①。

高新技术产业化是指把高科技创新技术通过研究、开发、应用、扩散，逐渐形成产业的过程。起点是科技创新研究成果，终点是消费市场，分为技术、产品、生产能力和市场开发四个不同特征阶段，最终将知识形态的科技创新成果转化为物质财富，并在国内外市场获得高的经济效益。我国高新技术产业开发区和产业化基地已成为推动区域经济发展的重要增长极，为"十二五"期间战略性新兴产业的培育和发展提供强大支撑。国家通过实施一系列的激励政策，如技术先进型服务企业税收优惠，国家大学科技园和国家级科技企业孵化器税收减免，企业研发费用加计扣除，股权激励、鼓励企业创新创业的财税支持、技术转让税收激励、科技金融、非上市公司股权代办等，来推动国家高新产业园区的技术创新的示范作用。高新技术和高新区成为我国创新资源最密集、创新活动最活跃、创新程度最大、创新成果最丰硕的区域。

同时，各地区政府也不断加大了对国家高新区的支持力度，2013 年，114 家高新区财政科技拨款总额达 495.1 亿元，占高新区财政支出的 12.4%。高新区用于对科技型中小企业创新基金的配套资金达到 71.0 亿元，用于扶持创业投资机构的资金达到 216.9 亿元，用于扶持担保机构的资金达到 186.4 亿元。高新区为企业创新创业提供了强有力的资金支持。2013 年，高新区企业科技活动经费内部支出为 5643.3 亿元，比上年增长 18.3%；科技活动经费中，企业内部用于科技活动的非政府经费支出为 5700.3 亿元、来自政府部门经费为 322.7 亿元、委托外单位开展科技活动的经费支出为 395.3 亿元，企业内部用于科技活动的非政府经费当年形成的固定资产为 781.9 亿元，比上年分别增长 18.1%、19.4%、30.7% 和 21.9%。企业的研究与开发经费内部支出达到 3488.8 亿元，比上年增长 24.5%。

我国高新技术产业经历了以经济规模扩张为主的外延式增长，到加速高新技术产业化，促进产学研协作的成熟发展阶段，初步形成了企业、人才、资金、技术等创新资源的集聚效应。高新区内高新技术企业主要经济指标占高新区内企业

---

① 科学技术部．高新技术开发区简介［EB/OL］．http：//www.most.gov.cn/gxjscykfq/index.htm.

总体比重均超过40%。高新区把激发创新创业活力、培育高新技术产业化主体和营造创新发展环境作为核心任务,已成为我国依靠科技进步和技术创新引领支撑经济社会发展的引擎。在经济发展方面,截至2013年年底,114家国家高新区园区生产总值达到6.31万亿元,占全国国内生产总值比重达11.1%,2014年国家高新区国内生产总值(GDP)为6.6万亿元,增速减慢,较2013年占比提升0.2%。2013年国家高新区出口创汇占全国外贸出口(2.21万亿美元)的比重为18.7%。国家高新区内纳入火炬统计的71180家企业共实现营业总收入19.96万亿元,工业总产值15.14万亿元,净利润达1.24万亿元,上缴税额达1.1万亿元①。在科技创新方面,截至2013年年底,114家国家高新区内企业每万名从业人员中研究与开发人员为794人,是全国每万名从业人员中研究与开发人员(47人)的16.9倍;国家高新区企业研究与开发经费内部支出为3488.8亿元,占全国企业研究与开发经费支出的38.2%;国家高新区企业当年申请专利数量为28.9万件,其中发明专利申请为13.9万件,占全国发明专利申请量的16.8%;当年专利授权达到16.6万件,其中发明专利授权5.1万件,占全国发明专利授权量的24.5%;国家高新区企业共拥有有效专利54.4万件,其中发明专利为18.8万件。

经过十多年的发展,我国高新技术产业园区得到了蓬勃发展,但还是存在以下几个方面的突出问题:

(一) 自主创新功能发挥不足

我国高新技术产业园区取得了突出成绩,但目前仍没有出现可以与硅谷等世界著名高科技园区相媲美的园区。部分高新区还停留在依靠优惠政策、招商引资的发展阶段,还没有完全走上主要通过科技创新求发展的轨道。正如萨瑟兰德(Sutherland)②指出的,中国的高新区并不是创新和创业的源泉,而是国际产业转移环境下跨国公司的组装加工基地。有些高新产业园区忽视对园区企业持续竞争力和区域特色产业优势的培育,产业集群优势不明显。

(二) 园区管理模式单一

良好的体制环境是我国高新区发展的关键因素之一。高新区的管理体制需要不断的变革和创新,才能适应高新技术产业持续发展的需要。绝大多数园区由政府兴办,采用管委会管理模式,具有不同机构性质职能于一身、优惠财政税收安

---

① 程凌华,李享等. 2013年国家高新区综合发展与数据分析报告[J]. 中国高新区,2014,9.
② Dylan Sutherland. China Science Parks: Production Bases or a Tool for Institutional Reform? [J]. Asia Pacific Business Review,2005,11(1):83–104.

排、高授权管理安排等特征。政府主导型园区行政色彩过浓,对产业发展缺乏有效调控,普遍存在制度创新滞后、有向"行政区回归"的倾向。

(三) 优惠政策对技术创新绩效作用有限

政策是吸引要素集聚最为直接有效的方式。我国高新区普遍采取了"一区多园"的规划建设模式和"土地开发、负债经营、招商引资、滚动发展"的运作模式。建园初期,在房地产租赁、设备折旧更新、税收信贷、外资引进等给予多项优惠政策来"筑巢引凤"。但随着各高新区以税收、土地为核心的招商政策以及财政支持为主的科技发展政策逐渐趋于同质化,后期技术创新、知识转化等方面政策所产生的孵化和推动力作用不够,高新区面临着二次创业的问题。

二、民族地区高新产业园区技术创新现状

一般来说,处于先进之列的国家或地区的竞争力都具有一定规模的高新技术产业做支撑,而欠发达地区要想彻底摆脱不利的资源和财富分配格局,改变从属地位,更应努力发展高新技术产业。发展高新技术产业也是促进我国少数民族地区经济发展、实现产业结构升级、改造地区传统产业的有效途径。民族地区的高新区是其经济发展、人力资源和资本集聚的重要载体,也是其高新产业产值和创造就业的主要来源,在民族地区区域经济中的重要性日益凸显。截至2014年年底,西部地区的12省区的国家级高新技术产业开发区共有27个,其中民族8省区为14个。其具体批复时间如附表3所示。

据科技部统计数据①,2012年我国西部地区12省区,高新区国内生产总值占本省区国内生产总值的比重为6.18%(8省区为5.89%),低于全国平均比重的15.5%。东部地区的高新区的投入是西部地区的4.3倍。2013年,西部地区的创新能力指数加权增长率最低为4.5(中部地区为9.6)。国家高新区也呈现出区域发展不平衡的趋势。但西部12省区高新区的经济增长速度高于东部地区。从地区分布上看,东部地区高技术产业研发经费占到全国高技术产业研发经费的77.7%,远高于西部地区;广东、江苏两省占全国比重最高,分别达到31.9%和13.6%,其余省份均不超过10%。研发经费投入强度最高的地区是东部地区,达到1.92%,西部地区1.41%。

---

① 科技部. 国家高新区创新发展报告[M]. 北京:科学技术文献出版社,2013.

第四章 案例分析：包头市装备产业园区技术创新政策绩效分析

在过去五年，民族地区的技术研发、技术引进、技术改造和技术创新等各项指标都低于东部地区和中部地区。如表4-1所示，虽然西部技术改造费用与东部接近，但反映承接新技术能力的技术引进费用，东部却是西部的两倍。而且西部的技术改造费用主要是对中央企业的投入。科技部通过33个指标从科技进步投入、科技成果产出、科技进步环境三方面，对全国各地区的科技进步情况进行评价。如表4-2所示，西部地区民族省区科技进步综合指数均低于50%，而且，全部低于全国平均水平。

表4-1 2010~2014年各地区高技术产业技术获取和技术改造费用

单位：万元

年份	2010	2011	2012	2013	2014	2014/2010（倍）
技术引进经费支出						
东部	613479	636299	600346	527783	581749	0.95
中部	42992	43335	7511	32385	29694	0.69
西部	31338	16863	149639	18440	13753	0.44
消化吸收经费支出						
东部	89067	148282	81743	117685	135623	1.52
中部	42345	15363	10813	18902	27910	0.66
西部	6855	6965	12138	4622	7193	1.05
技术改造经费支出						
东部	1816126	2143769	2470001	3005435	2122744	1.17
中部	278583	506390	496951	599397	591268	2.12
西部	592634	397076	242268	435344	658387	1.11

资料来源：根据《中国高技术产业统计年鉴》（2010~2014年）统计数据整理所得。

表4-2 民族8省区综合科技进步水平指数   单位：%

地区 \ 年份	2010	2011	2012	2013	2014
内蒙古自治区	43.91	45.35	42.89	43.28	45.13
新疆维吾尔自治区	43.99	43.02	38.12	35.29	38.41
青海	43.81	44.02	40.68	39.32	41.87
宁夏回族自治区	39.81	39.85	42.01	39.37	43.29
云南	37.50	38.08	36.11	34.79	39.10
贵州	36.78	37.37	31.45	32.42	37.29

续表

年份 地区	2010	2011	2012	2013	2014
广西壮族自治区	37.69	39.15	36.44	35.97	40.30
西藏自治区	27.91	30.42	27.58	27.07	29.54
全国平均水平	58.22	60.05	60.28	60.30	63.55

资料来源：科学技术部发展计划司，《全国各地科技进步统计监测结果》，科技统计报告第1期（总第536期）。

通常以高新技术产业化指数来衡量高新技术产业化能力，其包括两部分内容的测评：一是高新技术产业化水平，由三个具体指标衡量，分别是高新技术产品出口额占商品出口额比重、新产品销售收入占产品销售收入比重以及高新技术开发区技术性收入所占比重（该指标2007年起删除）；二是高新技术产业化效益，由五个具体指标衡量，分别是高技术产业就业人员劳动生产率、高技术产业增加值率、高技术产业增长占经济增长份额、高新技术产业开发区总收入利税率以及知识密集型服务业劳动生产率。图4-1利用高新技术产业化指数反映了2014年民族8省区高新技术产业化水平。从图4-1中可以发现，民族地区高新技术产业化水平依然普遍较低，远远不如中东部发达地区。民族地区高新技术产业化水平不平衡，其中，广西壮族自治区、西藏自治区、云南、贵州高新技术产业化水平高于其他省份，但是由于高新技术产业化水平与科技创新活动总量有直接关系，西藏自治区的高新技术产业化指数较高有可能是因为科技创新活动总量太低。

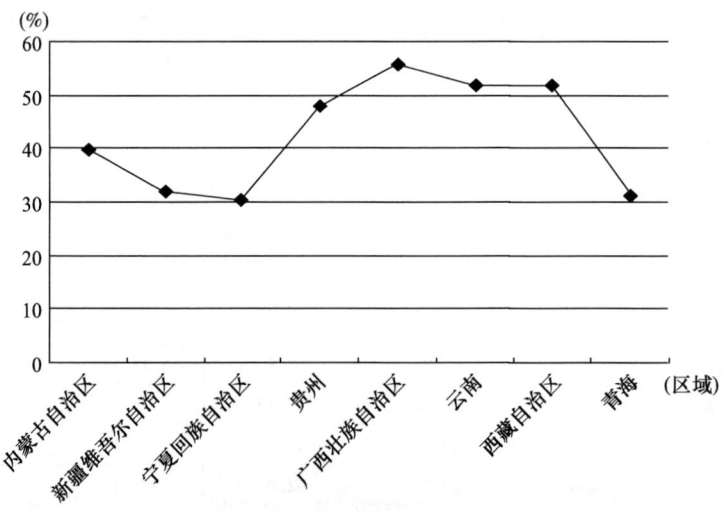

图4-1 2014年民族8省区高新技术产业化指数

资料来源：根据《中国火炬统计年鉴》统计数据整理所得。

三、包头装备制造产业园区技术创新绩效的案例分析

装备制造业是为国民经济和国防建设提供技术装备的基础性产业，其整体能力和水平决定着一个国家或地区的经济实力、国防实力、综合实力和在全球经济中的竞争与合作能力，也决定着一个国家特别是发展中国家实现现代化和民族复兴的进程。建立现代化的装备制造业，是建设强大国家的物质技术基础，是加速国家工业化和国防现代化的根本保证。我国出台的《关于促进西部地区特色产业发展意见》中，将重大装备制造列为特色产业。包头市是我国"一五"时期重点建设城市，其产业园区对包头市近年来的飞速发展发挥了积极作用。该装备园区区位优势明显，是包头市城市区域规划中重要的战略发展区域，经过多年的发展，内蒙古包头装备制造产业园区为区域经济的发展做出了巨大贡献。下面将根据对包头市机械装备产业园区的调研，拟对包头这一我国民族地区发展高新技术产业对促进地区经济发展、实现产业结构升级、改造地区传统产业的典型案例进行分析，阐述政策在园区发展、对高新技术产业化的加速、新型高科技企业的培育等方面的影响，探索民族地区产业政策、技术政策和人才政策对缩小与发达地区差距，整合区内外资源，充分利用周边环境变化带来的机遇等方面的战略意义重大。

（一）园区的总体发展情况

包头市作为国家西北部重工业基地和国防科研生产基地，装备制造业在全市经济中占有十分重要的地位。位于包头市青山区的包头装备制造产业园区，是包头市深入贯彻落实内蒙古自治区"8337"发展思路，结合地区装备制造产业优势，于2006年启动建设的新型特色产业园区。园区总规划面积45平方公里，包括建成区、新建区和新规划区三部分。2010年1月，被国家科技部认定为"包头国家装备制造高新技术产业化基地"。经过十余年发展，该园区已形成了重车装备、新能源装备、综采装备、铁路装备、机电装备、工程装备等主导产业为龙头的现代制造装备产业的工业体系，初步形成了重车装备、新能源装备等六大产业集群，拥有一批在国内外市场上具有较强竞争力和较高市场占有率的优势企业和名牌产品。2016年，包头装备制造产业园区集中开工建设具有科技含量高、知识、技术密集、带动作用强、市场前景好、产品附加值高等特点的20个亿元

技术创新支持政策及其绩效

以上重点项目。

按照"产业集聚、项目集中、用地集约"的发展要求，区内新规划了"包头高端装备园"、"新兴产业园"、"北大科技园"、"力德汽车城"、"民营中小企业园"五个园中园。园区作为包头市发展高新技术产业的基地，逐步形成了包头市新的经济增长点。2013年，园区总产值达到1005.6亿元，同比增长18.19%，占全市装备制造业的比重接近80%。近年来，该园区先后被自治区科技厅和国家科技部、工信部命名为"高新技术特色工业产业化基地"、"包头国家装备制造高新技术产业化基地"、"国家新型工业化产业示范基地"以及"草原英才"工程高层次人才创新创业基地、自治区机电和高新技术产业出口基地、自治区小企业创业示范基地，并被自治区政府纳入自治区开发区管理，同时被列入了沿黄沿线22个重点工业集中区（园区）之一和重点打造的两个千亿元级园区之一。

（二）产业园区发展的经验分析

近年来，产业园区作为包头市青山区制造装备产业基地的核心区，将因集聚作用而发挥增长效应和辐射效应，对周边经济产生积极的带动作用。园区在总量、结构、水平及效益等方面都有了极大的提升，这与园区的合理定位及产业集群规划、总体环境、硬件条件的打造，特别是政策软环境等方面的支持是分不开的。

1. 明确园区定位，协调项目审批

高新技术产业园区的科学定位和总体规划十分关键。包头装备制造产业园区包括建成区、新建区和新规划区三个区，园区在2006年开始建设时定位为"绿色生态型、科技环保型、特色鲜明型"的中国中西部地区装备制造业基地。坚持工业强区战略，以招商引资为重点，以重大项目建设为依托，引进并实施了一批在国内外享有盛誉的行业领军企业，如风电领军企业华锐风电、重车行业安全性能全国第一的北奔重卡、晋西车轴等知名工业制造企业。

为加快新入园的企业了解项目建设前期手续办理流程，由市国土局、市发改委投资处、市规划局规划科、市环保局环评科等部门协调合作，联合办公，加快项目推进速度。截至2015年，园区共引进实施项目146个，总投资达500亿元，累计投产项目达132个。

2. 加大资金投入，支持项目建设

基于园区企业技术资金投入不足的难题，产业园区积极为企业拓展创新资金来源渠道。引导和激发企业的技术创新方面的积极性，如产业园区每年为入园企业争取资金高达1000多万元的自治区和国家的扶持资金。在产业园区的资金支持下，北重安东每年投入过百万元的专项创新费用，历经4年的时间，研发高压井的热处理感应工艺以及新型高扭矩螺丝处理,并获得了国家科技部以及内蒙古自治区科技厅的奖励。除国家科技部以及自治区政府提供的资金之外,青山区科技局每年也会拿出一部分资金支持园区内企业的科研发展。

3. 建立创新中心,加强产学研结合

为了解决园区在技术创新和技术研发方面薄弱的问题,园区从2009年开始先后共投入了1.2亿元,建成了2万多平方米的研发大楼和创新中心,开展装备制造业的技术研发工作。园区主要通过一些研发中心,如一机厂、二机厂、52所和北重计量技术检测研究院等为企业提供技术服务和人才储备。从目前来看,园区除了建立自己的创新中心以吸引创新机构入驻外,还鼓励和支持园区内企业建立自己的研发基地。同时,园区部分企业开展了产学研合作,2009年园区与北奔重汽建立了产学联盟,同时园区与很多高校建立技术与人才方面的合作,如北大、清华、内蒙古科技大学等。

4. 关注中小企业,解决资金和人才问题

针对中小型企业融资困难问题,园区通过建立园区开发公司,一方面以土地或研发大楼作为资产抵押贷款,用于园区的基础设施建设;另一方面跟商业银行和开发银行联系,为园区内企业,尤其是中小企业提供银行贷款。园区内企业可以以土地或厂房作为抵押向银行贷款,没有土地证或房产证的企业,银行可以为15家联保企业提供流动资金贷款。园区通过担保公司和银行为企业提供便利,形成"双保险",为缺乏融资渠道的企业提供贷款。应内蒙古自治区政府对园区进一步建立技术创新体制和引进人才体制的要求,包头市出台引进人才计划,园区通过政策导向,资源整合,为引进高端技术人才创造条件。

(三)产业园区发展中存在的瓶颈

经过近几年的建设、培育和发展,包头装备制造产业园区已经初具规模,并形成了潜力巨大、特色鲜明、具有一定影响和辐射带动作用的产业集群。但是,在园区的建设和发展过程当中,依然存在一些亟待解决的问题。

1. 投融资方面

产业园区方面,一是园区开发建设涉及的征地拆迁、配套基础设施建设等投入巨大,资金严重不足。园区发展空间虽然得到了拓展,基础设施建设也在加快实施,但是投入比较多,资金压力仍比较大。二是招商引资困难。不仅包头地区在发展装备制造业,其他地区也在争相发展装备制造业,例如,吉林装备制造产业园区、大同装备制造园区等。激烈的竞争,加大了招商引资难度。

对企业来说,资金问题主要体现在园区内的中小企业,其银行贷款的信用比较低,再加上国家宏观调控政策的影响,不利于企业获得充足的流动资金。

另外，工业用地出让价过高，不利于项目落地。土地"倒卖"现象时有发生，不仅使闲置的土地长时间荒芜，得不到有效的利用，也导致拟入驻园区的企业因土地短缺而不能入驻。

2. 政策支持方面

包头作为内蒙古自治区最大的工业城市，经过60多年的发展和积淀，具备了发展装备制造业的雄厚基础和优势，但作为经济欠发达的少数民族地区之一，发展还比较落后，缺乏强有力的政策引导和扶持。对于发展新能源产业和新兴产业，在规划布局和政策引导以及项目的核准方面给予的支持不够。

3. 人才引进方面

内蒙古自治区地处中国西部地区，人才引进难一直以来都是困扰企业发展的重大问题之一，突出表现在企业中博士和硕士所占比例相对较少。为了引进人才，企业在一些一线城市，例如北京，设立研发中心以吸收、引进人才。但是由于地理位置、环境以及经济发展水平等因素的影响，相对于其他一些经济较发达的地区来说，许多高端人才不愿意到包头市来。此外，尽管包头市经过多年的发展，经济水平和人民的生活质量不断提高，但是许多外界人士对包头的了解还停留在过去，这在一定程度上影响了人才流入和引进。

4. 技术研发方面

在装备制造业方面，园区的许多企业其生产制造能力不仅在国内处于领先地位，在国外也享有盛誉，如北方重工的360一次成型挤压技术，10米油井的离心轴设备等技术，逐步摆脱了相应技术和工艺方面的从属地位。但大多数核心技术依然由国外企业垄断，如北重在全国重车行业排名第六，但是没有自主研发的发动机，成为制约北重发展最大的瓶颈。研发投入不足，高端技术创新人才缺乏，核心技术依然由国际业内巨头垄断等一直都是困扰园区企业进一步发展的问题，也制约了企业技术创新能力的提升。

(四) 产业园区的发展建议

通过几年的努力，包头装备制造产业园区逐步形成特色鲜明、产业突出、设施健全的综合性产业园区。依托重汽、新能源、铁路装备、综采装备、机电装备、工程机械六大产业，着力引进和培育核电装备、化工装备、环保装备、特种原材料等产业，力争形成10个以上发展前沿、布局集中、潜力巨大、特色鲜明、具有影响和辐射带动作用的产业集群。和其他国家级科技园区相比，包头装备制造产业园区还有进一步完善的空间。下面将从资金、技术和管理等方面，提出以下改进策略：

1. 变革产业园区管理模式，推进科学管理

我国高新产业园区的管理模式可分为以下三种模式：政府主导型管理模式、

企业主导型管理模式和政企混合型管理模式。具体来讲，有六种模式①：①北京中关村模式。即在一区多园的建设规划下，采取大管委会下建立若干分管理委员会的方式对高新区中各园区进行管理。②深圳模式。即高新区管委会只是一个协调机构，权限较小，而主要的权限仍集中在市级政府各部门。③广州、哈尔滨模式。即高新区与经济技术开发区的管理机构"合二为一"，对外是"两块牌子、一套人马"。④成都、西安模式，即政府派出机构模式。高新区不是一级政府，有关经济管理方面的权力主要由所在市政府和有关部门授予，享受市级管理权限。这种模式在我国国家高新区中最多。⑤青岛模式。即高新区与所在行政区合一，高新区与所在行政区实行一套机构、两块牌子，既有区一级政府机构设置，同时又是对高新区进行管理的党工委和管委会班子，在职能上既承担高新区的开发建设任务，又承担区政府行政管理和社会职能。⑥苏州模式。即独立行政区模式，其管理机构为新区管理委员会，全面负责新区的管理和建设，行使完整的一级政府权力。

园区型管理模式是一种比较现实和理想的管理模式。每一种园区都有其时代背景和适应环境，但不管哪一种，遵循的基本原则是，高新区管委会的职权越大，独立性越强，综合管理职能越健全，越有利于协调发展中的各种关系，提高工作效率和经济绩效，带动区域经济的快速发展。不同发展阶段，高新区会有不同的管理模式，包头装备产业园区的管理可根据园区发展阶段的需要，进行适时变革。

2. 加大资金投入力度，完善投融资体系

招商引资是高新区开发中的重要环节，"卖地引资"是大多数高新区建设初期的做法。土地资源的稀缺性会使得这种单一的引资模式脆弱和不可持续，可适当调整招商模式，如可变卖地为出租标准厂房，这样不仅节省了土地资源，提高了土地的利用率，还可以防止倒卖土地行为的发生。

包头产业园区的太阳能等新能源装备的新兴产业和其他优势产业，是园区发展的支柱产业，对于该类产业需加大资金投入，可尝试凡经国家审查通过的试点项目及工作方案，由国家主管部门提交银监会和各大银行，申请各银行对重要建设项目所需贷款给予优先安排。

高新技术产业既是技术密集又是资金密集的产业，资金是科学工业园区发展的重要因素，完善的投融资环境和体系非常关键。应该建立多源头、多渠道资金筹集渠道，如政府投资、民间资金、银行融资、外国投资、风险投资等形式。包头市青山区可形成以政府投资为引导，企业自筹为主体，金融贷款和风险投资为后盾，其他投资为补充的投融资体系。同时，政府主要建立信用担保机构和专业

---

① 陆利华，张克俊. 我国与国外高新科技园区比较研究 [J]. 中国科技论坛，2007，3.

化基金，重点支持风险投资，为其发展创造必要条件。细化《内蒙古自治区深化体制机制改革实施方案》，深入推进各项改革任务的落实。重点在科技项目管理改革、完善科技创新资金投入机制、促进科技成果转化等方面取得实质性突破。落实财政支持和税收优惠政策，构建普惠型创新政策支持体系。

3. 培养科技人才，加快创新体系建设

技术创新能力、成果转化能力薄弱和技术储备不足已成为制约包头市装备产业园区经济发展和产业结构升级的瓶颈问题。根据对包头市装备产业园区现状的调研和国家对高新技术产业发展的政策安排，可以建立有助于推进包头市高新技术产业创新及创业体系，实施平台载体建设工程，完善新型技术研究开发机构的管理运行机制，强化创新型人才引进培养，打造一支高层次科技人才队伍。强化产学研合作，建设一批重要的产学研技术创新战略联盟。该创新体系中可以包括企业（创新和创业的主体）；公共研究机构（包括中科院研究所、科研型大学、非营利研究机构等），主要从事知识生产活动，是企业创新活动的一个非常重要的知识源；教育培训机构，主要从事创新及创业人才的培养；政府机构，制定有关政策，提高创新系统效率，创新知识的生产、传播和利用，为创新和创业活动的开展创造良好的环境；金融机构，主要为创新和创业活动的开展提供资金支持等。

4. 加大政策支持力度，完善政策激励机制

以上提到的各种体系的建设，其关键点在于相应政策方面的有力支持。包头作为内蒙古自治区最大的工业城市，绿色、环保、科技一直是园区的发展导向。包头市经过60多年的发展和积淀，具备了发展装备制造业的雄厚基础和优势，但缺乏强有力的政策进一步引导和扶持。未来国家在进行产业布局时，应将包头装备制造产业园区列为全国的装备制造业基地，对包头地区具有比较优势的风能、太阳能等新能源装备及新兴产业、煤化工装备、综采装备、工程机械、重型车辆、新能源车辆等产业，在规划布局、政策引导、项目核准等方面上给予倾斜支持。在经济欠发达地区，推动园区的发展，其社会效益大于企业经济效益，国家应设专项财政补贴，给园区整体补助，或对建设项目贷款国家给予贴息等。培育一批高新技术企业和科技型中小企业，完善中小企业创新服务体系，促进企业真正成为创新主体，加快众创空间建设力度，深入实施知识产权战略。

四、本章小结

对于经济欠发达的民族地区，高新技术产业园区的良性发展是推动当地经济

发展的重要举措。在"中国制造"向"中国创造"的转型过程中,高新技术产业的发展起着至关重要的作用。高技术产业园区是产业集群、经济聚集的重要载体,是承接产业转移、招商引资的重要平台。本章通过对我国民族地区高新技术产业园区的发展现状分析以及以包头装备产业园区为案例进行了近距离访谈和调研,发现这一民族地区高新产业园区的典型案例中,企业技术创新过程中的困境。并从政策角度,对园区这一创新支持平台建设,企业自身创新主体地位的明确,进一步分析了其路径选择。长远来看,民族地区的创新发展,应以"一带一路"建设为契机,强化与周边国家的交流,完善与发达省市和周边地区的区域协同创新合作机制,推进跨区域产学研合作,推进高新技术产业园区的科技创新的开放。

第五章

实证分析：民族地区技术创新支持政策绩效的影响机制研究

长期依靠物质资源消耗和对外界技术和资源依赖式的发展，导致民族地区发展不平衡、不协调、不可持续。党的十八大报告在论述加快完善社会主义市场经济体制和加快转变经济发展方式时明确提出，要实施创新驱动发展战略。2014年以来"一带一路"战略给沿线民族地区发展带来了新的机遇与挑战。积极探索"一带一路"的创新发展模式，特别是"一带一路"辐射范围内的民族地区经济发展方式成为实现我国全面小康的关键议题。发展高新技术产业，转变以自然资源和要素投入驱动的传统经济发展模式，是促进我国少数民族地区经济发展、实现产业结构升级、改造地区传统产业发展的有效途径之一。民族地区高新产业园区的企业是民族地区经济发展和技术创新的主体。一直以来，国家通过实施相应的财政政策、税收政策、金融政策和人才政策等，引导民族地区企业进行技术创新。

现有的国内外研究成果，在对民族地区企业创新绩效和政策支持方面的研究还比较缺乏，少量的研究也主要集中在民族地区的科技创新政策执行的现状和问题，对企业技术创新过程中的困境和措施方面的建议等，关于民族地区的技术创新政策支持与企业绩效之间的作用机制和传导路径等方面的研究还有待深入。

本章拟通过对民族地区27个高新产业园区的1000多家企业的实地调研和访谈，以西部民族地区高新产业园内区的企业问卷数据为样本，采用结构方程模型，重点分析创新支持政策对我国西部民族地区企业技术创新的绩效影响，主要针对以下关键问题进行探讨：①企业技术创新支持方面的政策对企业绩效有无影响？如果有，相对其他要素，其影响有多大？如果没有，其原因是什么？②政策工具中，各种政策的影响程度如何，哪种政策能更有效地对企业绩效产生影响？③支持政策是如何影响创新绩效？其影响的传导路径是什么？

第五章　实证分析：民族地区技术创新支持政策绩效的影响机制研究

一、研究设计

（一）文献回顾

1. 关于技术创新支持政策对企业技术创新有效性的理论支持及实证研究

多数研究发现，政府对企业技术创新活动的介入和干预能够缩小企业技术创新活动的收益与社会收益之间的差距[1]。由于技术创新活动本身具有高风险性、高不确定性、周期长及溢出效应等特点，导致创新企业不能独占其新技术或新产品带来的收益，创新投资收益低于一般性的投资收益，而其创新投资一般被认为低于社会最优化水平[2]。企业创新过程中需要一定资金支出，而创新政策不但能促进技术型企业技术创新的发展，还能提高经济效益，并且增进社会福利水平。为了抵御风险，创新政策在技术型中小企业的创新发展中是必不可少的（谢作渺等，2009）。创新环境是政府制定和实施创新制度和政策的载体（陈凯华、官建成，2010），由于企业自身的特点和面临的发展困境使得其技术创新活动的开展及风险应对都需要政府的大力扶持和引导。各级政府应当以政策为导向，以利益、资金为纽带，在资金、技术、管理、市场等方面履行宏观调控和协调促进职能。丁小义（2007）[3] 在阐述政府对企业技术活动进行直接财政资助动机、影响的基础上，重点分析了我国各省（市）企业争取政府技术资金的竞争力和对政府资金的依赖性差异，并进一步通过二元回归方法分析各省（市）企业获得的政府直接资助与企业自筹研发支出之间的相互关系。通过研究得出结论，在我国，众多省市的公共政策（投资与支持）与企业科研活动（技术创新）为显著正相关的关系，但政府加大政策力度或者提高投资水平，可以使企业的科研投入增加，对企业技术创新的支持力度表现为支持，有利于创新产品与服务的出现，当然，极少数地区企业受到政府资金的挤出效应干扰，企业自主科研投入减少，但总体来说，还是正向激励的。

一般来说，政府会通过金融政策工具、税收政策工具等，重新分配资源，减

---

[1] David P., Hall B., Toole A.. Is Public R&D A Complement or Substitute for Private R&D: A Review of the Econometric Evidence [J]. Research Policy, 2000, 29.

[2] Czamitzki D., Hanel P., Rosa J.. Evaluating the Impact of R&D Tax Credits on Innovation: A Micro - Econometric Study on Canadian Firms [J]. Research Policy, 2011, 40.

[3] 丁小义. 中国主要省(市)企业获得政府科技直接资助的实证比较分析 [J]. 现代经济, 2007, 12.

免税负，保护知识产权，引导企业增加对技术创新的资源投入。同样，从企业角度来看，企业作为技术创新主体，获得技术创新政策支持意味着获得额外补贴、行政保护、竞争优势和增加收益。企业必然会积极配合，增加经费，引进高技术人才，购进先进科研设备并鼓励员工创新，以此提高创新的效率。同时，技术创新政策所提出的要求对企业增加技术创新的投入起到强制性作用，为了实现技术创新，也同样会增加资源投入并采取各种激励措施来活跃企业的创新行为。创新支持政策旨在通过给企业提供研究与开发所需的公共资源来影响和激发企业创新的动力。① 因此，政策的这种导向功能，对企业的绩效和发展产生积极影响。

早期已有部分学者论述了科学技术向民族地区转移的必然性（郑庆汉，1990），提出高技术产业为民族地区经济带来高效益，同时也将促进民族地区的产业结构变动和升级（张国杰，1998），认为民族地区发展产业集群和工业园区是转变经济发展方式的突破点（陈景辉、赵颖，2011）。柳劲松（2009）② 根据内蒙古自治区、广西壮族自治区、宁夏回族自治区和新疆维吾尔自治区四个民族自治区 2001~2006 年的面板数据，采用 DEA 方法和逐步回归法进行实证研究，结果表明民族地区科技投入与技术进步、经济增长存在正相关关系。关于民族公共政策通过作用企业技术创新，从而促进民族地区经济的发展也有相关研究。李俊杰、刘崇元（2001）③ 认为在促进民族地区企业发展方面，政府要为制定优惠的税收政策、优惠的金融政策、优惠的人力资源开发政策等几个方面进行职能转变。杜伟（2001）④ 就西方国家对欠发达地区的政府援助从"思想上高度重视、援助目标明确、援助方式灵活多样、援助资金法定来源、重视基础设施建设以及援助的法制化"六方面将西方重要国家在发展欠发达地区的经验进行总结。陶清德（2008）⑤ 总结了我国西部民族地区中小企业的发展特点，重点提出民族地区的企业存在的民族性与非民族性，在观念上未能真正与现代管理制度接轨以及缺少产品市场与资本。同时提出对于西部民族地区中小企业的发展，除了要求国家必须调整支持西部民族地区社会经济发展的政策以外，还需要进一步完善西部民

---

① 李伟铭，崔毅，陈泽鹏，王明伟. 技术创新政策对中小企业创新绩效影响的实证研究——以企业资源投入和组织激励为中介变量 [J]. 科学学与科学技术管理，2008，9.

② 柳劲松. 民族地区科技投入、技术进步与经济增长的协调性分析 [J]. 科技进步与对策，2009，23.

③ 李俊杰，刘崇元. 促进民族地区中小企业发展的政府职能转变 [J]. 企业经济，2001，9.

④ 杜伟. 西方国家对欠发达地区进行政府援助的经验和对我国西部大开发的启示 [J]. 贵州民族研究，2001，1.

⑤ 陶清德. 西部民族地区中小企业发展和当地的现代化、企业化及族群发展 [J]. 甘肃理论学刊，2008，6.

族地区中小企业发展扶持制度。梅其君（2008）① 认为对于西部民族企业的发展，技术引进与选择非常重要，民族地区企业的技术引进与选择不论采取何种策略，都应该重视技术环境的改善。对政府而言，要为企业构建技术进步的服务体系，制定相关政策，完善相关机制。王维平、罗旋（2009）② 论述了政策创新及政策创新环境的概念，分析了欠发达地区所面临的经济政策创新环境制约问题，从"政策手段创新、目标性政策、制度性政策"三方面对如何优化欠发达地区的政策创新环境提出了对策思考。在总结国外经验方面，蒋峰（2008）③ 通过对财政政策与货币政策的理论分析结合湖北省的实证分析以及两种政策组合的经济学分析，提出从机制、配合等方面在欠发达地区采取积极的财政政策，再配以较宽松的货币政策以达到二者的协调发展。

2. 关于政策支持和技术创新绩效作用机理的研究

绝大部分学者支持政策对技术创新绩效是有效的，脱离政府支持和干预的技术创新只是一种理想状态。从具体基础实施层面来看，政策支持体系主要包括财税类政策工具、金融类政策工具、人才类政策工具、技术支持类工具及其他服务类支持工具。关于这些工具的作用方式，已经有许多学者给出了相应研究结论。如李伟铭、崔毅、陈泽鹏等（2008）④ 采用结构方程的模型，对广东省17个县、市的中小企业进行数据随机抽取分析，检验了公共政策对中小企业技术创新的影响。分析显示，公共政策可以对中小企业技术创新的影响有两条途径：其一是公共政策影响企业的创新资源投入，资源投入与创新绩效关联；其二是公共政策促进组织激励，组织激励影响创新绩效。企业作为创新的实施者和受益者，在政府政策的引导下增加对创新的资源投入和采取必要的措施激励员工进行创新，从而对企业的创新绩效产生影响。仲为国等（2009）研究了政策协同与技术绩效之间的关系，指出政策力度对技术绩效有正相关作用，但不同的政策力度对于绩效影响却存在很大的差异，另外引进外资与创新协同能够在很大程度上促进专利授予数量的提高，对重大发明创造没有显著影响，却在一定程度上削弱了新产品产出比率。刘晓娥（2008）⑤ 等采用模糊集合论方法，通过比较研究，采用与技术创新密切相关的经济效益指标、创新政策实施期间的创新产出指标和创新投入指标三类共16个指标，对湖北省企业技术创新政策效果进行了量化分析和评估。发现当企业获得政府资金支持时，企业竞争优势明显，企业的资金迅速投入研

---

① 梅其君. 基于技术环境论的西部民族地区企业技术创新分析 [J]. 工业技术经济, 2008, 7.
② 王维平, 罗旋. 欠发达地区经济政策创新环境及其优化研究 [J]. 理论与改革, 2007, 4.
③ 蒋峰. 财政政策与货币政策协调问题研究——基于欠发达地区的视角 [J]. 海南金融, 2008, 4.
④ 李伟铭, 崔毅, 陈泽鹏, 王明伟. 技术创新政策对中小企业创新绩效影响的实证研究——以企业资源投入和组织激励为中介变量 [J]. 科学学与科学技术管理, 2008, 9.
⑤ 刘晓娥, 卢艳红, 喻金田. 企业技术创新政策效果评价 [J]. 统计与决策, 2008, 17.

发与技术创新活动中,自主科研加速,企业转变为科研与创新的主体。但针对不同的高技术企业,由于其地域、行业、规模等属性的不同,其效果或路径会有一定的差异。另外,技术创新支持政策对技术创新绩效的影响因素,也有不同观点。如刘世锦(2006)认为受资源配置、政策系统与政策导向不明确和不协调的影响,企业无法基于政策获得相应的动力,部门分割、难以系统化影响,技术创新政策对于投资引导、贸易规范和消费政策之间缺乏协调,难以有效关联衔接,甚至有时政策之间相互矛盾,无法发挥效果,导致创新政策缺乏有效性。王为(2008)①以黑龙江省针对技术创新的公共政策为研究主题,构建了黑龙江省技术创新政策体系,提出了完善黑龙江省技术创新政策体系的建议和保障措施,为增强黑龙江省技术创新水平提供了决策支持。刘秀兰、王康(2004)②首先通过分析四川民族地区与其他地区的区别,确定与经济发达地区的差距与差异,归纳出通过走技术创新之路实现经济振兴的路径。技术创新缺乏资金、人才等历史经济原因因素的影响,需要通过发挥优势资源破解难题,实现技术创新的突破,走出四川民族地区独有的技术创新之路。随后也指出需要建立健全完善的法规和政策环境、开展极为密切的产学研合作、普遍重视引进再创新的战略、提供充足的财力保障、形成有效的激励机制、具有科学的程序和方法、拥有灵活的管理体制和不断强化的核心技术等几个方面。

　　克里斯托夫·弗里曼1987年将政府作为技术创新中的内在因子进行了系统研究。通过对日本、美国等国家或地区创新活动特征的实证分析,提出了国家创新体系(National System of Innovation, NSI)的概念。这个系统的技术创新体系,包括政府的政策、教育培训、企业及其研究与发展、产业结构等四个因素。创新系统是影响创新发展、扩散以及应用的各种重要的经济、社会、政治、组织以及其他的要素(Edquist, 1997)。创新系统可被看成由两部分组成:一是创新生产随后商业化的主体创新过程;二是影响创新过程运行的辅助创新环境(Doloreux, 2002; OECD & EU ROSTAT, 2005)。很明显,关注以政策为导向的环境要素,是基于系统理论发展的创新系统方法。区域创新系统内的创新环境影响创新过程的质量和效率(Fritsch and Slavtchev, 2007; Li, 2009),民族地区技术创新支持方面的公共政策,是创新环境重要因素之一,创新过程和创新绩效的影响和调节效用是非常明显的。

---

　　① 王为. 黑龙江省技术创新政策体系的构建[J]. 科技与管理, 2008, 1.
　　② 刘秀兰,王康. 四川民族地区技术创新的困境与优势分析[J]. 西南民族大学学报(人文社会科学版), 2004, 25(5).

（二）研究假设

本章结合以上理论体系和研究评述认为，创新支持政策对企业创新的影响既有直接作用，也有间接作用。一方面对企业创新直接产生影响，另一方面通过以资源和激励为中介变量的路径对企业创新产生影响。为此，确定了本研究的理论框架和研究模型，如图 5-1 所示。本研究体系中主要涉及经济、制度等各种以政策为导向的因素，用技术创新支持政策（TE_SU）来解释与创新环境相关的功能块。其可测变量有财税政策、金融政策、技术政策、人才政策。创新资源投入（RE_IN）和企业组织激励（MO_IN）是两个中间变量，解释与创新作用过程相关的功能块。组织绩效（PR_OUT）是内生性的功能块，衡量技术创新的综合产出，本研究将采用销售占比（P1）、利润占比（P2）和资产收益占比（P3）三个显性指标来测量（如表 5-1 所示）。

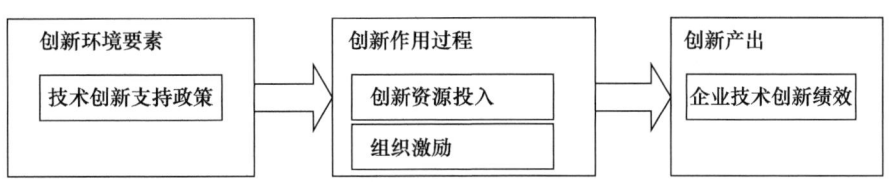

图 5-1　研究模型和假设

表 5-1　潜在变量、可测变量与其测量指标的内涵

潜在变量	可测变量	指标具体内涵
技术创新支持（TE_SU）	财税政策（T1）	1. 研究试验用设备投资税前扣除 2. 对创新型企业实行减税或返还系数提高到一定的比例 3. 完善提高技术开发准备金制度 4. 技术转让收入税收减免制度 5. 对高增值产品进行增值税补偿 6. 帮助中小企业增加在政府采购合同中所占的比重 7. 扩大政府采购规模 8. 政府采购企业创新产品采用标准化的流程
	金融政策（T2）	1. 优惠贷款（如提供长期贷款） 2. 贴息或免息贷款 3. 贷款担保 4. 优先贷款

续表

潜在变量	可测变量	指标具体内涵
技术创新支持（TE_SU）	技术政策（T3）	1. 企业创新项目的贷款担保或贷款贴息 2. 新产品开发或试制费用补贴 3. 技术创新基金资助 4. 技术改造专项补贴 5. 高新技术产业专项补助资金 6. 风险投资
	人才政策（T4）	1. 人才引进政策 2. 人才培养政策 3. 人才激励与发展政策
创新资源投入（RE_IN）	资金（R1）	对创新的资金投入数量和占比
	研发人员（R2）	研究开发人员人数和占比
	技术培训（R3）	对员工的技术培训支出
企业组织激励（MO_IN）	制度激励（M1）	1. 提拔创新人员，鼓励创新人员参与管理 2. 有明确的权力约束机制，员工在规定内享有完全自主权 3. 提倡创新精神，领导鼓励员工尝试新工艺、开发新产品 4. 提拔完成目标的创新人员，鼓励创新人员参与管理
	精神激励（M2）	1. 提倡团队精神，选评并表彰创新先进团队 2. 企业提倡员工不断学习，经常为员工提供技能培训的机会 3. 企业会表彰创新先进个人，并及时传播他们的事迹和经验
	物质激励（M3）	1. 给技术创新人员分配企业股票 2. 研发人员的薪酬与其对创新的贡献程度相关 3. 对员工在工作期间取得的创新成果归属权有明确规定 4. 分配给关键创新人员股票期权
组织绩效（PR_OUT）	销售占比（P1）	1. 公司年销售额增长率 2. 公司开发的新产品销售额占总销售额百分比
	利润占比（P2）	1. 公司年销售利润增长率 2. 公司开发的新产品的利润占总利润百分比
	资产收益占比（P3）	1. 公司资产收益增长率 2. 公司开发的新产品（新技术）资产收益占总资产收益百分比

本章主要目的是研究民族地区政府支持政策影响企业技术创新绩效的作用途径。根据现有研究成果及研究目的，提出以下路径假设：

H1：技术创新政策对企业的创新绩效有直接正向影响。

H2：技术创新政策对企业的资源投入有直接正向影响。

H3：技术创新政策对企业的组织激励有直接正向影响。

H4：企业资源投入对创新绩效有正向的影响。

H5：企业组织激励对创新绩效有正向的影响。

（三）数据来源

本研究的数据采集主要是通过调查问卷对民族地区的27个高新产业园区的调研所得。问卷选项设计使用的量表为五级里克特式量表（Likert-type Scale）。1~5分别代表"非常不满意""比较不满意""一般""比较满意"以及"非常满意"。被调查对象针对问卷中某一问题的相应描述，选择最能符合企业现状的数字。

调查问卷内容共分为五部分。第一部分是有关企业的基本情况，包括企业成立时间、员工总数、从事研发人员总数、资产总额、所有制类型和经营范围；第二部分是有关政策对企业创新影响因素，主要包括四个维度，即财税政策、金融政策、技术支持政策以及人才政策；第三部分是企业技术创新资源的投入：资金、研发人员、技术培训；第四部分是企业内部激励评价，分别从制度激励、精神激励和物质激励三个方面进行测量；第五部分是近年来企业创新与发展绩效。调查问卷发放对象主要是对公司创新情况比较了解的技术研发人员或中高层管理者。具体的问卷见附录4。

数据的获取渠道主要是通过调研人员的实地调研，民族大学在校学生绝大部分来自民族地区，且覆盖面广，这为数据获取提供了契机。项目组在近一年内通过组织近50名学生在寒暑假社会实践过程中完成了该项目的实地调研。另外，学院与西部民族地区的实践基地建立了合作关系，由基地平台搭建和企业的沟通渠道，项目组通过电子邮件、传真和电话沟通方式对企业相关人员随机发放问卷，获取相应数据信息。

样本来源主要为西部地区的12个省区的1000多家企业。分布在西部27个国家高新产业园区，包括桂林、南宁、柳州、乌鲁木齐、昌吉、石河子、昆明、玉溪、包头、呼和浩特、银川、宁夏石嘴山、青海、贵阳、兰州、白银、成都、绵阳、自贡、乐山、重庆、西安、宝鸡、杨凌、渭南、榆林和咸阳。发出问卷1070份，经整理和筛选，回收的有效问卷为985份，占总样本数的92%。问卷无效原因，一般为一些企业不愿意配合，或相关负责人不在调研现场，或没有及时回收问卷，或有些问卷信息不完整或不一致。

(四) 样本说明

下面对有效样本企业的所属行业、经营规模以及所有制属性等基本情况做简单描述性统计。其主要分布特征如下：

统计数据显示：本次被调查的企业属生物医药、通信电子设备、软件开发、新材料能源及交通运输行业的较多。这几类行业企业已占据整个样本容量的53%。在调查企业经营规模时，以其营业收入总额为标准将所有企业划分为四档，其中，营业收入在300万元以下的企业共有128家，占总体的13%；营业收入在300万~2000万元的企业共有305家，占总体的31%；营业收入在2000万~4亿元和4亿元以上的企业分别占总体的38%和18%。在所有被调查企业中，有限责任公司占比最高，共267家，占总数的27%，以下依次是股份合作制、股份有限制、国有（含国有控股）、合资经营以及集体所有制的企业。在样本中外商独资企业很少，只有39家。具体统计数据如表5-2、表5-3和表5-4所示。

表5-2 描述性统计数据——行业分布

所属行业	样本数	百分比（%）
生物医药	145	12
通信设备、电子商务	98	10
软件开发	108	11
新材料和新能源	89	9
交通运输设备制造业	89	9
服务外包	78	8
计算机及应用	69	7
精细化工	59	6
仪器仪表及电气机械制造	59	6
其他	190	21
合计	985	100

第五章 实证分析：民族地区技术创新支持政策绩效的影响机制研究

表5-3 描述性统计数据——规模和所有制分布

序号	企业性质	样本数	百分比（%）	序号	企业营业收入	样本数	百分比（%）
1	有限责任公司	267	27	1	300万元以下	128	13
2	股份有限公司	146	15	2	300万~2000万元	305	31
3	国有（含国有控股）	128	13	3	2000万~4亿元	375	38
4	集体	98	10	4	4亿元以上	177	18
5	股份合作	164	17				
6	合资经营	122	12				
7	外商独资	39	4				
8	其他	41	4				
	合计	985	100		合计	985	100

表5-4 描述性统计数据——地域分布

序号	所属省份	样本数	百分比（%）
1	内蒙古自治区	166	17
2	广西壮族自治区	206	21
3	新疆维吾尔自治区	118	12
4	云南	39	4
5	贵州	31	3
6	陕西	138	14
7	四川	108	11
8	重庆	31	3
9	青海	19	2
10	宁夏回族自治区	60	6
11	甘肃	69	7
	合计	985	100

本次调研企业涉及九种以上行业，行业跨度较大，且行业分布较为均衡。从被调查企业规模看，集中在中小型企业，占被调查企业总数的65%左右。样本企业的所有制类型也基本涵盖了各种常见企业类型。获取的样本信息可以代表调研地区技术型企业的普遍发展状况。

（五）样本检验

为后文构建结构方程模型的需要，本研究利用 SPSS17.0 对文中中介潜变量的可观测数据进行相应描述性统计，初步衡量问卷数据稳定性和变量间差异性，如表5-5所示。

表 5-5 中介潜变量的可观测数据描述性统计

序号	可观测变量	最小值	最大值	均值	标准差
1	财税政策	1	5	3.18	0.736
2	技术支持政策	1	5	3.16	0.801
3	金融政策	1	5	3.04	0.859
4	人才政策	1	5	2.97	0.786
5	资金投入	1	5	2.67	0.840
6	人员投入	1	5	2.96	0.812
7	培训支出	1	5	3.02	0.858
8	制度激励	1	5	3.12	0.816
9	精神激励	1	5	3.42	0.891
10	物质激励	1	5	3.19	0.900
11	新产品销售额占比	1	5	3.15	1.048
12	新产品总利润占比	1	5	3.25	0.950
13	新产品资产收益占比	1	5	3.24	0.977

由表5-5可知，可观测变量整体较稳定，标准差均在1左右。资金投入与新产品销售额占比的标准差较其余变量高，波动较大。创新资金投入、研发人员投入以及人才政策的均值较其他变量低，均低于3。其他变量均值较接近。在组织激励中，物质激励、精神激励、制度激励的均值递减。在组织资源投入中，均值从技术培训、创新资金投入到人员投入依次降低。

1. 信度检验

信度检验即测量数据一致性或稳定性程度。本研究采用克隆巴赫阿尔法（Cronbach's Alpha）模型来检验量表数据的一致性。α 值越接近1，信度越高，利用 SPSS17.0 的可靠性分析，结果 Cronbach's Alpha 系数值和基于标准化项的 Cronbach's Alpha 系数值均在0.9以上，说明本研究问卷量表整体具有很高的内在一致性，可靠性较强。另外，对问卷中每个潜变量的信度分别检验，结果如表5-6、表5-7所示，分量表的 Alpha 系数值也都在0.8以上，表明量表可信度较高。

第五章　实证分析：民族地区技术创新支持政策绩效的影响机制研究

表5-6　总量表可靠性分析

Cronbach's Alpha	Cronbach's Alpha Based on Standardized Items	N of Items
0.967	0.971	35

表5-7　分量表可靠性统计

序号	潜变量	可测变量个数	Cronbach's Alpha
1	技术创新支持政策	4	0.964
2	企业创新资源投入	3	0.813
3	组织创新激励	3	0.817
4	组织创新绩效	3	0.801

2. 效度检验

效度是指测量工具可以正确测量变量特质的程度，分为结构效度、内容效度和效标效度，结构效度分析常用于问卷效度。本章主要是通过构建概念模型，利用验证性因子分析的模型拟合情况来对量表的结构效度进行检验，结构方程模型中的模型拟合指数可以作为评价效度的指标。由本研究采用模型中的拟合度检验（如表5-8所示）可知：本研究理论模型与数据拟合较好，结构效度通过检验。

表5-8　模型拟合指数检验

序号	指标	数值	理想数值
1	NFI	0.971	>0.9
2	SRMR	0.025	<0.05
3	RMSEA	0.036	<0.05
4	CFI	0.989	>0.9

二、研究方法

结构方程模型（Structural Equation Model，SEM）[①] 是基于变量的协方差矩阵

---

① 陈奎. 基于结构方程建模（SEM）的企业能力评价［J］. 产业与科技论坛，2008，5.

来分析变量间关系的多元统计方法,其目的在于探索事物间因果关系,并将这种关系用因果模型、路径图来表达。SEM 中,依据变量可否直接观测,分为潜在变量和可测变量,变量之间的影响路径和影响程度大小则用路径及路径系数大小表示。本研究中,潜在变量包括技术创新支持(TE_SU)、创新资源投入(RE_IN)、企业组织激励(MO_IN)、组织绩效(PR_OUT)、可观测变量包括财税政策(T1)、金融政策(T2)、技术政策(T3)、人才政策(T4)、资金投入(R1)、研发人员(R2)、技术培训(R3)、制度激励(M1)、精神激励(M2)、物质激励(M3)、销售占比(P1)、利润占比(P2)、资产收益占比(P3)。

SEM 的研究方法得以广泛应用,源于该方法的多个特点:可以同时处理多个变量;没有严格的假设限制条件,允许测量误差存在;具有很好的路径处理优势,能清晰展现系统中各因素间的复杂关系。SEM 建模分析过程主要包括模型发展阶段及模型估计和评价阶段①。第一阶段主要是利用 SEM 建立各变量间的关系,并导入参数。第二阶段则是对模型拟合结果进行判断及修正。即当数据拟合不理想,则可依据理论基础和统计所呈现的结果,将参数释放或固定。如参数估计的结果不理想,即理论模型与观察数据的契合度不足时,可以通过使用不同的程序和方法来修正模型来提高契合度。

SEM 模型评价包括两部分,首先是考察估计出的参数是否具有统计意义,需要对路径系数或载荷系数进行统计显著性检验。AMOS 提供了临界比率 CR(Critical Ratio)检验法。CR 是一个 Z 统计量,为参数估计值与其标准差之比。另外,还有一个 CR 统计检验相伴概率 P。根据 P 值来对路径系数或载荷系数进行统计显著性检验。当相应 P 值小于 0.01 时,则认为该路径系数或载荷系数在 95% 的置信水平下存在显著性差异。

另外是关于 SEM 模型的拟合检验。关于检验和评价指数,学术界有很多结论。一般采用 χ^2、RMSEA、IFI、NFI、CFI、TLI 等指数来评价 SEM 的有效性,本研究根据 AMOS 提供的评价标准来进行检验:χ^2 越小越好;相对拟合指数 NFI、CFI 和 TLI 大于 0.9,越接近 1 越好;绝对拟合指数 RMSEA 小于 0.05。

SEM 中的变量类型用几何图形来表示。一般来说,椭圆形图例(◯)表示潜变量,如文中提到的技术创新支持政策、创新资源投入、组织创新激励和创新绩效。矩形图例(▭)用来表征观测变量,如财税政策、金融政策、技术政策、人才政策、资金投入、研发人员、技术培训、制度激励、精神激励、物质激励、销售占比、利润占比和资产收益占比等。带箭头的圆形图例(◌)则表示每一个观测变量的残差项,分别用 e1 ~ e16 表示。

---

① 张林泉. 结构方程模型的探究 [J]. 浙江师范学院学报,2009,3:30-33.

第五章 实证分析：民族地区技术创新支持政策绩效的影响机制研究

三、实证分析

（一）建模与检验

根据前文的理论模型及路径假设，结合对样本数据的相关统计分析结果，初步构建民族地区技术创新支持政策对高新企业创新绩效影响的结构方程模型，如图5-2所示。

利用AMOS17.0软件对SEM进行模型参数估计，初始模型参数拟合结果如图5-3所示。接下来是模型中各参数统计显著性检验，采用AMOS17.0临界比率CR检验法，CR统计检验相伴概率P值小于0.01时，则认为该路径系数或载荷系数在95%的置信水平下存在显著性差异（如表5-9、表5-10所示）。

表5-9 初始模型拟合系数显著性检验

序号	路径	Estimate	S. E.	C. R.	P
1	创新资源投入←技术创新支持政策	1.180	0.089	13.286	***
2	组织创新激励←技术创新支持政策	1.066	0.080	13.401	***
3	创新绩效←创新资源投入	0.911	0.169	5.387	***
4	创新绩效←组织创新激励	1.174	0.274	4.286	***
5	创新绩效←技术创新支持政策	-1.290	0.393	-3.278	0.001
6	财税政策←技术创新支持政策	1.000			
7	技术支持政策←技术创新支持政策	1.130	0.081	14.026	***
8	金融政策←技术创新支持政策	1.234	0.086	14.299	***
9	人才政策←技术创新支持政策	1.184	0.082	14.390	***
10	资金投入←创新资源投入	1.000			
11	人员投入←创新资源投入	0.891	0.053	16.805	***
12	培训支出←创新资源投入	0.886	0.054	16.557	***
13	制度激励←组织创新激励	1.000			
14	精神激励←组织创新激励	0.932	0.056	16.766	***
15	物质激励←组织创新激励	1.042	0.061	17.004	***
16	新产品销售额占比←创新绩效	1.000			
17	新产品总利润占比←创新绩效	0.849	0.055	15.315	***
18	新产品资产收益占比←创新绩效	0.892	0.057	15.696	***

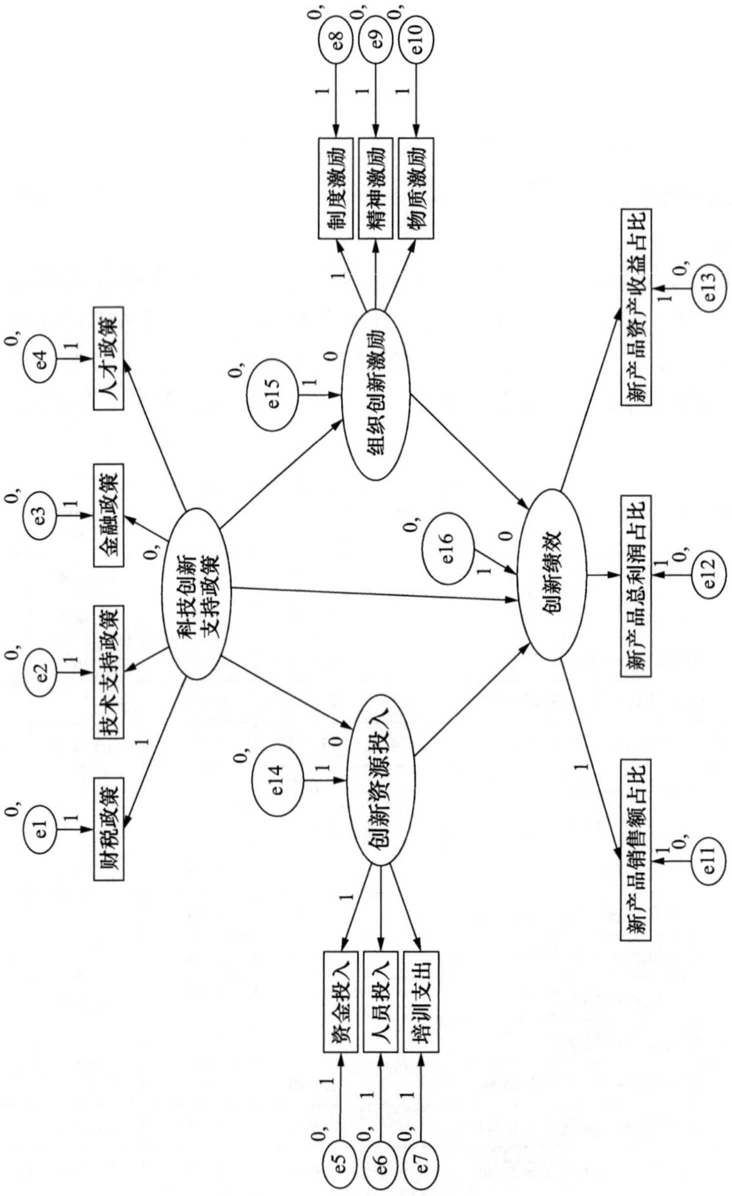
e1
e2
e3
e4
财税政策
技术支持政策
金融政策
人才政策
科技创新支持政策
e15
组织创新激励
制度激励
精神激励
物质激励
e8
e9
e10
e14
创新资源投入
资金投入
人员投入
培训支出
e5
e6
e7
e16
创新绩效
新产品销售额占比
新产品总利润占比
新产品资产收益占比
e11
e12
e13

图 5－2 初始模型结构

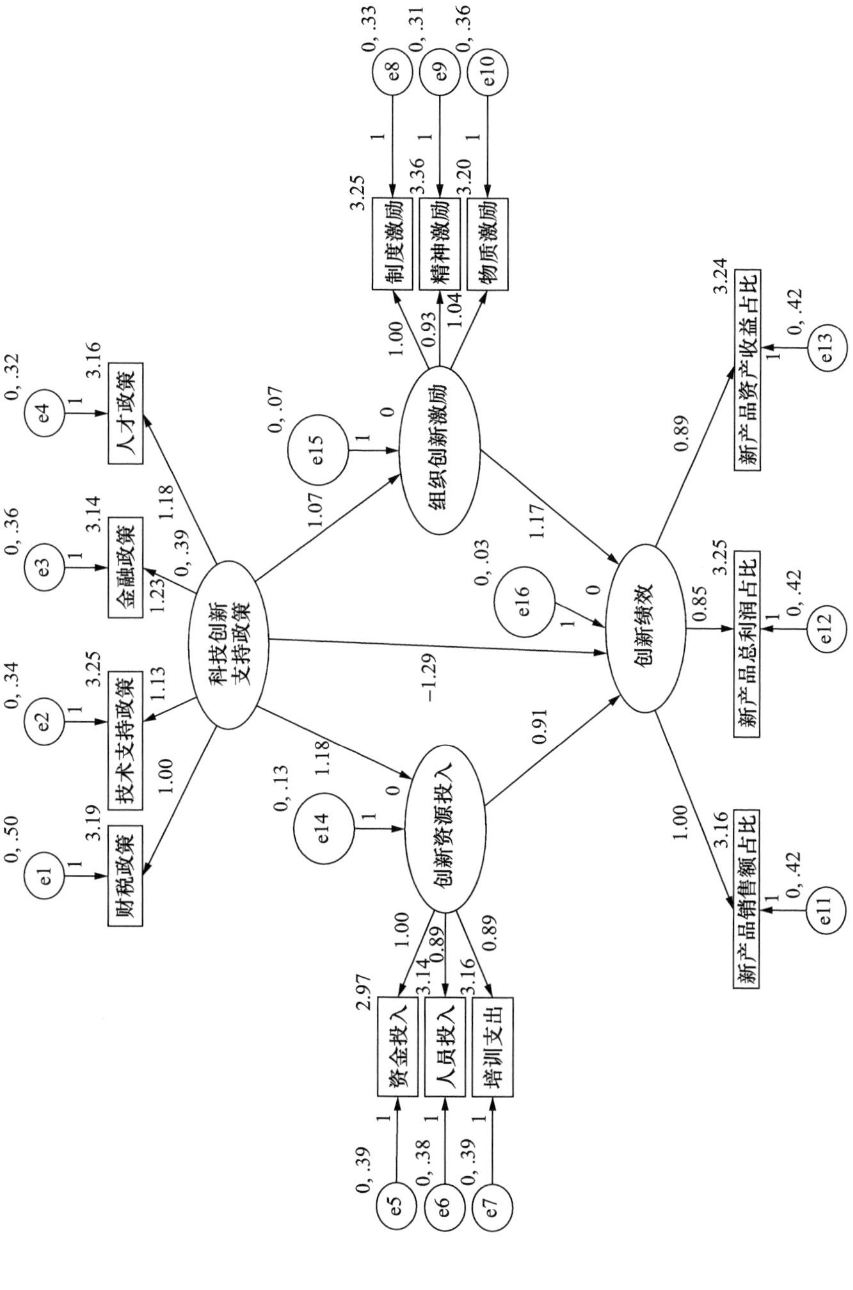

第五章 实证分析：民族地区技术创新支持政策绩效的影响机制研究

图 5-3 初始模型参数拟合结果

表 5-10　初始模型拟合指数方差检验

Estimate		S. E.	C. R.	P
技术创新支持政策	0.387	0.051	7.558	***
e14	0.131	0.026	4.956	***
e15	0.072	0.018	3.957	***
e16	0.034	0.040	0.865	0.387
e1	0.495	0.036	13.624	***
e2	0.341	0.027	12.561	***
e3	0.364	0.030	12.326	***
e4	0.323	0.026	12.251	***
e5	0.393	0.034	11.447	***
e6	0.377	0.031	12.077	***
e7	0.394	0.032	12.221	***
e8	0.335	0.028	12.085	***
e9	0.307	0.025	12.252	***
e10	0.361	0.030	12.052	***
e11	0.422	0.037	11.271	***
e12	0.418	0.034	12.286	***
e13	0.418	0.035	11.989	***

注："***"表示0.01水平下显著，下同。

从 AMOS 输出数据显示，初始模型的所有参数估计中，有两个系数在95%水平下的显著性检验不通过，分别是技术创新支持政策到创新绩效的直接路径系数 P 值为0.001，创新绩效的残差项载荷系数 P 值为0.387，二者均不满足 CR 检验的 P 值要小于0.01的显著性检验。同时，技术创新支持政策对创新绩效的路径系数为-1.29，呈负向影响关系，表明技术创新支持政策对企业创新绩效不仅没有正向影响关系，反而抑制了企业创新绩效，与原假设 H1 矛盾。另外，AMOS 输出显示初始模型卡方值103。同时，RMSEA 指标值为0.37（如表5-11所示），超出正常参考值小于0.05的拟合要求，因此该模型有必要进行下一步的修正完善。

（二）模型修正与检验

SEM 一般有两种修正方式：第一种是根据临界比率 CR 来删除一条或限制部分路径。通常情况下，服从正态分布的 CR 统计量的值可以判断两个待估参数间是否存在显著性差异。不存在显著性差异的参数间路径关系应做调整。这种方式主要是简洁模型结构，提高模型可识别性。第二种是根据修正指数来释放部分限制路径或添加新路径。修正指数是指对于模型中某个受限制的参数，在允许自由估计下整个模型改良时将会减少的最小卡方值。这种修正方法主要是通过模型扩展使模型结构趋于合理。

表 5-11 初始模型拟合指数检验

指标	数值	评价标准参考值
χ^2	103	越小越好
RMSEA	0.37	<0.05
NFI	0.969	>0.9
IFI	0.987	>0.9
CFI	0.986	>0.9
TLI	0.979	≥0.95

通常在样本存在缺失值时，需要通过模型限制来修正。由于本研究样本中个别数据有少许缺失，本研究将采用第一种修正方法来对初始模型进行修正。利用 AMOS 缺失值处理中的贝叶斯估计法，即通过对截距和均值的估计来填补个别缺失数据。根据本研究初始模型运算结果及系数显著性检验结果（如表 5-9、表 5-11 所示），技术创新支持政策对创新绩效的路径系数不显著，且系数为负。因此，首先考虑从结构方程模型中去除该路径，先保留其他路径，修正后的模型如图 5-4 所示。

再对第一次修正的模型进行拟合系数显著性检验、方差检验和拟合指数检验，结果如表 5-12、表 5-13 和表 5-14 所示。

表 5-12 修正模型（1）拟合系数显著性检验

序号	路径	Estimate	S.E.	C.R.	P
1	创新资源投入←技术创新支持政策	1.180	0.089	13.192	***
2	组织创新激励←技术创新支持政策	1.071	0.080	13.344	***
3	创新绩效←创新资源投入	0.527	0.090	5.847	***
4	创新绩效←组织创新激励	0.466	0.100	4.641	***
5	财税政策←技术创新支持政策	1.000			
6	技术支持政策←技术创新支持政策	1.128	0.081	13.924	***
7	金融政策←技术创新支持政策	1.231	0.087	14.190	***

续表

序号	路径	Estimate	S.E.	C.R.	P
8	人才政策←技术创新支持政策	1.187	0.083	14.339	***
9	资金投入←创新资源投入	1.000			
10	人员投入←创新资源投入	0.882	0.052	16.863	***
11	培训支出←创新资源投入	0.882	0.053	16.716	***
12	制度激励←组织创新激励	1.000			
13	精神激励←组织创新激励	0.925	0.055	16.879	***
14	物质激励←组织创新激励	1.035	0.060	17.142	***
15	新产品销售额占比←创新绩效	1.000			
16	新产品总利润占比←创新绩效	0.847	0.055	15.294	***
17	新产品资产收益占比←创新绩效	0.890	0.057	15.685	***

表5-13 修正模型（1）方差检验

	Estimate	S.E.	C.R.	P
技术创新支持政策	0.384	0.051	7.529	***
e14	0.150	0.028	5.430	***
e15	0.084	0.019	4.421	***
e16	0.125	0.026	4.774	***
e1	0.498	0.036	13.648	***
e2	0.347	0.027	12.633	***
e3	0.371	0.030	12.416	***
e4	0.324	0.026	12.276	***
e5	0.376	0.034	11.009	***
e6	0.374	0.031	11.872	***
e7	0.385	0.032	11.953	***
e8	0.322	0.028	11.655	***
e9	0.303	0.025	11.963	***
e10	0.353	0.030	11.726	***
e11	0.421	0.038	11.107	***
e12	0.420	0.034	12.190	***
e13	0.418	0.035	11.874	***

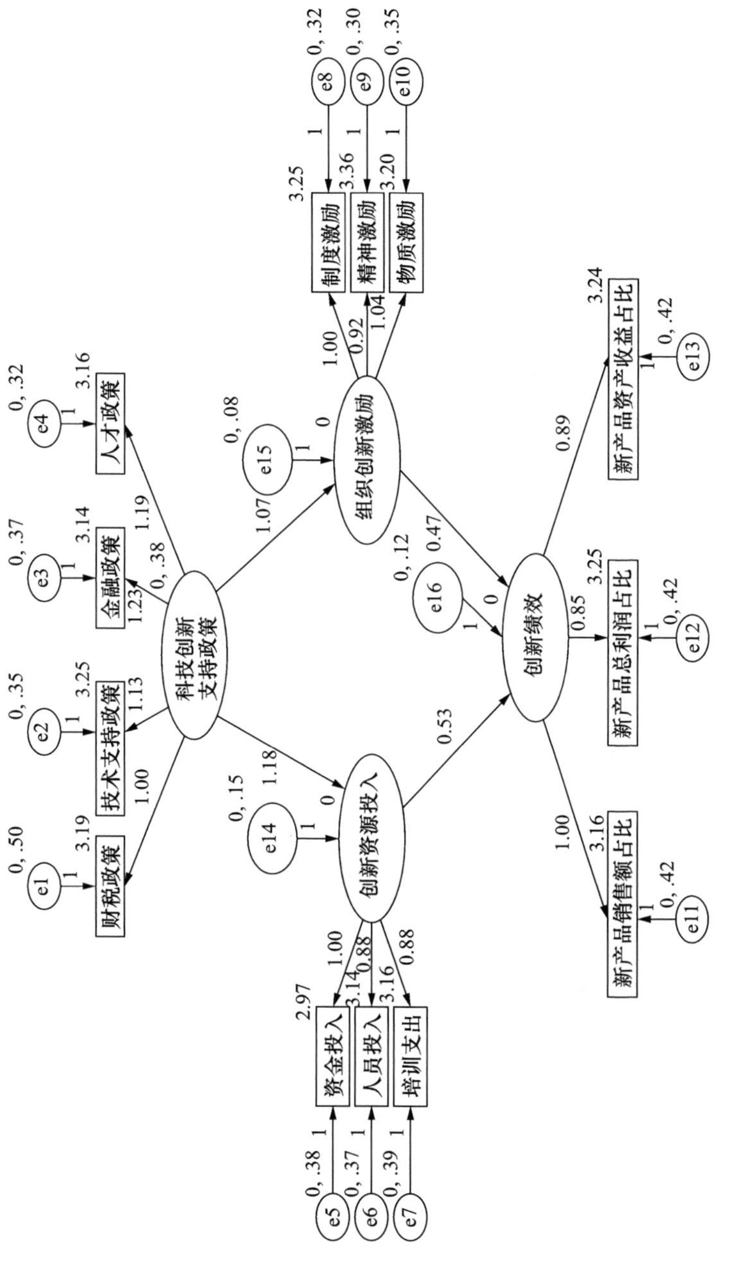
科技创新支持政策
组织创新激励
创新资源投入
创新绩效
财税政策
技术支持政策
金融政策
人才政策
制度激励
精神激励
物质激励
资金投入
人员投入
培训支出
新产品销售额占比
新产品总利润占比
新产品资产收益占比
e1
e2
e3
e4
e5
e6
e7
e8
e9
e10
e11
e12
e13
e14
e15
e16
0, .50
0, .35
0, .37
0, .32
0, .38
0, .37
0, .39
0, .32
0, .30
0, .35
0, .42
0, .42
0, .42
0, .15
0, .08
0, .12
0, .38
3.19
3.25
3.14
3.16
3.25
3.36
3.20
2.97
3.14
3.16
3.16
3.25
3.24
1.00
1.13
1.23
1.19
1.07
1.18
1.00
0.92
1.04
1.00
0.88
0.88
0.47
0.53
1.00
0.85
0.89
1
0

图 5－4　修正模型（1）

表 5-14 修正模型（1）拟合指数检验

指标	数值	评价标准参考值
χ^2	123	越小越好
RMSEA	0.044	<0.05
NFI	0.962	>0.9
IFI	0.981	>0.9
CFI	0.98	>0.9
TLI	0.971	≥0.95

修正后的模型各项估计系数均在95%的显著性水平下通过检验。拟合指数RMSEA值为0.044，较初始模型得以减小，并在评价标准参考值范围内，通过了拟合系数显著性检验以及各项拟合指标检验。但是其卡方值为123，高于初始模型的卡方值103。调查问卷的五级里克特量表法分过程具有一定的主观性，通常会直接对缺失值进行删除，而不是替代，AMOS对样本缺失值估计过程中可能存在的误差。因此利用SPSS17.0软件对样本中存在缺失值的个案进行删除处理。重新筛选后得到容量为971的无缺失数据新样本，从而通过修正指数法对模型进一步修正。修正模型（1）对无缺失样本的拟合情况如图5-5所示。

比较图5-4与图5-5可以发现：修正模型（1）在对调查数据拟合结果上，因为缺失值因素而引起的误差十分微小。前后拟合结果中只有个别参数发生了0.01的变化，完全不影响模型中各变量的相关关系。通过对缺失值处理后样本的拟合结果可以获取AMOS运算出的修正指数，可以再一次通过修正指数来减少模型卡方值。修正模型（1）修正指数列表如表5-15所示。

表 5-15 修正模型（1）修正指数列表

序号		M.I.	Par Change
1	e14 <--> e15	22.124	0.065
2	e16 <--> e15	10.236	0.044
3	e16 <--> e14	4.769	0.036
4	e12 <--> e15	6.393	0.042
5	e10 <--> e14	17.184	0.078
6	e10 <--> e16	9.110	0.055
7	e10 <--> e12	5.544	0.052

第五章 实证分析：民族地区技术创新支持政策绩效的影响机制研究

续表

序号		M.I.	Par Change
8	e7 < - - > e13	8.092	0.067
9	e7 < - - > e11	4.101	-0.049
10	e6 < - - > e16	6.773	0.049
11	e6 < - - > e11	8.313	0.068
12	e5 < - - > e15	5.692	0.039
13	e5 < - - > e10	4.002	0.044
14	e3 < - - > e14	6.951	-0.050
15	e3 < - - > e16	6.603	-0.048
16	e3 < - - > e13	5.418	-0.053
17	e2 < - - > e15	5.194	-0.034
18	e2 < - - > e16	5.500	-0.042
19	e2 < - - > e3	9.339	0.061
20	e1 < - - > e13	4.040	0.051
21	e1 < - - > e11	6.512	-0.066
22	e1 < - - > e10	9.900	-0.073
23	e1 < - - > e2	5.961	0.055

通过修正指数来修正模型，一般从 M.I. 值最大的参量入手，建立二者相关关系来使整个模型的卡方值降低。由表5-15可以看出，e14 与 e15 之间的 M.I. 值最大，因此，考虑在 e14 与 e15 间建立相关关系。e14 是企业创新资源投入的残差项，e15 是组织创新激励的残差项。一般而言，技术型企业在对创新资源的投入和组织创新激励中需要有平衡。资源投入是从企业管理者角度出发来加大企业技术创新力度，而创新激励更多是从企业员工角度出发，通过调动员工创新积极性来促进企业技术创新活动。当一个企业内部形成积极创新氛围，往往会同时通过投入和激励两方面来提高创新水平。因此，创新资源投入与组织创新激励之间确实存在一定的相关性。因此，在 e14 与 e15 之间建立相关关系后得到了修正模型（2），其参数拟合结果如图5-6所示。

对第二次修正的模型进行拟合系数显著性检验和拟合指数检验，结果如表5-16、表5-17和表5-18所示。

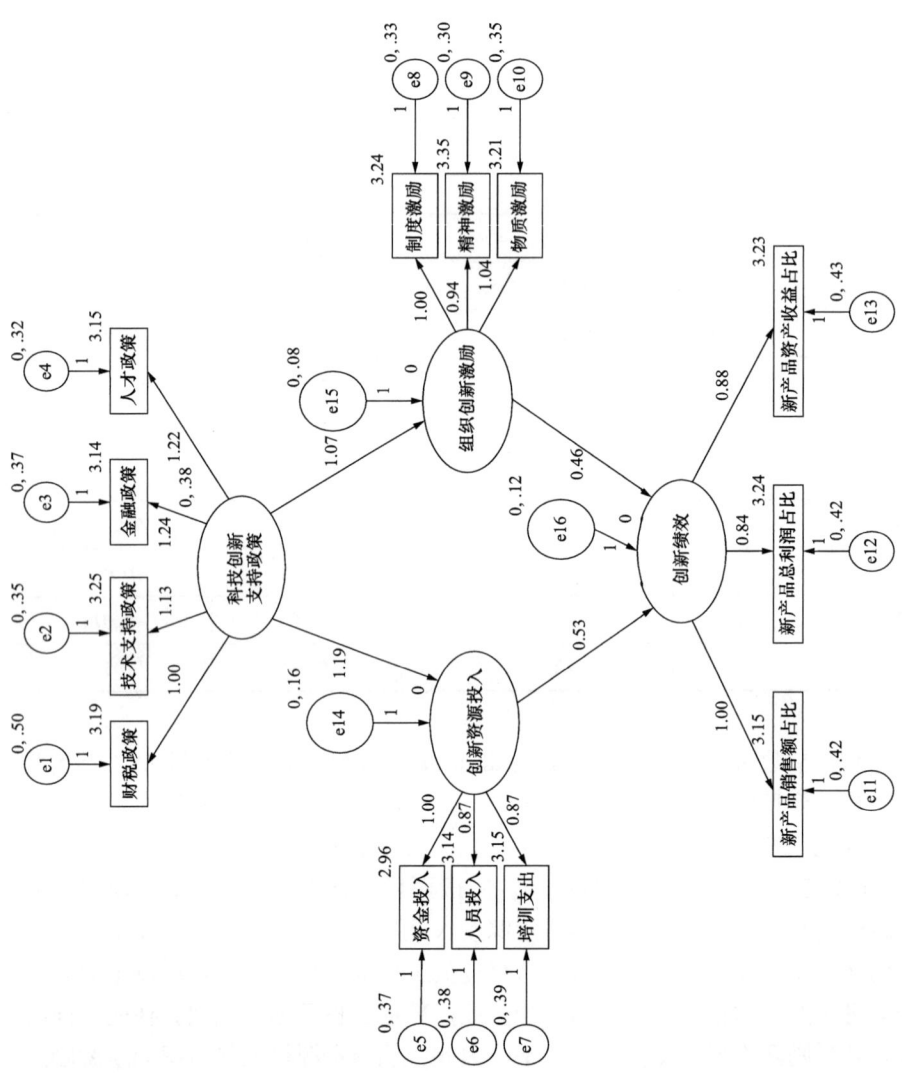

图 5-5 修正模型（1）拟合无缺失值样本结果

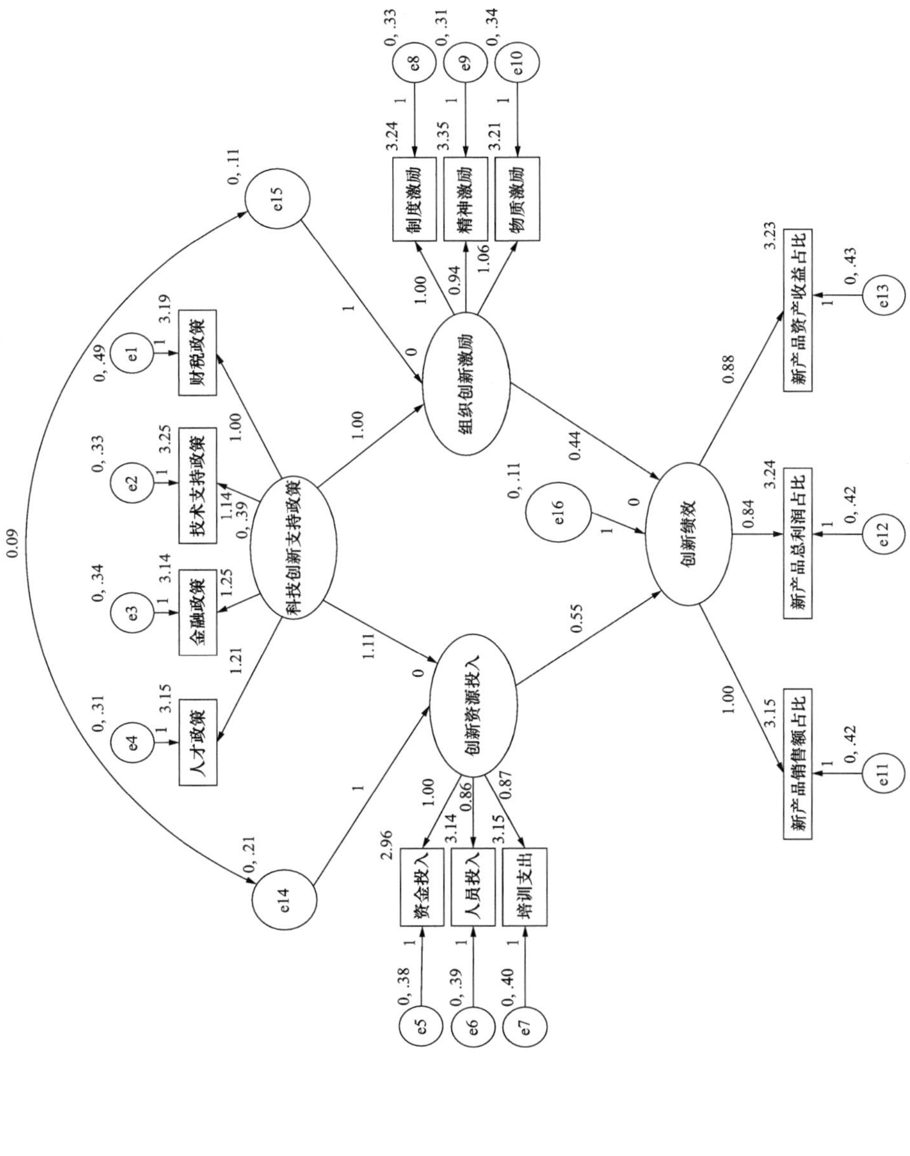

第五章 实证分析：民族地区技术创新支持政策绩效的影响机制研究

图 5-6 修正模型（2）参数拟合结果

表 5-16　修正模型（2）拟合系数显著性检验

序号	路径	Estimate	S. E.	C. R.	P
1	创新资源投入←技术创新支持政策	1.112	0.089	12.540	***
2	组织创新激励←技术创新支持政策	1.002	0.079	12.717	***
3	创新绩效←创新资源投入	0.549	0.135	4.064	***
4	创新绩效←组织创新激励	0.443	0.154	2.875	***
5	财税政策←技术创新支持政策	1.000			
6	技术支持政策←技术创新支持政策	1.140	0.082	13.964	***
7	金融政策←技术创新支持政策	1.250	0.088	14.266	***
8	人才政策←技术创新支持政策	1.212	0.084	14.361	***
9	资金投入←创新资源投入	1.000			
10	人员投入←创新资源投入	0.860	0.052	16.511	***
11	培训支出←创新资源投入	0.870	0.053	16.541	***
12	制度激励←组织创新激励	1.000			
13	精神激励←组织创新激励	0.937	0.057	16.418	***
14	物质激励←组织创新激励	1.060	0.062	16.963	***
15	新产品销售额占比←创新绩效	1.000			
16	新产品总利润占比←创新绩效	0.838	0.055	15.174	***
17	新产品资产收益占比←创新绩效	0.877	0.057	15.414	***

表 5-17　修正模型（2）方差检验

序号		Estimate	S. E.	C. R.	P
1	技术创新支持政策	0.394	0.053	7.457	***
2	e15	0.114	0.022	5.226	***
3	e14	0.209	0.034	6.215	***
4	e16	0.107	0.026	4.144	***
5	e1	0.488	0.037	13.179	***
6	e2	0.329	0.028	11.845	***
7	e3	0.344	0.030	11.417	***
8	e4	0.308	0.027	11.259	***
9	e5	0.377	0.034	10.975	***
10	e6	0.393	0.032	12.094	***

第五章 实证分析：民族地区技术创新支持政策绩效的影响机制研究

续表

序号	Estimate		S. E.	C. R.	P
11	e7	0.399	0.033	12.076	***
12	e8	0.334	0.028	11.872	***
13	e9	0.310	0.026	12.034	***
14	e10	0.344	0.030	11.605	***
15	e11	0.424	0.038	11.045	***
16	e12	0.416	0.034	12.131	***
17	e13	0.429	0.036	11.966	***

表 5-18 修正模型（2）拟合指数检验

指标	修正前	修正后数值	评价标准参考值
χ^2	103	75	越小越好
RMSEA	0.37	0.036	<0.05
NFI	0.969	0.971	>0.9
IFI	0.987	0.989	>0.9
CFI	0.986	0.989	>0.9
TLI	0.979	0.986	>0.09

从表 5-18 可以发现，修正模型（2）对统计数据拟合结果各参数皆通过了 95% 置信水平下的显著性检验。同时，各项指标都得到了进一步的优化，NFI、IFI、CFI、TLI 的值都有不同程度的提高，更接近理想值 1。修正模型（2）较初始模型的卡方值减少了近 30。经过对初始模型的两次修正，e14 与 e15 之间系数也通过了显著性检验（如表 5-19 所示）。修正结果表明：修正后的 SEM 模型及参数能合理解释各变量，并提供有效的数据支持。

表 5-19 修正路径显著性检验

	Estimate	S. E.	C. R.	P	Label
e15 <- -> e14	0.091	0.019	4.766	***	

（三）结果分析

SEM 主要是通过拟合的路径系数和载荷系数来反映变量之间的结构关系。其中，潜变量与潜变量之间系数叫做路径系数，潜变量与观测变量之间系数称为载荷系数。系数的正负代表参量间影响关系呈正向或负向，系数绝对值的大小反映参量间影响程度强弱。修正后的 SEM 模型拟合出的各系数如表 5–20 所示。

表 5–20　修正模型（2）拟合标准化系数

序号	路径	估计值
1	创新资源投入←技术创新支持政策	0.836
2	组织创新激励←技术创新支持政策	0.881
3	创新绩效←创新资源投入	0.559
4	创新绩效←组织创新激励	0.439
5	财税政策←技术创新支持政策	0.668
6	技术支持政策←技术创新支持政策	0.780
7	金融政策←技术创新支持政策	0.801
8	人才政策←技术创新支持政策	0.808
9	资金投入←创新资源投入	0.805
10	人员投入←创新资源投入	0.753
11	培训支出←创新资源投入	0.755
12	制度激励←组织创新激励	0.777
13	精神激励←组织创新激励	0.768
14	物质激励←组织创新激励	0.790
15	新产品销售额占比←创新绩效	0.783
16	新产品总利润占比←创新绩效	0.729
17	新产品资产收益占比←创新绩效	0.739

根据前文模型的构建、修正以及检验以及变量间的路径系数和载荷系数，得到以下几个结论：

1. 路径系数分析

在模型中，企业内部的创新资源投入和组织创新激励体现出了在技术创新支持政策对企业创新绩效产生影响过程中的完全中介效应。从表 5–20 和图 5–7 可以发现：技术创新支持政策对企业创新资源投入和组织创新激励的路径系数分别为 0.836 和 0.881，路径系数在 0.01 水平上显著，支持了假设 H2（技术创新支持政策对企业的资源投入有直接正向影响）与假设 H3（技术创新支持政策对企业的组织激励有直接正向影响）。表明政府创新支持政策会促进企业加大在人、财、物方面的投入，对鼓励员工创新发挥了重要的激励引导作用。同时也表明，技术创新支持政策对于组织创新激励作用（0.881）比对创新资源的投入（0.836）的影响力要相对明显。

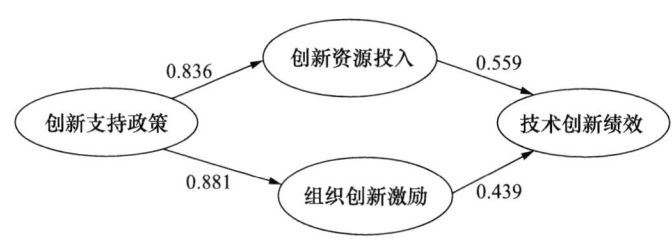

图 5-7　资源投入与组织激励的完全中介模型

另外，企业创新资源投入因素对创新绩效的路径系数为 0.559，组织创新激励因素对最终创新绩效的路径系数为 0.439，路径系数在 0.01 水平上显著。表明假设 H4（企业资源投入对创新绩效有正向的影响）与 H5（企业组织激励对创新绩效有正向的影响）成立。这表明资源投入和组织激励对提升创新绩效都发挥了积极的作用，且创新资源的投入对企业创新绩效的作用（0.559）比组织创新激励对创新绩效的作用（0.439）更明显。

对比两条中介变量路径，即技术创新支持政策—创新资源投入—技术创新绩效和技术创新支持政策—组织创新激励—技术创新绩效，从两条路径的影响系数可以发现，以创新资源投入为中介变量的影响系数 0.467（= 0.836 × 0.559）比以组织激励为中介变量的影响系数 0.386（= 0.881 × 0.439）明显要大，即企业的创新绩效更多的来自组织创新资源的投入。

在该模型中，技术创新支持政策对企业技术创新绩效并没有直接正向影响，假设 H1 没有获得支持，表明技术创新支持政策并不直接对企业的创新绩效发生作用，而是通过企业资金投入和组织创新激励来影响企业绩效的。

2. 载荷系数分析

首先，技术创新支持政策的四个观测变量——财税政策、技术支持政策、金融政策和人才政策的载荷系数分别为 0.668、0.780、0.801、0.808。其中，财税政策的载荷系数最小，其他三项差别不明显。表明四种支持政策对技术创新绩效都产生了积极影响，相对而言，财税政策的影响要小一些，而人才、金融、技术支持对绩效产生的影响要明显些。其次，国家对民族地区技术创新方面的支持，其政策工具主要是财税政策，随着国家对民族地区政策支持力度不断地加强，财税政策相对于人才、金融和技术支持政策，其影响要相对减弱，这也凸显其他三个方面的政策需要进一步加强，强化其正向引导作用。

另外，企业资源投入的三个观测变量——资金投入、人员投入和培训支出的载荷系数分别为0.805、0.753和0.755。资金投入的影响依然是明显的，而人员投入和培训支出方面的影响差距不太明显。组织创新激励的三个观测变量——制度激励、精神激励和物质激励的载荷系数分别为0.777、0.768和0.790，说明三种类型的激励方式所产生的影响是趋同的。

创新绩效的可观测变量——新产品销售额占比、新产品总利润占比和新产品资产收益占比的载荷系数分别为0.783、0.729和0.739，这三种类型的观测变量对企业绩效所产生的影响没有显著性差别。

3. 模型修正分析

在修正模型（1）中，消除了技术创新支持政策因素对创新绩效的直接影响，考察资源投入与组织激励的完全中介作用。根据巴伦、肯尼（Baron and Kenny, 1986）对中介效应的解释，如果中介变量的自变量和因变量的直接影响为零，则为完全中介作用。修正后的拟合指标均具有较高的拟合度，同时完全中介模型的拟合效果比部分中介模型的拟合效果稍好。

在修正模型（2）中，为了降低模型的卡方值，在创新资源的投入和组织创新激励间建立了相关关系。修正后，之间的路径系数为0.03，经检验，模型拟合度很好，表明修正模型是可行的。一般而言，技术型企业的资源投入是从企业管理者角度出发来加大企业技术创新力度，而创新激励更多是从企业员工角度出发，通过调动员工创新积极性来促进企业技术创新活动。当一个企业内部形成积极创新氛围，往往会同时通过投入和激励两方面来提高创新水平，同时，对创新资源的投入和组织创新激励中需要有平衡。可以认为，创新资源投入与组织创新激励之间确实存在一定的相关性。

四、研究结论

通过对SEM的建模、分析和修正，验证了大部分假设。根据分析结论，得出以下相关建议。

第一，技术创新支持政策中四种主要工具——财税政策、技术支持政策、金融政策和人才政策对民族地区企业的绩效影响是积极和显著的。政府在制定政策时，应借助这些政策的导向作用，提升其支持力度，促进企业的创新绩效。其中，相对于财税政策，金融、人才及技术支持方面的政策影响要大些，在创新支持政策中占有举足轻重的位置，可加大此方面的政策力度，从而提升整体创新支持政策效力。在实际的政策实施过程中，政府如只是重点通过单一财税方面的政策如减免息税政策来影响企业的创新绩效，其作用空间已经不太明显。与之相对应的，更应该从投融资环境、技术支持和人才支持政策等方面来推动民族地区企业的创新绩效、经济发展和产业结构的调整。

第二，创新支持政策对企业的创新绩效没有产生直接影响，而是通过企业内部的创新资源投入和创新激励这两个间接变量来实现对创新绩效的完全中介调节效应。这一结论从理论上深化和拓展了我们对新古典主义学派、国家创新体系学派中政府的技术创新政策与企业技术创新关系的认识。表明政府创新支持政策刺激民族地区企业提高创新绩效，主要通过两条中介路径来实现：一是通过政府对企业技术创新的补贴、税收减免和其他诱导性政策刺激企业增加对技术创新的投入，从而以人力、资金等优势获取较高的创新绩效；二是由于政府政策的刺激，企业为了获取较高的收益，增加对创新行为的激励，通过提高员工的创新积极性获取较高的创新绩效。这两点对提升创新绩效都发挥了积极的作用。技术创新通过企业创新资源的投入，作用于企业创新绩效的提升，相对于通过组织创新激励作用于创新绩效的提升，效果更明显。因此，政策制定过程中，应注重政策对企业创新投入的影响作用，推动企业技术创新带来的快速发展，但是也不能忽视政策对企业组织的创新激励作用。因为，在提升政策支持的资金投入力度的同时，还需关注政策对企业研发人员的激励作用，如果不能促进民族地区企业自身能力的提升，单靠资金投入，而忽视对组织的激励，企业不能持续发展。

第三，民族地区企业内部创新资源投入与组织创新激励对企业创新绩效有着直接正向作用，且创新资源投入因素的影响程度要高于创新激励因素。一方面需要刺激企业增加在创新方面的投入；另一方面更要重视企业在创新激励机制方面的建设，促进企业将优惠政策转化为组织的创新动力。从企业的角度来看，构建完善的创新激励机制成为提升创新绩效的有效途径。因此，企业除了增加在创新方面的资源投入以外，还应该积极地落实多样化的激励措施，以活跃组织的创新行为。创新文化首先是企业家和发明家的精神，其次是公众的科学技术素养，最后是尊崇创新的组织环境。通过政策支持带来组织经济上的刺激，而激励组织内完善相应机制和制度，形成创新文化，才能有效发挥政策的激励作用。

技术创新支持政策及其绩效

五、本章小结

本章通过对调研数据的统计分析,发掘技术创新政策对民族地区技术创新绩效的影响机制。通过对 SEM 模型的路径系数和载荷系数的分析,明确了技术创新对绩效的作用路径,为后期创新政策的调整、选择和实施提供参考。由于民族地区经济处于粗放经济,大部分还是属于传统产业或劳动密集型产业,创新资源和创新能力相对较弱,民族地区经济发展战略未能实现向依靠技术创新和提高人力资本质量的转移,技术创新对经济增长的推动效应明显弱化。目前,技术创新政策对西部民族地区大中型企业的绩效促进作用还不是很明显。民族地区技术创新发展现状与其他非民族地区相比还处于比较落后位置,对技术创新企业的人力、财力、物力投入和重视程度、文化氛围各方面都严重不足。因此,中央和各级政府在制定技术创新政策时,不仅要考虑进一步加大技术创新政策激励力度,而且还要考虑民族地区区域的差异性,面对不同区域有针对性地推出技术创新的扶持政策,及时完善和调整相关创新政策,激励企业增加研发投入与产出,促进企业技术创新能力的提高,提高民族地区技术创新政策的绩效,促进各地区科技经济持续发展。

第六章

分类研究：政策支持对不同类型企业创新绩效的影响分析

科技和经济与社会协调发展程度决定了区域技术创新效率，而制度创新倾向性、投入结构、劳动者素质、企业群体结构、产业结构等则是影响创新效率的关键要素。[①] 发挥创新主体的创新积极性是提升创新绩效的关键，分析政策支持对企业创新绩效的作用途径，还需针对不同规模、不同所有制形式、不同行业等创新主体，分析创新政策支持影响的深度和广度的差异性。本章将从企业规模（企业群体结构）、所有制形式（制度创新倾向性）和所属行业三个视角来进行分析。

一、企业规模不同

我国创新政策鼓励发展以大企业和企业集团为主导的技术创新和产业升级。一般来说，企业规模越大，所拥有的技术创新资源优势就越多，同时在国家创新政策支持获取方面也越有可能处于相对有利的地位。在调研中发现，民族地区部分大型企业由于实力雄厚，不仅可以获得政府资金的支持，而且在自身筹资方面也具优势。而民族地区的中小企业无论是利用资本市场发行股票融资，还是利用银行信贷融资，都处于劣势地位。相应研究表明，规模较大的企业，在政策支持下，其创新绩效会得到较大的正向增益。科格特（Kogut，1985）、波特（Porter，1990）等认为企业通过兼并重组等扩张行为可以为企业带来规模经济性、范围经济性和学习经济性等利益，产业内的跨域扩张能够充分利用各地域、各单元的关系和优势，分享企业的独特能力和创新资源，从而有利于提升产业技术水平[②]。

---

① 池仁勇，虞晓芬，李正卫. 我国东西部地区技术创新效率差异及其原因分析［J］. 中国软科学，2004，8.
② Kogut. Designing Global Strategies：Profiting from Operational Flexibility［J］. Sloan Management Review，1985，27：27－38.

汉弗莱和施米茨（Humphrey and Schmitz, 2000）提出了四种产业升级方式，指出产业升级的实质是企业技术水平的普遍提升，其中大企业通常具有产业内最高的技术水平和创新能力，对产业升级的拉动作用最强①。

然而发展大企业是否有利于提高技术创新能力，对大企业主导产业技术创新能力升级是存在争议的。阿格拉沃尔（Agrawal, 1992）、布恩（Boone, 2000）等认为企业规模扩张使得企业在创新激励、决策和管理等方面迟钝和僵化，出现在面临危机和机遇时不能做出恰当判断的"大企业病"，相应的政策支持作用不如小企业更有效。卡隆（Callon, 1995）②、厄恩斯特（Ernst, 1998）③ 等认为企业家精神在小企业中更能有效发挥，使小企业更具有灵活性、速度和创新能力，高度专业化和竞争激烈的小企业是产业升级的基础。高良谋、李宇（2009）认为，倒"U"关系的形成是组织变量与市场力量对不同规模企业技术创新选择性作用的结果，并基于分区处理的多周期倒"U"关系动态模型解释了大小企业相互转化过程中企业规模与技术创新的动态连续关系，为大小企业共存以保持产业技术创新活力提供了理论依据④。

本章的主要研究目的是探讨民族地区创新支持政策对不同规模的企业，其技术创新绩效的影响差异和作用途径。根据现有研究成果及本章的研究目的，提出以下路径假设：

H1：技术创新政策对各类型企业的资源投入有直接正向影响，且对大中型企业比对小型企业的影响要大。

H2：技术创新政策对各类型企业的组织激励有直接正向影响，且对大中型企业比对小型企业的影响要大。

H3：企业资源投入对各类型企业的创新绩效有正向的影响，且对大中型企业比对小型企业的影响要大。

H4：企业组织激励对各类型企业的创新绩效有正向的影响，且对大中型企业比对小型企业的影响要大。

本章数据来源和采样方式与第五章一致，将被调研地区的企业按企业的营业收入划分为 300 万元以下营业收入的微型企业，300 万~2000 万元的小型企业，

---

① Humphrey J., Schmitz H.. Governance and Up‐Grading: Linking Industrial Cluster and Global Value Chains Research [J]. IDS Working Paper, Institute of Development Studies, University of Sussex, 2000, 12.

② Callon, J.. Competitive Advantage through Information Technology [M]. New York: McGraw‐Hill Education, 1995.

③ Ernst D.. Catching‐up, Crisis and Truncated Industrial Upgrading, Evolutionary Aspects of Technological Learning in East Asia's Electronics Industry [M]. BRIE: University of California at Barkeley, 1998.

④ 高良谋，李宇. 企业规模与技术创新倒 U 关系的形成机制与动态拓展 [J]. 管理世界，2009，8：113-212.

2000万~4亿元的中型企业以及营业收入达4亿元以上的大型企业①。在调研数据的985份有效问卷中，营业收入在300万~2000万元的企业共有305家，占总体的31%；营业收入在2000万~4亿元的企业共有375家，占总体的38%；营业收入在4亿元以上和300万元以下的企业分别占总体的18%和13%。具体样本的分布情况如表6-1所示。由于300万元以下和4亿元以上的样本数偏小，下面将所有样本分为大型企业（营业收入在2000万元以上）和小型企业（营业收入在2000万元以下）两类。

表6-1 描述性统计数据——规模

序号	企业类型	企业营业收入	样本数	百分比（%）
1	微型	300万元以下	128	13
2	小型	300万~2000万元	305	31
3	中型	2000万~4亿元	375	38
4	大型	4亿元以上	177	18
合计			985	100

同前章中阐述的样本SEM模型的构建、修正以及检验过程相同，在此不再赘述，直接给出最终拟合模型结果，如表6-2所示。将以上不同规模企业的结果方程模型标准化拟合系数进行比较，结果如图6-1、图6-2所示。

表6-2 不同规模企业的SEM标准化估计系数对比

序号	路径	估计值（小型企业）	估计值（大型企业）
1	创新资源投入←技术创新支持政策	0.807	0.884
2	组织创新激励←技术创新支持政策	0.878	0.916
3	创新绩效←创新资源投入	0.563	0.534
4	创新绩效←组织创新激励	0.402	0.413
5	财税政策←技术创新支持政策	0.582	0.660
6	技术支持政策←技术创新支持政策	0.722	0.765
7	金融政策←技术创新支持政策	0.781	0.781
8	人才政策←技术创新支持政策	0.782	0.791
9	资金投入←创新资源投入	0.745	0.804
10	人员投入←创新资源投入	0.750	0.767
11	培训支出←创新资源投入	0.710	0.762
12	制度激励←组织创新激励	0.745	0.787
13	精神激励←组织创新激励	0.713	0.773
14	物质激励←组织创新激励	0.768	0.784
15	新产品销售额占比←创新绩效	0.736	0.783
16	新产品总利润占比←创新绩效	0.702	0.730
17	新产品资产收益占比←创新绩效	0.731	0.747

---

① 国家统计局《关于印发统计上大中小微型企业划分办法的通知》，国统字〔2011〕75号。

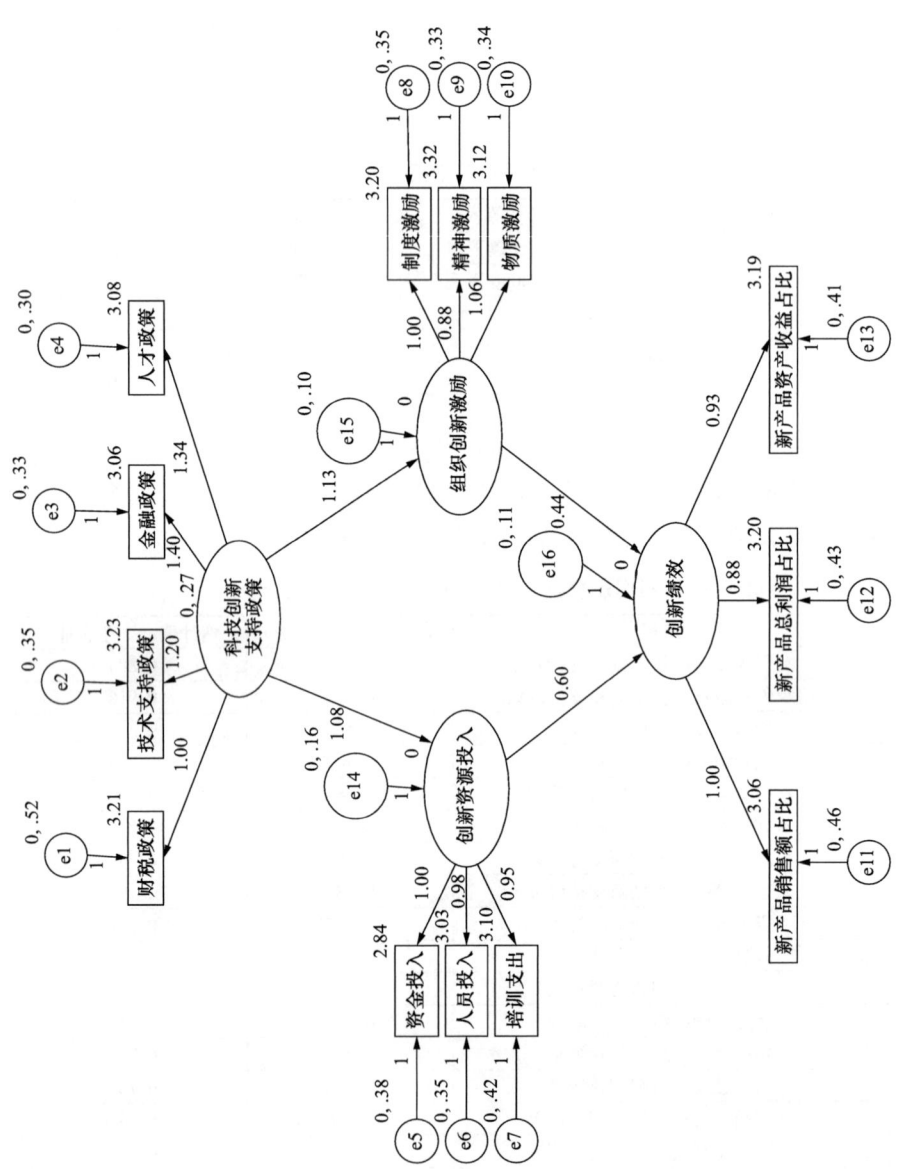

图6-1 大型企业结构方程模型拟合结果

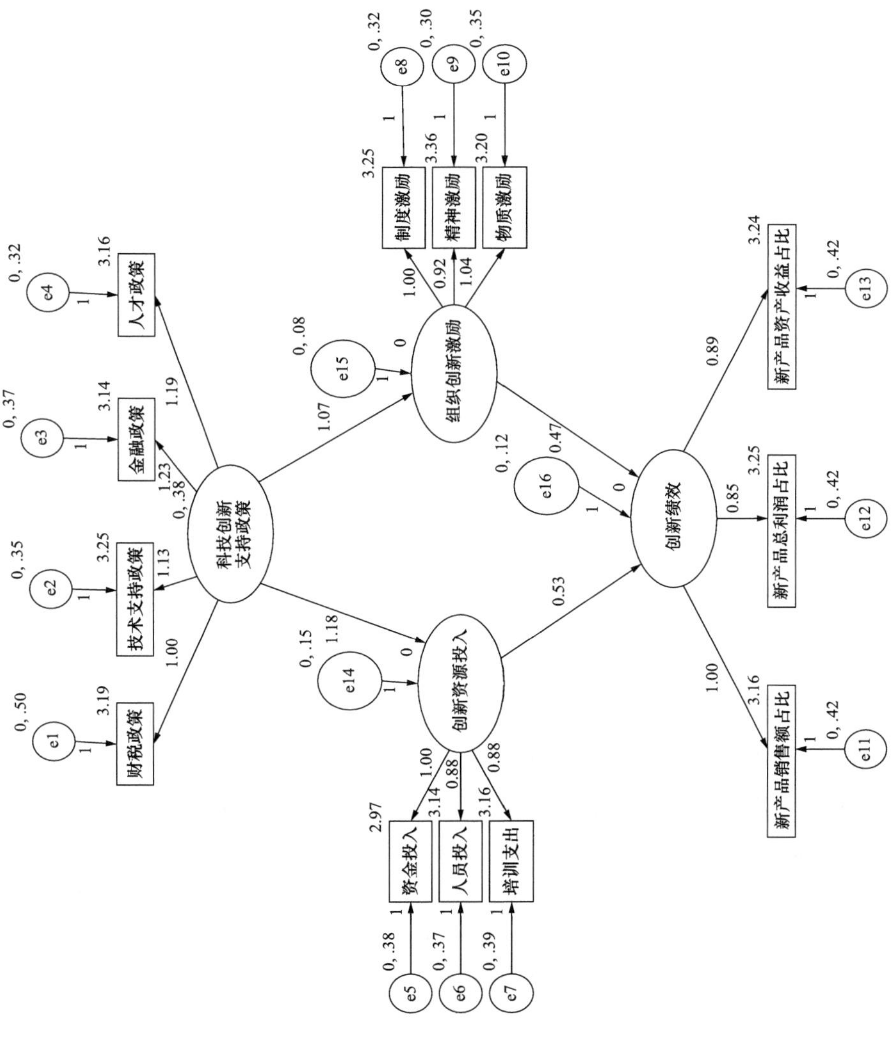

图6-2 小型企业结构方程模型拟合结果

根据前文模型的构建、修正检验以及变量间的路径系数和载荷系数,得出以下几个结论:

(一) 路径系数分析

从表6-2可以发现,技术创新支持政策对大型企业创新资源投入和组织创新激励的路径系数分别为0.884和0.916,对小型企业创新资源投入和组织创新激励的路径系数分别为0.807和0.878。路径系数在0.01水平上显著,即表明技术创新支持政策对大型企业的组织创新激励的影响较小企业略强,同样,组织创新资源投入对创新绩效的作用力,较中小型企业,大型企业略显明显。支持了原假设H1与假设H2。

另外,企业创新资源投入因素对大型和小型企业创新绩效的路径系数分别为0.534和0.563,组织创新激励因素对大型和小型企业创新绩效的路径系数分别为0.413和0.402,路径系数在0.01水平上显著。表明创新资源的投入对小型企业创新绩效的作用(0.563)比对大型企业的作用(0.534)更明显。但组织创新激励因素对企业创新绩效的作用,对大型企业比对小型企业的作用明显(0.413 > 0.402),仅支持了原假设H4。

对比大型和小型的两条路径的影响系数,大型企业和小型企业的创新资源投入影响系数分别为0.472和0.454,而组织激励影响系数分别为0.378和0.353。即企业的创新绩效更多来自组织创新资源的投入,且对大型企业的作用依然较小型企业明显。

(二) 载荷系数分析

首先,大型企业技术创新支持政策的四个观测变量即财税政策、技术支持政策、金融政策和人才政策的载荷系数分别为0.660、0.765、0.781和0.791。相应的小型企业技术创新支持政策的四个观测变量的载荷系数分别为0.582、0.722、0.781和0.782。其中,相对而言,财税政策的影响对两种不同类型的企业,作用程度差异较大,其他方面差别则不明显。

其次,大型企业资源投入的三个观测变量,即资金投入、人员投入和培训支出的载荷系数分别为0.804、0.767和0.762。相应的小型企业资源投入的三个观测变量的载荷系数分别为0.745、0.750和0.710。对于大型企业而言,财税政策在整体技术创新支持政策中的作用力度要高于小型企业,即在其他条件稳定情况下,财税政策对大型企业创新绩效的影响力度大于对小型企业创新绩效的影响力度。在创新资源投入方面,资金投入和培训支出两个因素在大型企业创新资源投入中的重要性要强于小型企业。在组织激励方面,大型企业比小型企业更注重制度激励和精神激励因素,而小型企业中,物质激励效果可能会比大型企业明显。

作为我国国民经济的重要组成部分,小企业在科技创新和技术产业化等方面发挥着其他经济成分不可替代的作用。实践证明,小企业特别是科技型中小企业是最具创新活力的企业群体。据统计,20世纪有近65%的重大技术革新来自科技型中小企业,我国约有65%的专利、80%的产业创新来自科技型中小企业。民族地区中小企业是民族地区经济发展的重要力量,在缓解城乡就业压力、推动科技进步、提高劳动附加值、增强核心竞争力、活跃市场经济、加快经济结构调整等方面发挥了大型企业不可替代的作用,在民族地区经济和社会生活中的地位和作用日益增强。"十二五"期间,民族地区的中小型企业在工业总产值、主营业收入、利润总额占全部规模以上企业的比重均超过大型企业。同时,国家也围绕完善小企业技术创新激励政策体系方面出台了很多政策,包括完善小企业政策法律体系,缓解小企业融资难,加大小企业财税扶持力度,激活小企业的创新能力,提高其创新积极性,提高小企业在创新体系中的主体地位和作用等。

但是由于民族地区经济和文化的限制以及小企业自身的特点,小企业在技术创新发展过程中遇到了社会环境不宽松、政策扶持体系不健全、融资难、税负重、缺乏核心技术等阻碍因素[①]。民族地区企业技术创新融资不畅的问题在民营中小企业中更为突出,资金匮乏已成为制约民族地区小企业发展的首要因素[②]。一方面,科技型小企业在其成长周期的关键阶段需要的资金量越来越大;另一方面,缺乏合理政策引导的资金供给越来越多的流向沿海发达地区。与大型企业相比,民族地区小企业产业层次低,创新能力弱,创新激励和动力不够,导致其创新收入和创新产出少,创新效率低。因此,政府应该密切关注小企业的政策需求,加快完善技术创新支持政策体系,如财税政策、人才政策等,促进其发展,消除针对民族地区小企业的歧视性政策,建立和规范小企业税收优惠的法律、法规。另外,要加强政府引导,创造有利于小企业技术创新发展的社会环境,健全面向小企业的社会化中介服务组织,如技术服务、融资服务、培训咨询服务等,为民族地区小企业的技术创新提供及时有效的服务支持体系。

---

① 谢启明. 民族地区科技型中小企业融资政策创新研究 [D]. 武汉:中南民族大学硕士学位论文,2013.

② 胡晓东,龚家美. 民族地区中小企业的税收支持政策研究——以贵州省为例 [J]. 西北民族大学学报(哲学社会科学版),2013,1.

二、企业所有制类型不同

所有制结构在一定程度上可以反映出市场和政府之间的角色,尤其在国有企业市场力量较强时,所有制结构往往可以间接反映出政府对市场的干预。企业创新激励和创新管理模式与创新主体的所有制形式的不同而存在一定的差异,如美国的社会制度和企业创新文化崇尚冒险及个人能力;日本的企业创新文化是一种纵向等级严密的组织,崇尚团队合作。我国的国有经济、集体所有制经济和个体经济并存发展,企业结构多元,将导致不同所有制类型下的创新政策激励形式和激励效果的不同。如技术导向型的企业会注重精神层面的激励,国有企业则会注重系统型创新激励方式和管理模式。朱有为和徐康宁(2006)的研究表明,外商投资企业和国有企业比重与研发效率之间都呈正相关关系,但外商投资企业比重提升对研发效率的贡献明显要高于国有企业①。相比之下,民营高科技企业虽有发展,研发投入也占有可观的份额,但总体规模和研发能力仍不高。蒋殿春、夏良科(2005)② 将高新技术企业按照其所有制划分为国有、集体和三资企业,研究了外商直接投资与高新企业技术创新成果的关系,证明了外商直接投资对企业技术创新成效有正面促进影响,但是影响程度会随着企业性质不同而不同。

我国国有企业是我国国民经济的重要支柱,同时也是技术创新活动的主体。在民族地区,国有企业的经济地位和技术创新的主体作用同样如此。随着建设创新型国家的战略部署以及国有经济实力的不断增强,民族地区国有企业在技术创新实践中起到越来越重要的作用。与其他类型的企业相比,国有企业拥有一定的技术资源优势,在享受国家政策方面也处于相对有利地位,但由于往往伴随产权不明晰、制度僵化等制度性因素制约了创新政策在国有企业应发挥的作用,整体创新效率仍然偏低。

在所有被调查企业中,有限责任公司占比最高,共267家,占总数的27%。其次是股份合作制、股份有限制、国有(含国有控股)、合资经营以及集体所有制的企业。在样本中外商独资企业很少,只有39家。具体统计数据如表6-3所示。本章将样本企业按照其所有制属性分为国企(国有独资、国有控股、国有参股)和私企。把以上两种所有制企业的结构方程模型各系数标准化,然后进行比较,结果如图6-3、图6-4所示。

---

① 朱有为,徐康宁. 中国高技术产业研发效率的实证研究[J]. 中国工业经济, 2006, 11.
② 蒋殿春,夏良科. 外商直接投资对中国高技术产业技术创新作用的经验分析[J]. 世界经济, 2005, 8.

第六章 分类研究：政策支持对不同类型企业创新绩效的影响分析

表6-3 描述性统计数据——所有制分布

序号	企业性质	样本数	百分比（%）
1	有限责任公司	267	26.5
2	股份有限公司	146	15
3	国有（含国有控股）	128	13
4	集体	98	10
5	股份合作	164	16
6	合资经营	122	12
7	外商独资	39	3.5
8	其他	41	4
	合计	985	100

通过比较不同所有制企业的结构方程模型拟合结果，标准化路径系数和载荷系数，发现技术创新支持政策对国有企业的创新资源投入和组织激励的影响力度都较私企大，在被调研的民族地区，创新支持政策在国企的积极作用发挥程度要高于私企，创新支持政策在国企的落实程度较高。相较于私企，加大财税政策、技术支持政策和人才政策在国企中的支持度，则更能发挥出技术创新支持政策的整体效力。另外，创新资源投入与组织创新激励对创新绩效的影响程度，并没有因企业所有制属性的不同而显现明显差异（如表6-4所示）。

表6-4 国有企业与私营企业SEM标准化估计系数对比

序号	路径	估计值（国企）	估计值（私企）
1	创新资源投入←技术创新支持政策	0.860	0.813
2	组织创新激励←技术创新支持政策	0.894	0.866
3	创新绩效←创新资源投入	0.535	0.547
4	创新绩效←组织创新激励	0.434	0.426
5	财税政策←技术创新支持政策	0.643	0.588
6	技术支持政策←技术创新支持政策	0.771	0.707
7	金融政策←技术创新支持政策	0.801	0.777
8	人才政策←技术创新支持政策	0.835	0.780
9	资金投入←创新资源投入	0.772	0.728
10	人员投入←创新资源投入	0.783	0.752
11	培训支出←创新资源投入	0.746	0.716
12	制度激励←组织创新激励	0.784	0.747
13	精神激励←组织创新激励	0.749	0.714
14	物质激励←组织创新激励	0.792	0.770
15	新产品销售额占比←创新绩效	0.772	0.737
16	新产品总利润占比←创新绩效	0.739	0.718
17	新产品资产收益占比←创新绩效	0.771	0.747

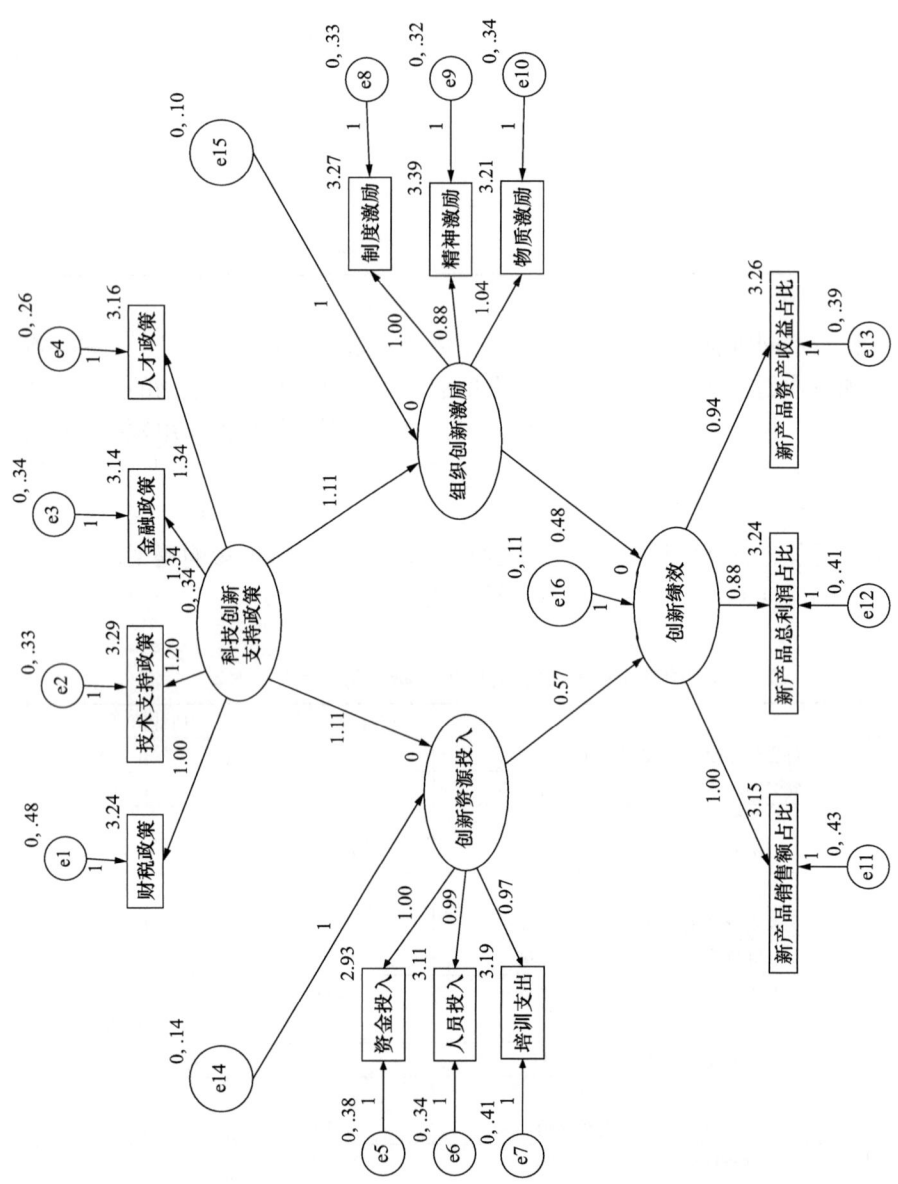

图6-3 国企结构方程模型拟合结果

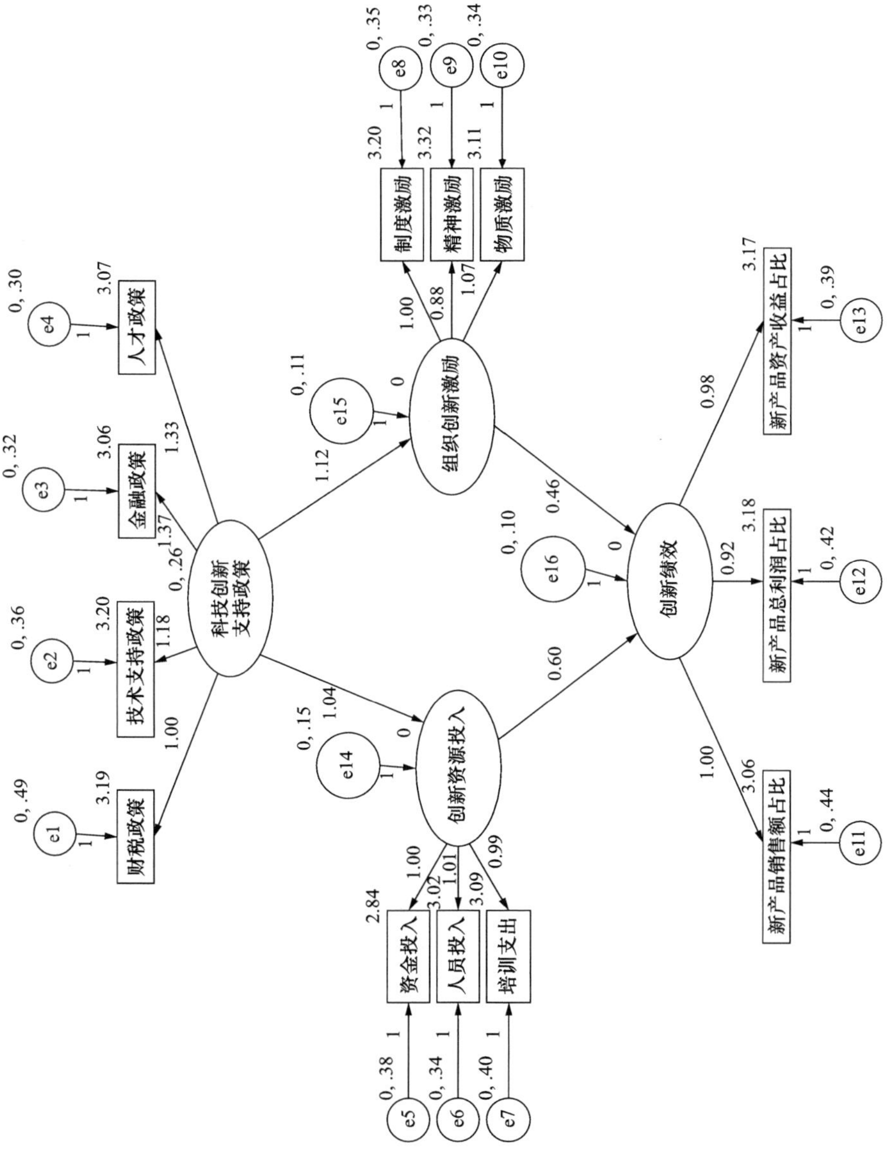

第六章 分类研究：政策支持对不同类型企业创新绩效的影响分析

图6-4 私营企业结构方程模型拟合结果

技术创新支持政策及其绩效

一般认为,国有企业的运行模式最不利于企业开展技术创新,被认为是技术创新倾向性最低的企业制度。因此,在目前民族地区整体受创新能力、创新文化氛围以及人才不足等方面的限制,民族地区的国有企业更应该承担技术创新和经济发展的使命。国有企业的技术创新在企业经营活动中的地位还需进一步提升,只有当技术资源在企业内部的积累达到一定的"厚度",才可能变得更有效率和竞争力。同时,由于现行的企业治理体制,国有企业依然面临着创新活动的激励不足问题,因此,要加大对民族地区技术创新骨干和中层管理者的激励,激发企业内部创新力量,提升创新绩效。

私营企业是最为活跃的创新主体。民族地区的私营企业在市场推动和政策引导下快速发展壮大,在繁荣民族地区经济、增加就业、推动创新等方面,民营企业起到越来越重要的作用。但从政策支持的角度来看,由于对民营企业的创新支持政策缺乏连续性、可操作性和协调性,导致这类企业的创新活力没有得到更好的激活。技术创新政策针对民营企业要更多从服务主体的培育、服务机制的形成方面加强力度,从扶持性政策、援助性政策向服务体系和服务功能转变。

三、企业所属行业不同

将被调研地区的企业按照其所属行业分为制造业企业和服务业企业。把所属不同行业企业结构方程模型的拟合系数标准化进行比较,结果如图6-5、图6-6所示。

通过比较制造业企业和服务业企业结构方程模型的标准化估计系数,可以看出创新支持政策在对企业创新绩效的影响过程中,政策对企业内部投入与激励的影响差别甚微,但是创新资源投入和组织创新激励因素对最终创新绩效的影响程度会根据企业所属行业的不同而产生较明显的区别。在企业创新资源投入对创新绩效的提升方面,制造业企业比服务业企业占据优势,即在其他条件稳定情况下,同一单位的创新资源投入,在制造业企业提升的创新绩效要高于在服务业企业。另外,在组织创新激励因素对提高企业创新绩效的作用力上,服务业企业比制造业企业略胜一筹,即在其他条件稳定情况下,当组织创新激励强度提高同一单位,服务业企业的创新绩效提高幅度会大于制造业企业。因此,在技术创新支持政策大前提下,根据企业所属行业分类来选择提升企业创新绩效方式,对企业的创新发展具有战略性长远意义(如表6-5所示)。

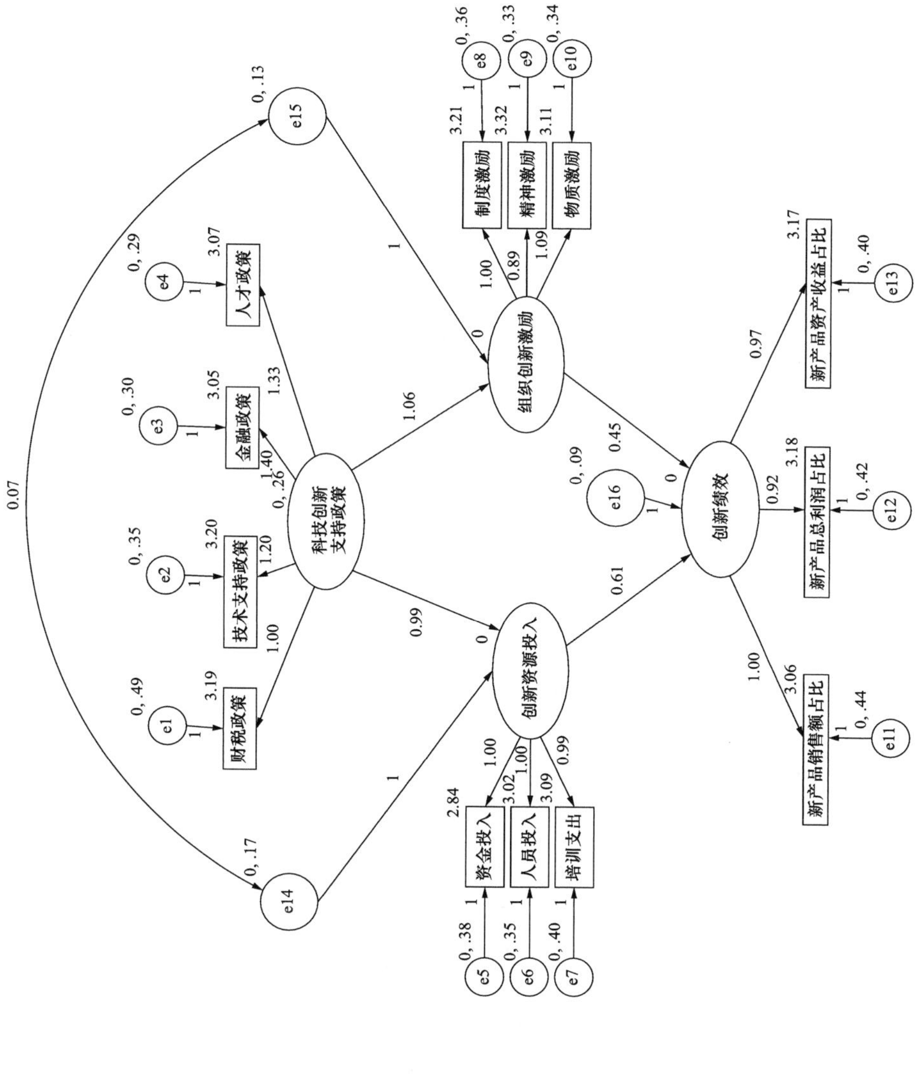

第六章 分类研究：政策支持对不同类型企业创新绩效的影响分析

图 6-5 制造业企业结构方程模型拟合结果

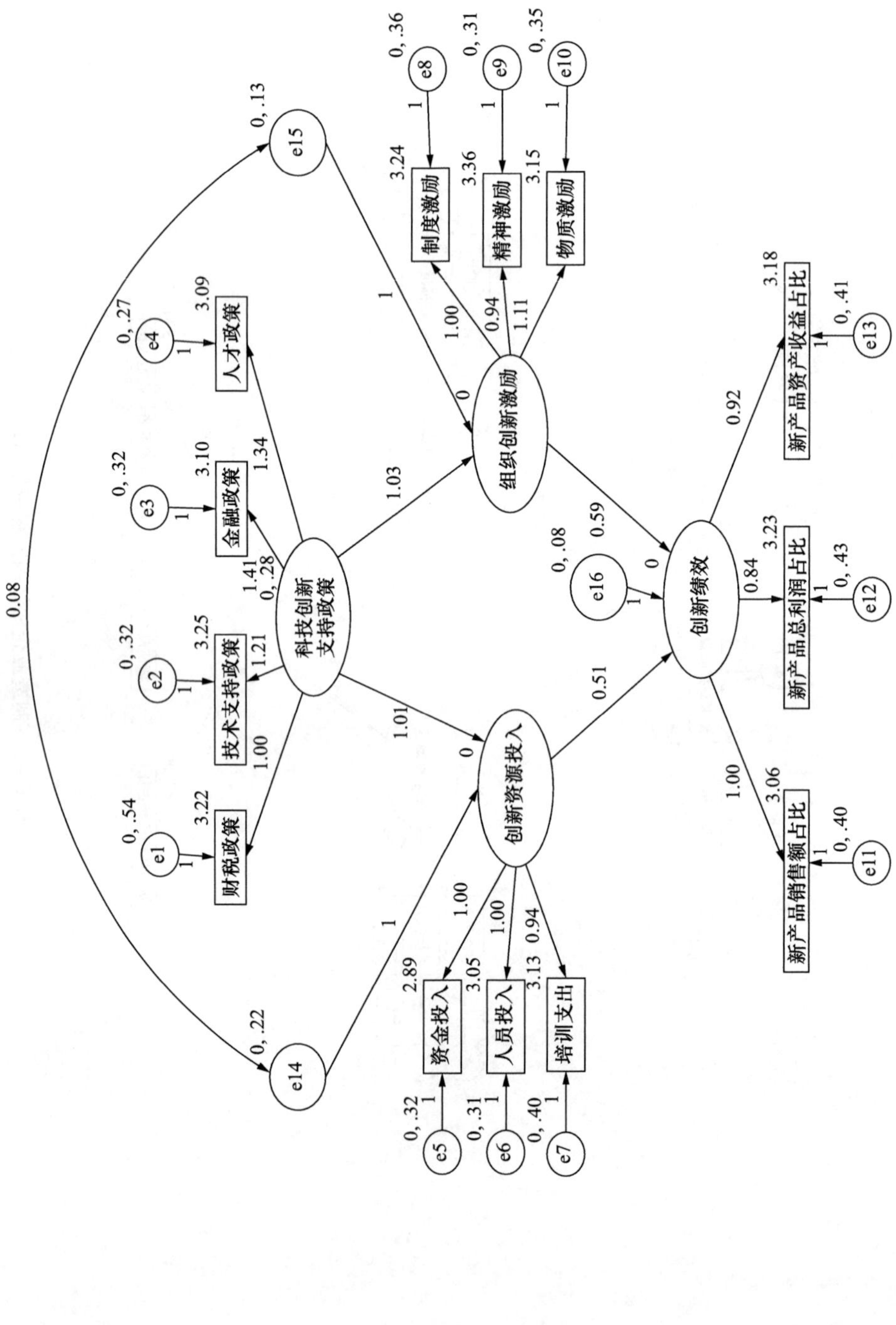

图6-6 服务业企业结构方程模型拟合结果

表6-5 制造业企业与服务业企业结构方程模型标准化估计系数对比

序号	路径	估计值（制造业企业）	估计值（服务业企业）
1	创新资源投入←技术创新支持政策	0.772	0.754
2	组织创新激励←技术创新支持政策	0.830	0.833
3	创新绩效←创新资源投入	0.550	0.473
4	创新绩效←组织创新激励	0.406	0.509
5	财税政策←技术创新支持政策	0.590	0.586
6	技术支持政策←技术创新支持政策	0.722	0.748
7	金融政策←技术创新支持政策	0.797	0.798
8	人才政策←技术创新支持政策	0.784	0.808
9	资金投入←创新资源投入	0.727	0.781
10	人员投入←创新资源投入	0.743	0.785
11	培训支出←创新资源投入	0.715	0.724
12	制度激励←组织创新激励	0.737	0.741
13	精神激励←组织创新激励	0.709	0.740
14	物质激励←组织创新激励	0.775	0.780
15	新产品销售额占比←创新绩效	0.739	0.771
16	新产品总利润占比←创新绩效	0.721	0.700
17	新产品资产收益占比←创新绩效	0.747	0.738

四、本章小结

技术创新政策的激励效果不仅与创新政策的力度有关，而且与企业规模、所有制性质和所属行业等也有关。技术创新政策力度对民族地区大中型企业、国有企业、制造业企业的创新绩效的促进作用，相对于小型企业、私企、服务业企业绩效的影响要明显些。这与近年来我国区域技术创新能力的发展趋势相一致。由于有多种所有制（国有、集体、私营和外资）企业和不同规模（大中小型）的企业交叉并存，选择支持企业对象时既要保持政策平等又要向潜在创新成功者倾斜，以提高政策效率。

第七章

相关分析：转移支付政策对民族地区经济发展的作用分析

我国少数民族地区经济的发展、社会的稳定一直是国家关注的重点，国家相继出台了很多政策，如西部大开发战略、兴边富民行动、扶持人口较少民族地区发展战略、对口援藏等一系列政策，在很大程度上推动了我国少数民族地区经济的发展。这些政策是否取得长效性成果，需要一个政策执行与评估体系和方法，来对阶段性政策措施和实施效果进行监控和评估。财政转移支付政策在促进区域经济协调发展方面起到了转移和调节区域收入的作用，从而直接调整区域间经济发展的不协调及不平衡。公平而有效的财政转移支付政策在对落后地区的经济发展以及缩小其与发达区域的经济水平差距上起到了巨大的推动作用。

自从实施西部大开发以来，国家加大对西部地区的财政投入力度。政府将转移支付作为区域补偿、缩小区域经济发展差距的政策之一，对于落后地区的经济发展起到了一定的作用。本章将利用 CGE 模型对民族地区本地居民发放"消费券"的支付转移政策进行模拟，评估该转移支付政策对民族地区经济发展、产业结构调整方面的效果，从而对民族地区财政转移支付政策的优化提供参考。

一、相关理论和研究现状分析

财政转移支付政策是我国主要的区域补偿政策，同时也是我国为缩小区域经济发展差距而普遍使用的政策工具之一。1952 年，我国颁布《民族区域自治实施纲要》，在宪法、各行政法规和民族区域自治法中制定了关于我国西北民族地区财政的转移支付制度。1995 年正式引入了针对地区财力差距的一般性转移支付,该类转移支付不仅照顾少数民族地区,还给予财力缺口过大的地区一定的补助。由于处于试行阶段,此时的一般性转移支付又称为过渡时期转移支付,由于规模过小,还不足以扭转财力差距扩大的趋势。但其占中央收入的比重从1995年的0.64%上升至2001年的1.61%,间接说明财力平衡逐渐成为中央政府实行转移支付的一个主要目标。①

无论在新中国成立初期,还是后来的各个建设时期,作为财政转移支付政策的主要受益者之一,民族地区从中央财政获得了巨大的支持,从而使地方政府得以正常运转。在最基本的公共服务以及地方建设方面财政转移支付的效果十分显著,但是与发达的东部沿海地区相比,我国西北民族地区的经济发展依旧存在较大的差距,依然处在较为封闭落后的状态,其原因来自很多方面:一是中央政府财政对我国西北民族地区的转移支付力度有其不合理性。二是民族地区转移支付方式不够规范。目前,我国的财政转移支付制度为资金双向转移模式。在实际工作中,资金由下级财政流向上级财政的现象还时有发生,从而使得财政转移支付的使用效率降低,对中央政府实施宏观调控造成了一定影响。三是民族地区由于财政收入较低,在税收返还制度下获得的财政返还数额较低,导致东西部财力分配不均,且情况趋于严重。

(一) 转移支付政策评估研究

利格拉舍(E. Lglaeser, 1998)指出最优转移支付政策并非按照总体效率水平制定,而是随着劳动者流动性的增加,依据收入的边际效用来制定。莱泊门(Lalnpman, 1984)把转移支付解释为家庭与家庭之间的福利流动。科克斯(Donaldcox)的研究指出私人之间的转移支付效率高于公共转移支付效率。米纳什指出,制定恰当的政府间转移支付制度能实施对地方政府的借款活动进行持续的有效限制,同时有利于促进地方政府优化资源配置。针对财力平衡的问题,崔(Tsui, 2005)② 利用中国2000多个县级层面的数据,采用肖罗克斯(Shorrocks)的分解方法,发现在所有的转移支付项目中,只有原体制补助有利于缓解财力差距,在2000年,有超过21%的财力差距是由税收返还造成的。国内学者朱汉青(2002)③ 研究了转移支付制度的目标,即财政转移支付制度不仅要追求经济效益,还要追求区域经济的平等,就必须将二者结合起来,从而确定转移支付的水

---

① 范子英. 中国的财政转移支付制度:目标、效果及遗留问题 [J]. 南方经济, 2011, 6.
② Tsui, K.. Local Tax Stystem, Intergovernmental Transfers and China's Local Fiscal Disparities [J]. Journal of Comparative Economics, 2005, 33.
③ 朱汉青. 政府转移支付的目标选择 [J]. 财政研究, 2002, 5.

平。马拴友、于红霞（2003）[1] 研究分析了自从我国新财政体制改革之后，转移支付与地区经济的收敛关系，结论表明总体上转移支付政策没有达到缩小地区差距的效果。就单纯的增长目标而言，转移支付的表现并不如意。总体来看，一个省在中央转移支付中所占份额更多，增长反而更慢（Chen and Lu, 2008）。张庆满（1999）[2] 指出，市场经济的缺陷很大程度上可以靠财政转移支付来进行弥补。周阳敏（2003）[3] 提出，转移支付是公众依照内在制度的制度资本而获取的分享利润的权利，而非不等价行为。王绍光（2004）[4] 则从政治经济学的角度进行了研究，指出地方政府会努力游说以便获取尽可能多的中央补助，而政治家通常利用转移支付政策对自己的支持者进行奖赏。范子英（2011）[5] 发现在短期内转移支付对当地的经济增长是有正面贡献的，因为地方政府支出会因此而增长，从而直接贡献了国内生产总值的增长，但从长期来看，转移支付甚至还会对当地的经济增长产生负面作用。

（二）一般可计算均衡模型研究

政策模拟是针对政策问题开展的建模、计算模拟和基于计算机的政策虚拟试验。这种模拟和试验可能是试验多种政策，分析确定政策的最优性的，也可能是模拟多种政策环境下的单一政策作用，认识政策的有效性的。通过模型化过程不但可以重新清晰地表达问题，而且可以让我们进行理性分析，使决策者能够对决策系统的结构和过程有一个直观的认识和了解。

政策模拟的核心技术——计算一般均衡（CGE）方法在20世纪90年代迅速发展，开始研究在一般均衡体系下政策变动对宏观经济的影响。一般均衡理论来源于瓦尔拉斯的《纯粹经济学要义》[6]。瓦尔拉斯将经济系统视为一个整体，着眼于经济系统内所有市场、所有价格，以及各种商品和要素的供需关系，研究经济系统中各个要素之间的相互依存关系以及复杂的相互作用，以及经济系统内部的市场均衡和总量均衡，在特定条件下由于供求关系的不平衡导致的价格变化，最终价格的变化又导致供求关系平衡的经济运动过程。

对抽象的一般均衡模型给出具体的数字设定，从而判断外生变量变化会导致内生变量如何变化的模型，即为CGE模型。CGE模型是多部门模型家族中的一

---

① 马拴友，于红霞. 转移支付与地区经济收敛 [J]. 经济研究，2003，3.
② 张庆满. 建立转移支付制度，弥补市场经济缺陷 [J]. 江东论坛，1999，3.
③ 周阳敏. 转移支付的性质——制度资本理论的应用研究 [C]. 中国制度经济学年会论文集，2003.
④ 王绍光. 顺应民心的变化：从财政资金流向看中国政府政策调整 [J]. 战略与管理，2004，2.
⑤ 范子英. 降低转移支付对地方政府和地方经济的负面影响 [J]. 中国社会科学报，2011，2.
⑥ [法] 瓦尔拉斯. 纯粹经济学要义 [M]. 北京：商务印书馆，2013.

第七章 相关分析：转移支付政策对民族地区经济发展的作用分析

个分支，是投入产出模型和线性规划模型的结合与完善。CGE 模型通过引入经济主体的优化行为，刻画了生产之间的替代关系和需求之间的转换关系，采取了非线性函数替代传统的投入产出模型中的许多线性函数，并且引入了通过价格激励发挥作用的市场机制和政策工具，从而将生产、需求、国际贸易和价格有机地结合在一起，以刻画在混合经济条件下，不同产业、不同家庭对由一定政策冲击所导致的相对价格变动的反应。CGE 模型把宏观经济体系分成了大量的可计算部分，通过计算模拟，而非解析分析的方法，研究了在一般均衡体系下政策变动对于宏观经济的影响，该方法适合在宏观经济框架下对微观经济现象进行分析，其分析涉及了大量的计算机算法，其函数和变量为 $10^2 \sim 10^3$ 个。

约翰逊（Johansen，1960）是世界上第一个提出 CGE 模型的学者，随后阿德尔曼和鲁滨逊（Adelman and Ronbinson，1978）建立韩国 CGE 模型及泰勒（Taylor，1980）建立巴西 CGE 模型。1990 年以后，CGE 模型开始得到迅速发展，澳大利亚、美国、德国、法国、印度等国家加大研究的投入力度。在我国，CGE 模型的应用最早关注的是中国计划经济与市场经济的混合体制下的经济特征效率问题。如伯德（Byrd，1989）利用 CGE 模型研究了中国计划经济与市场经济混合制度下国有企业的效率问题。徐（Xu，1990，1996）研究了中国在计划经济向市场经济转型过程中的路径选择问题。卡波西欧（Carbaccio，1995）建立了一个双轨制 CGE 模型，用来研究中国的经济改革问题。基于自由市场的假设，庄（Zhuang，1996）建立了模拟中国经济的可计算一般均衡模型。

随着中国对外开放不断加深，中国的贸易自由化程度也在不断增大。CGE 模型的政策模拟研究开始关注中国加入世界贸易组织之后，对中国经济的影响以及中国实现贸易自由化过程中的利与弊。从世界经济角度出发，国内外学者研究了中国经济在世界经济中的地位，用来协助相关政府或相关政府间的组织确定对中国的经济政策。王直、王慧炯、李善同等（1997）[1] 建立的动态一般可计算均衡模型研究了中国加入世界贸易组织对世界劳动密集型产业与美国农业出口的影响。贝奇、马丁和斯蒂文斯（Bach，Martin and Stevens，1997）通过世界经济"GTAP"模型对中国的关税削减情况进行了研究。兰诺（Lejour，1999）利用世界经济"Worldscan"模型对中国单边削减关税情况进行了分析。中国社科院数量经济与技术经济研究所（1999）通过与荷兰中央计划局联合开发的一般可计算均衡模型模拟了自从 2000 年起中国每年平均削减实际关税直到 2010 年削减到零关税水平的经济影响。李善同、翟凡、徐林（2000）通过两个一般可计算均衡模型分析了中国加入世界贸易组织的问题。

---

[1] 王直、王慧炯、李善同、翟凡．中国加入世贸组织对世界劳动密集产品市场与美国农业出口的影响——动态递推可计算一般均衡分析 [J]．经济研究，1997，4．

20世纪90年代后期,对于一般可计算均衡的研究还突出了现实政策的问题。最早翟凡、李善同和王直(1996)① 建立了一个由六类代表性居民、52个生产部门构成的CGE模型,定量考察在不同的税收替代政策下,实行贸易自由化的社会福利效果和收入分配效应,得出的结论为:实施累进个人所得税从而替代实行贸易自由化造成的关税损失是最为合适、公平的政策选择,它使得基尼系数降低,同时也保持了由贸易改革所带来的绝大部分效益的收益,并达到了公平与效率的权衡。翟凡(1997)通过1992年的投入产出表建立了社会核算矩阵(1992年),以此为基础,建立了一个中国经济的CGE模型,利用该静态模型研究了关税的减让和国内税替代政策的经济影响。王燕、徐滇庆(2000)通过一般可计算均衡模型分析了中国养老金改革的经济影响。王铮、刘扬(1997)通过CGE模型模拟了粮食价格变化、涉农产品价格变化对中国粮食生产以及就业的影响。杨元伟、焦瑞进(2000)②,王韬、陈平路、周建军(2000)通过该模型对税收改革问题作了一定的分析与探讨。

近年来,CGE模型的应用得到了广泛而迅速的发展,每年都会有利用CGE模型研究而产生的大量研究成果。目前,CGE模型已经成为一个国际通用、成熟而权威的宏观经济分析工具。如CGE模型已经被用来分析注入贸易政策以及自贸区(金成晓、徐卓顺,2008)、税收问题(饶呈祥、范平,2008;王敬峰、樊明太,2012)、环境政策(李刚、董敏杰、沈可挺,2012)、地理学研究(高阳,2013)、农民工就业问题(薛俊波、王铮,2007)以及宏观经济政策(原磊、王秀丽,2013)等问题。随着模型应用的不断推广,CGE模型将更加详细地模拟中国各种政策在行业、职业、收入分配、区域经济等方面的影响。

到目前为止,CGE模型的求解算法主要有以下几种:不动点算法、Newton算法、Johansen – Euler算法和规划算法。从理论层面上讲,不动点算法是一种全局收敛算法,即可以从任意一点开始计算,最后收敛到不动点。在实际应用中,该理论虽完美,但不如另外几种算法快速和有效。因为,随着CGE模型中方程以及变量个数的增加,模型的规模具有逐渐扩张的趋势,采用不动点算法的计算时间会成指数倍增加。因此,不动点算法主要适用于求解较小规模或者中等规模的CGE模型。随着计算机处理能力的不断发展,不动点算法将会得到更大范围的应用。

---

① 翟凡,李善同,王直. 关税减让、国内税替代及其收入分配效应 [J]. 经济研究,1996,12.
② 杨元伟,焦瑞进. 税收政策分析模型——一般均衡理论在税收政策数量分析中的应用 [J]. 税务研究,2000,5.

二、模型体系构建

本章重点研究我国西北地区政府转移支付数额发生变化时对西北地区劳动者数量、工资、消费以及地区总产出、当地家庭福利的影响。转移支付模型中包含了八个生产部门,分别为农业、采选业、轻工业、重工业、电力蒸汽业、建筑业、商业运输业以及其他服务业。两个生产要素:资本与劳动力。模型采用凯恩斯宏观闭合模块,即对于劳动力的供给视为既定工资下的无限弹性。包含一种家庭(未区分城市居民与农村居民),一个企业来描述企业的行为。

(一) CGE 模型基本结构

CGE 模型刻画了现实中的经济结构、运行状况以及市场经济中各个行为主体的行为,企业、消费者以及政府在各自的预算约束下追求效用最大化或者追求利润最大化的行为,并最终在市场机制的作用下达到各个市场的均衡。具体来讲,CGE 模型分析的基本思路是:生产者根据利润最大化原则,在资源约束条件下,确定各种商品的最优供给量和对生产要素的需求量;消费者根据效用最大化原则,在预算约束的条件下,确定对各种商品的需求量;当最优供给量与最优需求量相等时,经济系统达到最稳定的均衡状态,同时由均衡供给量和需求量求出一组商品的均衡价格。其关系如图 7-1 所示。

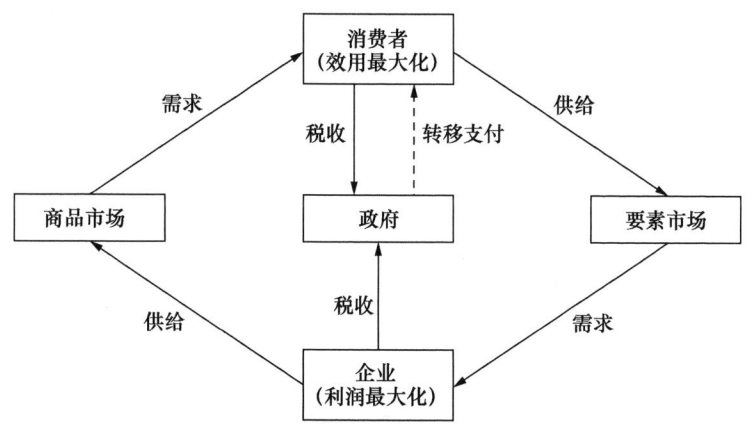

图 7-1 供给、需求和均衡关系的 CGE 模型

CGE 模型刻画的是经济系统供求平衡关系的方程组,一般包括供给、需求和均衡三组关系。本章 CGE 模型的模块主要包括生产行为、消费行为、政府行为以及市场均衡。基本结构如表 7-1 所示。

表 7-1 CGE 模型的基本结构

结构	主体	行为	方程	变量
供给	企业	企业追求利润的最大化	生产函数 约束方程 生产要素的需求方程	政府转移支付在基期基础上的变化幅度
需求	家庭	家庭追求效用的最大化	家庭效用函数 约束方程 产品需求方程 生产要素的供给方程	
供求关系	市场	寻求使市场均衡的价格	产品市场的均衡模型 要素市场的均衡模型 居民收支的均衡模型 政府预算的均衡模型	

1. 生产行为

生产函数主要刻画生产要素投入与产出之间的关系、中间投入与产出的关系,函数中的两种生产要素是劳动力和资本。生产者的行为可以用柯布—道格拉斯生产函数、CES 生产函数、二层或者多层嵌套的 CES 生产函数来描述。中间生产关系采用列昂惕夫投入产出矩阵来描述。生产行为中生产者的利润最大化目标函数,即劳动要素的边际报酬与其边际生产率相等,决定了生产者对于生产要素的需求量。

若一个经济系统中存在 n 个部门,m 种生产要素,用 D 表示需求数量,S 表示供给数量。

生产行为函数具体如下:

(1) 部门总产出:$X_i^S = f_i(F_i^D)$

式中,X_i^S 表示部门总产出,F_i^D 表示生产产品 i 所需要投入的要素数量。

(2) 利润函数:$\prod_i = P_i X_i^S / (1 + t_{di}) - \sum_k W_k F_{ik}^D$

式中,$\prod_i$ 表示总利润,t_{di} 表示间接税率,P_i 表示产品 i 的价格,W_k 表示 k 类要素的报酬,F_{ik}^D 表示生产产品 i 所需要的 k 类要素数量。

(3) 利润最大化条件下的各个部门要素需求：$\dfrac{P_i}{1+t_{di}}\dfrac{\partial X_i^S}{\partial F_{ik}^D} = W_k$

(4) 部门对要素的需求函数：$F_{ik}^D = G_{ik}\left(W, \dfrac{P_i}{1+t_{di}}\right)$

(5) 生产者产品的供给函数：$X^S = X(P, W)$

(6) 生产者对要素的需求函数：$F^D = F^D(P, W)$

2. 消费行为

消费行为主要刻画的是在消费者预算约束下，如何合理分配其资源来购买商品以满足自身效用的最大化。

消费者分为居民、企业和政府共三类，为方便起见，这里假设消费品的购买者只有居民，只有居民存在消费行为，而企业是资本品的购买者。

居民收入函数即预算约束为：

$$Y_h = \sum_k W_k F_k^D + T_{hg} + RT_{hf}$$

式中，Y_h 表示居民收入。

假设居民首先把一定比例的收入用来储蓄，储蓄为：

$$TS = s_h(1-t_h)Y_h + s_g Y_g$$

收入除去储蓄之外的部分用来实现消费行为，即居民在收入约束之下进行最优的商品购买，实现效用最大化，而居民对于每种商品的消费量取决于商品价格以及用来消费的收入部分，即：

$$C_{ih}^D = C_{ih}[P, (1-s_h)(1-t_h)]$$

式中，C_{ih}^D 为居民消费第 i 种商品的数量。

3. 政府行为

假设政府不进行商品市场上的消费，政府的收入来自消费者缴纳的所得税、企业缴纳的生产型增值税以及中央政府的一般性转移支付。政府支出为对当地居民的转移支付与公共品的支出，假设西北地区居民即为消费者，最终政府支出与收入达到平衡。

政府收入为 Y_g，支出为 E_g，根据政府预算均衡模型有 $Y_g = E_g$。

政府收入：$Y_g = t_h Y_h + \sum_i t_{di} P_i X_i^S + CT_p$

式中，$t_h Y_h$ 为消费者缴纳的所得税，$\sum_i t_{di} P_i X_i^S$ 为当地企业缴纳的生产型增值税，CT_p 为中央政府的一般性转移支付。

政府支出：$E_g = C_{pg} + pCT_p$

式中，C_{pg} 为地方政府对地方公共品的支出，pCT_p 为对当地居民的转移支付，在本章中，地方政府对本地区的居民转移支付比例是一个可以调控的宏观政策变量。本章研究在基期（2012年）的 pCT_p 基础上的变动固定比例所带来的影响。

4. 市场均衡

模型中的市场均衡主要包括以下几个方面：

（1）产品市场的均衡。产品市场的均衡要求各个部门的总供给等于总需求。

产品市场均衡：$Q_i^S = Q_i^D$

（2）要素市场的均衡。要素市场的均衡主要指劳动力市场的均衡，即劳动力总供给等于其总需求。劳动力可以在各个部门实现流动从而能够达到企业与消费者的优化目标，流动的原因是各个部门之间的边际利润率不同，劳动力的流动趋势使边际利润率趋向均衡。

要素市场均衡：$\sum_i F_{ik}^D = \sum_i F_{ik}^S$

（3）资本市场的均衡。资本市场的均衡主要是指总投资等于总储蓄，若总投资与储蓄水平不相符，那么通过出售债券、引入外资或者增减政府财政储备来弥补以达到平衡。

资本市场均衡：$TS = \sum_i P_i Z_i$

（4）政府预算的均衡。本章中政府预算的均衡是广义的均衡，若政府开支不等于政府收入，那么把政府赤字视为政府收入中的一个变量，可用一组均衡方程来表示政府预算的不均衡状态。

政府预算均衡：$Y_g = E_g$

（5）居民收支均衡。居民的收入主要来自劳动报酬、企业利润分配等，缴纳个人所得税之后，余下收入进行消费或者储蓄，以满足居民的收支平衡。

居民收支均衡：$Y_h = \sum_k W_k F_k^D + T_{hg} + RT_{hf}$

（二）模型基本算法

考虑到系统模型中的函数数量较多和算法稳定性，以及约翰逊—欧拉（Johansen–Euler）算法的优点，即模型的规模不受限制，并且不需要改变计算机的程序即可很快地实现外生变量以及内生变量的互相转变。

约翰逊—欧拉（Johansen–Euler）算法的基本原理如下：均衡是指供需相等，即 $Q^D = Q^S$。本书讨论的一般均衡模型包括 m 个函数，n 个变量，$m < n$，具体形式如下：

$$\begin{cases} q_1(X) = q_1(x_1, x_2, \cdots, x_n) = 0 \\ q_2(X) = q_2(x_1, x_2, \cdots, x_n) = 0 \\ \quad\quad\quad\quad \vdots \\ q_m(X) = q_m(x_1, x_2, \cdots, x_n) = 0 \end{cases}$$

上述函数组包含：消费者基于预算约束，追求自身效用的最大化，最终形成了对各种商品服务的需求；生产者基于生产函数所确定的生产技术约束，追求成本最小化或者利润最大化，最终形成了对劳动力和资本的需求。

一般来说，上述描述经济体系的函数均为非线性，如果对上述方程组直接求解，运算极其困难，通过约翰逊—欧拉（Johansen – Euler）算法来实现线性化，得到一个线性函数：

$$\begin{cases} a_{11}\overline{x_1} + a_{12}\overline{x_2} + \cdots + a_{1n}\overline{x_n} = 0 \\ a_{21}\overline{x_1} + a_{22}\overline{x_2} + \cdots + a_{2n}\overline{x_n} = 0 \\ \quad\quad\quad \vdots \\ a_{m1}\overline{x_1} + a_{m2}\overline{x_2} + \cdots + a_{mn}\overline{x_n} = 0 \end{cases}$$

变量 $(\overline{x_1}, \overline{x_2}, \cdots, \overline{x_n})^T$ 是 $(x_1, x_2, \cdots, x_n)^T$ 的对数变化。

函数变换为：
$dQ(X) = A(X) \times \overline{h} = 0$

其中，$A(X)$ 为 $m \times n$ 的矩阵，其形式为：

$$A(X) = \begin{pmatrix} \dfrac{\partial q_1}{\partial \ln x_1} & \cdots & \dfrac{\partial q_1}{\partial \ln x_n} \\ \vdots & \ddots & \vdots \\ \dfrac{\partial q_m}{\partial \ln x_1} & \cdots & \dfrac{\partial q_m}{\partial \ln x_n} \end{pmatrix}$$

$n \times 1$ 维向量 $\overline{h}$ 的形式为：$\overline{h} = (\mathrm{d}\ln x_1, \mathrm{d}\ln x_2, \cdots, \mathrm{d}\ln x_n)^T$

在使用约翰逊—欧拉算法进行求解的过程中，首先对方程在初始解 $X = X^{(0)}$ 处赋值，后得到：

$dQ(X^{(0)}) = A(X^{(0)}) \times \overline{h} = 0$

然后将按照外生变量和内生变量进行分块计算，上述函数的分块矩阵形式如下：

$$A(X^{(0)}) \times \overline{h} = [A_a(X^{(0)}) \mid A_b(X^{(0)})] \begin{bmatrix} \overline{h_a} \\ \overline{h_b} \end{bmatrix} = 0$$

式中，$A(X^{(0)})$ 为 $m \times n$ 的矩阵，m 为系统的方程中内生变量的个数，外生变量的个数为 $n - m$。$A_a(X^{(0)})$ 是 $A(X^{(0)})$ 的一个子矩阵，它是 $m \times m$ 矩阵，$A_b(X^{(0)})$ 是 $A(X^{(0)})$ 的另一个子矩阵，它是 $m \times (n-m)$ 矩阵，$\overline{h}$ 是向量 $X = (x_1, x_2, \cdots, x_n)^T$ 的扰动，它是一个 n 维列向量，即 $n \times 1$ 矩阵。进而：

函数可变换为：$A_a(X^{(0)}) \times \overline{h_a} + A_b(X^{(0)}) \times \overline{h_b} = 0$

当 $A_a(X^{(0)})$ 可逆时，上式即为：
$\overline{h_a} = -[A_a(X^{(0)})]^{-1} \times A_b(X^{(0)}) \times \overline{h_b}$

(三) 构建社会核算矩阵

使用 CGE 模型进行政策分析,第一步确定模型的基本结构以及函数体系。然后需要提供相关的宏观基本状态数据,此数据应当能够满足 CGE 模型达到均衡状态,在此基础上能够分析外生变量对于内生变量的影响程度。最后确定模型中涉及的参数。

社会核算矩阵(Social Accounting Matrix, SAM)广泛运用在 CGE 模型的基准数据构建方面。SAM 反映了本国或者本国的某区域在某年的经济流量,能在本国产品的来源和用途方面向各界说明,揭示各个部门之间的相互依存关系以及在经济活动中的收入和支出的关系;相互制约的数量关系以及对 CGE 模型的数据基础的估计。

CGE 模型中涉及了大量参数,包括生产函数中劳和资本的替代弹性、消费函数中的边际消费倾向以及对政府和企业中各种税率的估计。很多学者在使用 SAM 进行经济分析和核算时,会因各自研究的对象和范围不同,所编制的社会核算矩阵存在一定的差异。

SAM 以矩阵的形式表示各个账户的交易,可以表示为:

$T = \{t_{ij}\}, i = 1, 2, \cdots, n, j = 1, 2, \cdots, n$

式中,n 为矩阵的维数,即 SAM 中的账户数。通常,矩阵的行表示该账户的收入,列表示相应的支出。t_{ij} 即为从账户 j 到账户 i 的交易值。根据收支平衡原则,矩阵的行列相等,即

$$\sum_{i=1}^{n} t_{ik} = \sum_{j=1}^{n} t_{kj}, \forall k \in [1, n]$$

SAM 是一个按照某种原则划分的表格。其中每一个账户都是行列对应的。如表 7-2 所示。社会核算矩阵中包括的账户根据其自身的性质及其在社会经济系统中的作用可以分为以下五大类:

表 7-2 社会核算矩阵

	活动	商品	要素	企业	家庭	地方政府	投资	其他地区	合计
活动			劳动、资本增加值			间接税			总投入
商品	市场总产出							商品对该地区的流入	总供给
要素				企业资本收入	工资性收入				要素支出

续表

	活动	商品	要素	企业	家庭	地方政府	投资	其他地区	合计
企业						税，企业向政府缴纳税费	企业储蓄		企业支出
家庭		家庭消费				所得税	家庭储蓄		家庭支出
地方政府		政府消费			政府对家庭转移收入		政府储蓄		政府支出
投资		固定资产投资					存货增加		总投资
其他地区		商品的地区流出	要素流入其他地区收入		其他地区对家庭经常转移	其他地区对当地政府的资金流入	其他地区资本净流入		其他地区流入总额
合计	总产出	总需求	要素收入	企业总收入	家庭收入	政府收入	总储蓄	其他地区总支出	

1. 活动账户

活动账户描述了包括不同行业在内的生产部门的活动。列表示生产部门的投入，行表示生产部门的产出。在活动账户中，满足"总产出＝总投入"。

活动账户列中的劳动、资本增加值来自投入产出表中的劳动报酬，政府征收的间接税来自投入产出表中的间接税数据。行中的市场总产出数据来自中国统计年鉴。

2. 商品账户

商品账户反映了市场上的商品供求关系，行反映了商品的需求，包括家庭的商品消费、政府的商品消费以及对其他地区的商品流出。列反映了市场上的商品供给来源。商品账户满足"总需求＝总供给"。具体数据来自统计年鉴。

3. 储蓄账户

储蓄账户集中了企业储蓄、家庭储蓄、政府储蓄以及其他地区资本净流入，以及购买投资品。

4. 生产要素账户

在本章中，生产要素只考虑资本与劳动力两个方面，生产要素账户只包括资本与劳动力两个子账户，收入通过提供资本获取的资本收益以及劳动力获得的劳动报酬，其支出主要表现为对居民账户支付的劳动报酬和资本收益以及向政府上交的税费。收入和支出的差额为企业留利,进入企业的资本账户。

5. 机构账户

机构账户的构成为家庭账户、政府账户以及企业账户。此账户描述了它们的收入和支出。行表示收入的各种来源,列为机构账户的支出。每个机构账户必须满足国际收支。

在本章中,机构账户中家庭的收入来源为劳动收入和资本收入以及地方政府的转移支付(外生变量),支出为对商品的消费、对政府缴纳的所得税。居民储蓄为收入支出的差额。

在企业账户中,收入来源主要是经营所得利润,本文暂不考虑政府补贴,支出为企业自身运营成本以及向政府缴纳的税费,企业的储蓄为剩余收入。

在政府账户中,收入的主要来源是各项税费,包括企业和居民的所得税,政府的支出包括对居民的转移支付以及政府本身对于商品的消费。收入和支出的差额构成了政府的储蓄。

西北民族地区以及东部沿海地区的社会核算矩阵如表7-3、表7-4所示。

表7-3 2012年西北民族地区社会核算矩阵　　　单位:亿元

	活动	商品	要素	企业	家庭	地方政府	投资	其他地区	合计
活动	0	33270.92	0	0	0	0	0	0	33270.92
商品	0	0	0	0	9710.9	6305.1	24682.62	0	40698.62
要素	32358.71	0	0	0	0	0	0	0	32358.71
企业	0	0	19170.46	0	0	0	0	0	19170.46
家庭	0	0	12276.03	0	0	3908.99	255.58	1558.3	17998.91
地方政府	912.21	0	0	2413	107.27	0	0	6796.55	10229.03
储蓄	0	0	0	16757.46	8180.74	0	0	0	24938.2
其他地区	0	8354.85	0	0	0	0	0	0	8354.86
合计	33270.92	41625.78	32358.71	19170.46	17998.91	10229.03	24938.2	8354.86	

表7-4 2012年东部沿海地区社会核算矩阵　　　单位:亿元

	活动	商品	要素	企业	家庭	地方政府	投资	其他地区	合计
活动	0	215506.5	0	0	0	0	0	0	215506.5
商品	0	0	0	0	71515.64	2244.394	160758.5	0	234518.5
要素	211714.6	0	0	0	0	0	0	0	211714.6
企业	0	0	132041.1	0	0	0	0	0	132041.1

续表

	活动	商品	要素	企业	家庭	地方政府	投资	其他地区	合计
家庭		0	79673.44	0	0	24845.03	4937.505	13289.3	194260.9
地方政府	3791.923	0	0	16685.56	889.2148	0	0	5722.723	27089.42
储蓄	0	0	0	115355.6	121856.1	0	0		165696
其他地区		19012.03							19012.03
合计	215506.5	234518.5	211714.6	132041.1	194260.9	27089.42	165696	19012.03	

（四）CGE 模型参数估计

本章中的模型参数估计可以通过两种方法：①计量经济学方法。②校准法。计量经济学方法的优点是经过长期统计数据的统计检验，估计出的参数结果相对准确，但前提是具备详细而完备的长期经济数据，相反校准法对于数据的要求相对较少，运用相对简单，可操作性更强。其思路为：①选择基准年。②将该基准年的经济运行所产生的数据作为基准数据，同时对 CGE 模型的参数进行估计。③根据相关的文献资料以及猜测外生设置弹性参数。④利用基准年的均衡数据校准模型其余参数。⑤通过适当合理的设定以及校准，满足 CGE 模型在基准年运行结果能够模拟出当年经济运行的均衡情况。

（五）模拟仿真系统

通过经典高斯—约当（Gauss – Jordan）求逆矩阵法进行求解，然后通过系统来进行模拟分析。该政策模拟系统总体结构包括三个部分，实现三个方面的功能：

1. 系统输入部分

采用的是 SQL server 的数据仓库系统，从外部数据库导入数据，建立符合实际的标准数据结构，满足系统获取用户的数据，根据用户的需要进行数据查询、对数据存储转换、更新数据仓库等。

2. 系统处理部分

政策模拟、计算分析功能是模拟系统的核心部分。本系统建立在 GAMS 上的一般可计算均衡模型生成求解系统，将 CGE 模型、DSS 决策方法和工具、数据仓库技术面向政策决策问题集成。

3. 系统输出部分

系统运行过程是一个与决策者交互的过程，本系统建立了基于 Visual C++ . Net 开发的模拟平台人机交互界面。为用户理解 CGE 模型结构、社会核算矩阵、政策模拟原理提供直观形象的帮助支持，在此基础上，通过交互过程逐步为用户明确其决策问题，形成政策模拟仿真方案，提供给决策者。

模型系统的结构如图 7-2 所示。

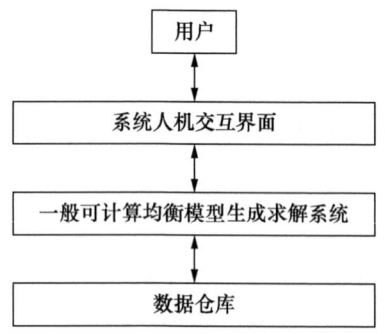

图 7-2　模拟系统结构

CGE 模型所需要的基准年数据、相关参数可以从后台数据仓库中直接读取，数据经格式转换后，传入系统计算模块，即 CGE 模型建模与求解系统。通过系统人机交互界面，将计算结果以文字和图表的形式输出。系统运作流程如下：

首先，运用在数据仓库系统中的经济数据进行输入，用户可以使用 SQL 语言对数据库中的数据进行查询、修改或者增加。

其次，用户实现前端界面与后台数据库的链接，并将数据查询结果显示在用户端。

再次，用户通过人机交互界面进行操作，设立相应的情境，并运行相应的系统，最后输出模拟结果。

最后，系统将计算分析的结果以文字或者图形的方式直观显示给用户。

三、政策效果模拟分析

（一）纵向对比研究

本书评估指标包括：①劳动者可支配收入。②劳动者总数量。③劳动者工资性收入。④地区总产出。⑤地区总效用。变量基值包括：2007 年西北民族地区（新疆维吾尔自治区、陕西、宁夏回族自治区、青海、甘肃共计五个省区）的转移支付总额;2012年西北民族地区(新疆维吾尔自治区、陕西、宁夏回族自治区、青海、甘肃共计5个省区)的转移支付总额。

情境设定:①转移支付总额分别在2007年、2012年基值的基础上增加10%。②转移支付总额分别在2007年、2012年基值的基础上增加20%。③转移支付总额分别在2007年、2012年基值的基础上增加30%。④转移支付总额分别在2007年、2012年基值的基础上增加40%。

转移支付政策对各经济要素的影响如表7-5、表7-6所示。

表7-5 2007年转移支付增加对西北民族地区各经济要素的影响 单位:%

转移支付增加率	劳动者可支配收入	劳动者数量	劳动者工资性收入	地区总产出	地区总效用
10	3.98	2.05	-1.23	0.36	0.05
20	4.21	2.11	-1.17	0.45	0.09
30	4.36	2.14	-1.15	0.49	0.12
40	4.42	2.15	-1.14	0.52	0.13

表7-6 2012年转移支付增加对西北民族地区各经济要素的影响 单位:%

转移支付增加率	劳动者可支配收入	劳动者数量	劳动者工资性收入	地区总产出	地区总效用
10	3.02	1.98	-1.18	0.29	0.03
20	3.24	2.03	-1.13	0.37	0.05
30	3.36	2.05	-1.11	0.40	0.06
40	3.45	2.06	-1.10	0.41	0.08

通过对2007年与2012年转移支付政策的研究对比可以发现,当转移支付增加率为10%的时候,2007年地区总产出增长为0.36%,2012年地区总产出增长为0.29%,当转移支付增加率分别为20%、30%、40%时,相应的2007年地区总产出增加幅度高于2012年的增加幅度,表明2007年西北民族地区一般性转移支付较2012年有较大的提升空间,转移支付所带来的经济效益并未完全释放。同时,表7-5、表7-6中反映出随着转移支付额度的增长,劳动者工资性收入反而下降,这是因为随着劳动力的增加,边际产出是下降的,而工资直接由边际产出所决定,因此转移支付的增加使得劳动者数量增加,边际产出下降,从而工资性收入降低。

(二) 横向对比分析

本书评估指标包括：①劳动者可支配收入。②劳动者总数量。③劳动者工资性收入。④地区总产出。⑤地区总效用。变量基值包括：2012年西北民族地区（新疆维吾尔自治区、陕西、宁夏回族自治区、青海、甘肃共计五个省区）的转移支付总额，2012年东部沿海地区（山东、江苏、浙江、福建、广东共计五个省区）的转移支付总额。

1. 情境1设定

情境1设定：①转移支付总额在2012年两地区基值上分别增加10%。②转移支付总额在2012年两地区基值上分别增加20%。③转移支付总额在2012年两地区基值上分别增加30%。④转移支付总额在2012年两地区基值上分别增加40%。

转移支付政策对各经济要素的影响如表7-7、表7-8所示。

表7-7 情境1：转移支付增加对西北民族地区各经济要素的影响　　单位:%

转移支付增加率	劳动者可支配收入	劳动者数量	劳动者工资性收入	地区总产出	地区总效用
10	3.02	1.98	-1.18	0.29	0.03
20	3.24	2.03	-1.13	0.37	0.05
30	3.36	2.05	-1.11	0.40	0.06
40	3.45	2.06	-1.10	0.41	0.08

表7-8 情境1：转移支付增加对东部沿海地区各经济要素的影响　　单位:%

转移支付增加率	劳动者可支配收入	劳动者数量	劳动者工资性收入	地区总产出	地区总效用
10	2.23	1.12	-0.98	0.13	0.01
20	2.36	1.43	-0.98	0.24	0.01
30	2.41	1.54	-0.94	0.26	0.02
40	2.42	1.57	-0.93	0.27	0.03

实证模拟结果表明：

(1) 西北民族地区的一般性转移支付的增加将带来劳动者平均消费的增加，但幅度的增量随着转移支付力度的增加而减小。在转移支付增加幅度相同的条件下，西北民族地区的劳动者平均消费增幅普遍高于东部沿海地区。

(2) 西北民族地区的一般性转移支付的增加带动了西北劳动者数量的增加，并且随着转移支付力度的增大，劳动者数量越多，这对于西北民族地区吸引高素质人才具有非常明显的意义。对东部沿海地区的一般性转移支付的增加同时也带动了东部沿海地区劳动者数量的增加，但与西北民族地区相比增幅较小，一定意义上可能与东部沿海地区劳动者基数较大有关。

(3) 对西北民族地区与东部沿海地区的一般性转移支付力度的增加带来了劳动者平均工资的下降，一定程度上是由于劳动者数量的增加导致的。同时西北民族地区劳动者平均工资下降幅度更加明显。

(4) 转移支付政策对于西北民族地区产出的促进作用极其明显，随着转移支付力度的加大，西北民族地区产出增加明显。与西北民族地区相比，东部沿海地区的总产出增幅较小，但由于东部沿海地区的总产出基数较大，其绝对增长值依旧非常显著。

(5) 增加对西北民族地区的转移支付使得地区总效用得到了明显的改善，并且这种效用随着转移支付力度的增加而加大。同东部沿海地区的对比可以发现，在转移支付增加率相同的条件下，东部沿海地区的地区总效用增幅并不明显，甚至非常微弱，这说明我国对西北民族地区转移支付的增加对当地的促进作用高于东部沿海地区。

通过情境1的模拟，发现西北民族地区与东部沿海地区同时增加相同幅度时地区总产出同时出现增加，但西北民族地区总产出增加幅度较大，而东部沿海地区总产出增加幅度并不明显，考虑到东部沿海的地区总产出基数较大，我们通过对情境2的模拟，对两地区总产出之和进行考量。

2. 情境2设定

转移支付总额在西北民族地区的增加值与东部沿海地区的减少值相等。表示为：①转移支付总额在2012年西北民族地区基值上增加10%，在2012年东部沿海地区基值上减少3.42%。②转移支付总额在2012年西北民族地区基值上增加20%，在2012年东部沿海地区基值上减少6.85%。③转移支付总额在2012年西北民族地区基值上增加30%，在2012年东部沿海地区基值上减少10.27%。④转移支付总额在2012年西北民族地区基值上增加40%，在2012年东部沿海地区基值上减少13.70%。

转移支付政策对各经济要素的影响如表7-9、表7-10、表7-11所示。

表7-9 情境2:转移支付增加对西北民族地区各经济要素的影响　单位:%

转移支付增加率	劳动者可支配收入	劳动者数量	劳动者工资性收入	地区总产出	地区总效用
10	3.02	1.98	-1.18	0.29	0.03
20	3.24	2.03	-1.13	0.37	0.05
30	3.36	2.05	-1.11	0.40	0.06
40	3.45	2.06	-1.10	0.41	0.08

表7-10 情境2:转移支付增加对东部沿海地区各经济要素的影响　单位:%

转移支付增加率	劳动者可支配收入	劳动者数量	劳动者工资性收入	地区总产出	地区总效用
-3.42	-0.51	-0.23	0.03	-0.02	-0.01
-6.85	-0.89	-0.45	0.19	-0.07	-0.01
-10.27	-1.12	-0.59	0.27	-0.09	-0.01
-13.70	-1.26	-0.68	0.24	-0.11	-0.02

表7-11 情境2:东西部两地区总产出增长情况　单位:%

西北民族地区转移支付增加率	东部沿海地区转移支付增加率	两地区总产出总和
10	-3.42	0.13
20	-6.85	0.17
30	-10.27	0.19
40	-13.70	0.21

通过情境2的模拟,可以发现通过东部沿海地区与西北民族地区财政转移支付的横向流动能够使得两地区的总产出发生小幅增长,并且随着转移支付的加大增长幅度越大。虽然东部沿海地区对西部地区转移支付的增加使得东部的产出出现下降,但是西北民族地区产出的较大幅度提升使得两地区总产出之和出现了小幅增长。因此,增加西北民族地区财政转移支付而减少等量的东部沿海地区财政转移支付为卡尔多—希克斯改进,更有利于社会价值的优化。

(三)财政转移支付最优值的讨论

在转移支付政策实证模拟发现,地区总产出会随着转移支付增加而最优增加，同时地区总产出的增加幅度会随着转移支付的增加率提升而减小，那么是否存在一个转移支付增加率满足地区总产出最大化？

基于2012年西北民族地区财政转移支付基值以及当年该地区各经济要素基值，通过多次尝试改变转移支付增加率的值，得到了一个地区总产出变化率随着转移支付增加率变化的情况，如图7-3所示。

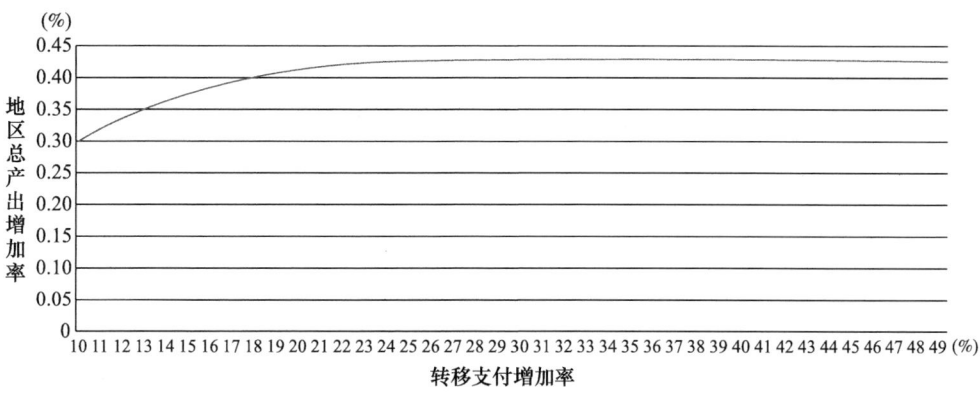

图7-3 地区总产出随转移支付变化情况（2012年西北民族地区）

可以得出，当2012年财政转移支付增加率最优值估计为42%~44%，此时对地区总产出的贡献度最大。本数据可作为下一个财政年度对该地区转移支付政策的参考。

对于该财政转移支付最优值的解释，应当源于财政转移支付效用边际递减的假设，随着转移支付额度的增加，使得劳动者可支配收入逐步达到一个均衡值，导致生产部门的产出需求边际递减，逐步达到均衡值，进而使得地区总产出出现均衡值，此时财政转移支付的增加额度即为当地最优值，此最优值的探讨仅限于以投入产出比最优为目标。

四、本章小结

本章借助于开发的基于一般可计算均衡模型的我国西北民族地区转移支付政策模拟系统，对当地转移支付政策进行了模拟，结果如下：

第一，纵向对比。通过对2007年与2012年转移支付政策对比研究发现，当转移支付增加率为10%的时候，2007年地区总产出增长为0.36%，2012年地区总产出增长为0.29%，当转移支付增加率为20%、30%、40%时，则表现出2007年对西北民族地区的一般性转移支付的增加带来的地区总产出增加幅度高于2012年，这说明2007年西北民族地区一般性转移支付较2012年有较大的提升空间，转移支付所带来的经济效益并未完全释放。同时，反映出随着转移支付额度的增长，劳动者工资性收入反而下降，这是因为随着劳动力的增加，边际产出是下降的，而工资直接由边际产出所决定，因此转移支付的增加使得劳动者数量增加，边际产出下降，从而工资性收入降低。

第二，横向对比。通过情境1的模拟，发现西北民族地区与东部沿海地区同时增加相同幅度时地区总产出同时出现增加，但西北民族地区总产出增加幅度较大，而东部沿海地区总产出增加幅度并不明显，考虑到东部沿海地区的总产出基数较大，通过情境2的模拟，发现对西北民族地区增加一定幅度的转移支付额度的同时减少等量的东部沿海地区的转移支付额度，发现通过东部沿海地区与西北民族地区财政转移支付的横向流动能够使得两地区的总产出发生小幅增长，并且随着转移支付的加大增长幅度加大。虽然东部沿海地区对西部地区转移支付的增加使得东部的产出出现下降，但是西北民族地区产出的较大幅度提升使得两地区总产出之和出现了小幅增长。因此，增加西北民族地区财政转移支付而减少等量的东部沿海地区财政转移支付为卡尔多—希克斯改进，更有利于社会价值的优化。

第三，财政转移支付最优值。在转移支付政策模拟研究的过程中，地区总产出会随着转移支付增加而增加，同时地区总产出的增加幅度会随着转移支付的增加率提升而减小，若以当地的地区总产出最大为目标时，可以确定财政转移支付的最佳增量，可为以后的财政转移支付政策的确定提供一定的指导意义。

本章对西北民族地区转移支付政策模拟分析后，可得出以下几点启示：

其一，西北民族地区转移支付力度的提升对改善当地的民生具有积极的作用，有助于促进人民生活水平提升，尤其与中国发达的东南沿海地区相比，财政转移支付政策对于中国西北民族地区调控作用更加明显。

其二，提高西北民族地区一般性转移支付系数。一般性转移支付的主要目标是平衡各地区之间的财力差距，促进基本公共服务的均等化。考虑到民族地区基本公共服务供给和需求的特殊性，在核定民族地区标准财政支出和确定转移支付系数时，应将加快发展基本公共服务作为基本因素予以考虑，"完善成本支出差异体系，客观反映民族地区相对较高的成本"，在量化公式中，除了统一的量化因素之外，还应加入反映民族地区行政成本、维护边疆安全与稳定支出、生态环境保护等特殊性因素。

其三，完善发达地区对民族地区的横向转移支付。国际上，财政转移支付的基本模式有两种：一种模式是单一的自上而下的纵向转移支付；另一种模式是以纵向为主、纵横交错的转移支付。德国、瑞典、比利时等国家实行纵横交错的转移支付制度。目前，我国区域经济发展极不平衡、基本公共服务水平差距过大，有必要借鉴国外横向转移支付的经验，构建一种实际可行的横向转移支付模式，推进区域基本公共服务均等化。尽管目前我国尚未建立起完善的横向转移支付制度，但长期以来东部发达省份对西部民族地区的对口支援，其实也体现了横向转移支付的性质。在汶川灾后重建的过程中，经济发达省份对受灾民族地区的对口支援发挥了不可或缺的作用。但当前，对口支援政策更多地表现为一种应急处理，尚未形成制度，因此，有必要将对口支援政策完善为横向转移支付制度，重点解决由于各地区之间的财政收入能力差异以及提供相同的公共服务所存在的成本差异而造成的地区间基本公共服务水平的不均衡问题。

第八章

民族地区技术创新支持政策优化和调整对策

民族地区基于当前自然条件差、经济发展水平低等多方面的限制条件，通过自身力量来解决企业技术创新所需的财力、物力和人力等问题非常不现实。自西部大开发以来，国家出台了相关的创新激励政策，积极推动了民族地区产业发展和技术创新能力的提升。本章通过前面几章对民族地区企业技术创新现状和政策环境的分析以及对内蒙古包头装备制造产业园区技术创新现状的个案调查研究，了解了民族地区企业技术创新的现状与问题，民族地区技术创新政策对企业技术创新能力和地区经济发展的积极引导和促进作用。同时，民族地区技术创新的公共政策支持对企业发展也存在诸多不足之处。本章就将针对民族地区技术创新政策的调整和优化提出相应的对策建议。

一、民族地区技术创新政策的需求分析

技术创新政策优化和调整的前提是充分把握创新主体的实际需求，分析民族地区技术创新政策需求的强弱差异，制定符合民族地区技术创新实际需要的政策和策略，更好地发挥政策实施的事前控制作用，最终体现政策的有效性。基于文献、专家访谈以及问卷分析，确定民族地区技术创新的政策需求框架，对问卷调查结果进行数据处理分析，根据技术创新政策需求程度排序以及民族地区技术创新相关支持政策类别的偏好，总结出技术创新政策需求的类型特征，为民族地区技术创新政策调整和选择提供方向和策略。

根据第六章实证研究的文献梳理和对相关理论界和实践领域的专家访谈，构

建了如表8-1所示的政策需求体系，然后采用里克特五级量表法，设计问卷，对该政策需求体系进行实证分析。在调查问卷中，1表示不需要此政策，2表示不太需要此政策，3表示比较需要此政策，4表示需要此政策，5表示非常需要此政策。同样，课题组依托社会实践项目和学校的实践基地，与民族地区涉及的科技管理的政策制定、执行和评估的政府部门、学者和高新产业园区的管理者和企业领导，通过邮件、电话和面谈的方式进行了沟通。发出问卷100份，分布在西部27个国家高新产业园区。最后回收76份，有效问卷为72份。

表8-1 民族地区技术创新支持政策需求程度排序

政策类别	政策需求的具体内容	均值	标准差	排序
财税政策（T1）	T11. 研究试验用设备投资税前扣除	4.18	0.836	10
	T12. 对创新型企业实行减税或返还系数提高到一定的比例	4.67	0.631	1
	T13. 完善提高技术开发准备金制度	3.97	0.986	17
	T14. 技术转让收入税收减免制度	3.67	0.840	
	T15. 对高增值产品进行增值税补偿	3.96	0.831	18
	T16. 帮助中小企业增加在政府采购合同中所占的比重	4.02	0.781	15
	T17. 扩大政府采购规模	4.42	1.091	5
	T18. 政府采购企业创新产品采用标准化的流程	3.19	0.822	21
金融政策（T2）	T21. 优惠贷款，放宽项目贷款条件，并适时延长贷款期限	4.15	1.048	11
	T22. 贴息或免息贷款，重点项目实施短期免息贷款	4.46	0.950	3
	T23. 利用政策性银行强化实施信贷优惠政策	4.24	0.927	9
	T24. 放宽金融市场准入条件，建立技术创新发展基金和投资基金，吸收民间资本	3.24	0.731	20
技术政策（T3）	T31. 企业创新项目的贷款担保或贷款贴息	4.45	0.981	4
	T32. 提高新产品开发或试制费用补贴	4.12	1.092	12
	T33. 提高技术创新基金资助	3.98	0.567	16
	T34. 提高技术改造专项补贴	4.11	0.873	13
	T35. 建立高新技术产业专项补助资金	4.32	0.672	6
	T36. 构建和完善技术创新风险投资制度和其他技术服务平台	4.10	0.981	14
人才政策（T4）	T41. 人才引进政策，建立创新人才引进基金，提高人才收入等方面的待遇	4.51	0.881	2
	T42. 人才培养政策，建立创新人才教育基金，培养本地人才	4.31	1.021	7
	T43. 人才激励与发展政策，建立人才保护和发展制度，提供人才发展空间	4.29	0.891	8

技术创新支持政策及其绩效

从表8-1统计数据不难发现,总体来看,在该技术创新政策需求体系的21项中,均值都超过了3.1,表明这21项关于此类型的项目其需求达到了"比较需要此政策"程度以上,民族地区对于技术创新支持政策的需求依然比较强烈,其中15项政策均值超过了4,表明关于此类政策,其需求达到了"需要此类政策"以上。

同时,从排序来看,"对创新型企业实行减税或返还系数提高到一定的比例"、"人才引进政策,建立创新人才引进基金,提高人才收入等方面的待遇"和"贴息或免息贷款,重点项目实施短期免息贷款"三项政策占据21项政策的前三位。表明民族地区技术创新方面,对资金和人才方面的需求很渴望。加强企业创新项目的贷款担保或贷款贴息制度,扩大政府采购规模,建立高新技术产业专项补助资金,建立创新人才教育基金,利用政策性银行强化实施信贷优惠政策等需求也比较强烈。

二、民族地区技术创新政策调整方向

(一)国家层面

对民族地区,国家应针对民族地区高新产业发展制定一系列相关优惠政策。在财政方面,国家可以在基本建设投资中设立专款,致力于民族地区基础设施完善,加大对民族地区技术创新项目资金投入。中央财政可以行业发展专项资金拨款的方式扶持民族地区高新产业形成一定的市场规模。另外,国家还应加大对西部民族地区的政策性转移支付补助,利用国家财政转移支付政策来启动一些偏远民族地区的科技创新项目,从而促进西部民族地区各项事业长足发展。在技术支持政策方面,国家应该在东部地区和西部民族地区就高新技术产业加大交流方面制定一些政策。本着"互惠互利、优势互补、共同发展"的原则,实行点对点帮扶,加强技术的交流和借鉴,发达地区适当向落后地区进行技术转让,支援少数民族地区企业的技术创新发展,最终实现携手共赢。在人才支持方面,一方面,国家需要加大对少数民族教育的支持力度。通过采取各种优惠政策和措施来支持和帮助培养当地人才。普通高等院校和专业技术学校的一些技术型专业,要有计划地增加民族地区学生的招生名额,实行定向招生和培养,为该地区的技术创新事业储备人才力量。另一方面,还应加强从发达地区引进人才的政策,通过有吸引力的福利待遇来引进人才并留住人才。在金融支持方面,首先,建议对民族地区发展科技创新的大型项目贷款给予一定的优惠利息补贴。其次，为了鼓励民族地区企业技术创新活动，建议完善民族地区技术创新企业贷款风险补偿机制，吸引社会资金和外资投入，分散创新风险，同时降低银行承贷风险，如此也能提高放贷的积极性。

(二) 地方政府层面

1. 营造良好的技术创新环境

"技术创新环境"是指技术创新的社会文化环境，是地方行为主体之间在长期正式的合作与交流的基础上所形成的相对稳定的系统①。只有存在创新环境的地方，才能实现技术创新。地方创新环境包括地方创新程度、企业间合作和协作程度、产业经济地方化程度和城市经济集中度，如图8－1所示。

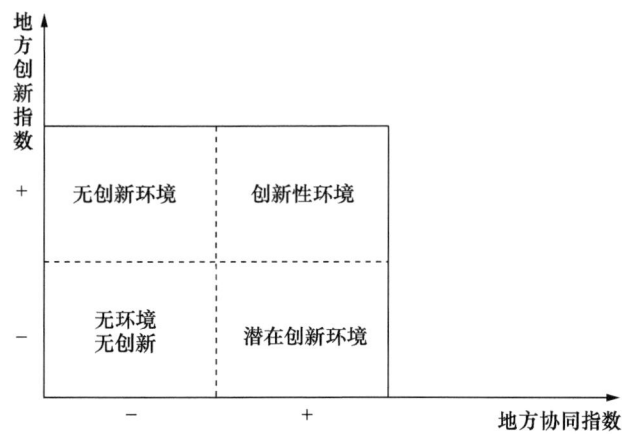

图 8－1　地方创新环境

资料来源：Daniel Shefer, Amnon Frenkel. The Center – periphery Dilemma and the Issue of Equity in Regional Development [J]. General Information, 2011, 9.

民族地区政府急需为当地高新企业创造一个有利于企业创新的外部环境。借鉴我国东部发达地区的经验，营造区域创新环境。利用发展区域产业并以此发展区域经济的自上而下的政府行为，同时鼓励以利润和效益为立足点的自下而上的企业行为。因为西部民族地区的科技创新事业目前还处在需国家扶持发展阶段，所以可以主要利用政府行为渠道来营造创新环境。首先，建立物质基础，如加强

---

① 郑长德. 中国少数民族的技术进步、后发优势与民族地区的赶超 [M]. 北京：经济科学出版社，2014.

区域基础设施、道路交通及互联网络等建设。建立科技创业园区，形成西部民族地区的技术孵化器。其次，通过影响区域文化氛围，如通过政策、法规提供良好的市场环境，鼓励"大众创新"，培养具有创新精神和能力的企业家。最后，加强知识产权的有效管理实施，完善对技术创新专利的申请与保护机制，也可对有效技术创新专利进行一定程度的补贴奖励。通过政府行为逐渐引发企业行为，如企业自发引入先进技术和设备，利用网络资源优化管理系统，自觉投资高新产业区的基本建设等，从而使得地方政府与企业一起致力于投入区域高新产业的发展。

2. 调控技术贸易市场，提升后发优势

目前，民族地区大部分高新技术是通过技术贸易直接引进技术，在此基础上再提高自身技术能力，并最终影响到其技术创新水平。因此，通过技术贸易引进的技术，无论是成套生产设备等硬件还是专利技术等软件，都加速了民族地区的技术积累。同时，在技术引进的过程中，还常常伴随着这些地区的企业员工对新技术的学习和掌握。这样，原本技术创新落后的西部民族地区反而具备了自身技术创新的后发优势。

民族地区技术后发优势的实现离不开当地政府的调控。首先，高效的政府能通过营造良好的创新环境、加强基础设施和人力资本积累来提高技术吸收能力。其次，当地政府可以与区外企业、技术开发机构合作，创造引进和吸收适合当地技术创新发展水平的先进技术的条件。同时还可以限制落后技术的进入，从而提高引入技术的适应性和再创新能力，最终实现创新赶超。

（三）高新技术企业层面

目前民族地区的高新企业日益增多，但是生产规模都比较小，生产工艺水平也比较低，产品质量达不到国内统一的高标准。这样的现状只能维持区域自给自足，很难与国际、国内发达市场水平接轨。

民族地区高新企业要加强自身科技创新能力建设，促进区域高新产业的健康发展。一方面，民族地区高新企业需要积极借鉴发达地区的管理理念、科学技术和成果等。加强与国内外高新企业的交流与对话，通过参与形式多样的研讨会进行信息收集。聘请专家学者讲授技术创新方面的知识，从管理层开始学会以长远的眼光制定发展战略、经营策略以及制度规范，带动全员改变以前落后的思想意识，摒弃一成不变，鼓励全民创新，丰富科技创新市场。特别是中小企业或初创企业，可以通过模仿适合自身的创新模式来降低创新成本、增强创新能力、实现后发优势。另一方面，一味地模仿不是长久之计，许多事实证明，民族地区要坚持走从模仿创新到自主创新的道路，才有可能跃入高新产业繁荣发展的队伍。因此，在模仿创新的同时，民族地区高新企业也应该充分发挥少数民族人文优势，发展适度规模的民族特色产品，建立民族地区特色产品基地。把握"十三五"规划的有利时机，吸引更多人才加入到西部民族地区高新企业中来，以稳固的根基走向全面创新驱动之路。

三、民族地区技术创新支持政策的优化策略

（一）财政政策

1. 从供给层面加大技术创新的财政支持力度

稳定的资金投入是保证技术创新支撑和动力作用得以有效发挥的基础和保证。由于技术创新成果具有较强的外部性，加上技术创新的不确定性，且知识产权难以得到有效保护，短期内无法立即实现市场化和产业化。因此，依靠政府财政支持政策，开展技术创新是很多国家推动技术提升和产业发展的唯一选择。

长期以来，我国政府在技术创新财政经费的使用中存在着一些结构性问题，如扶持企业自主创新的财政费用比例过低。调研中发现，民族地区获得中央政府的技术创新方面财政支持过少的现象并非少数，只有一些大型项目才能获得国家资金的扶持，如包头装备产业园区的360项目35000吨无缝钢管的垂直挤压，而其他的政府资金投入部分主要依靠当地政府。另外，企业获得技术创新财政补贴的"门槛"偏高，尤其是针对众多的中小型民营企业。调研地区的科技局领导曾提到："企业需要获得园区的支持，同时特别需要获得国家的政策支持以及资金支持。就企业的资金来说，仅用于进行生产就占用比较多了，而能获得贷款又有一定困难，所以企业要拿出一大部分资金来搞技术创新很困难。"并强调："针对民族地区技术创新，希望国家通过降低利率或补贴的方式在流动资金上给予一些优惠政策。"

因此，政府应该开展创新投入机制，整合政府资金，加大财政支持力度，应从西部民族地区经济出发增加其自身造血功能，解决就业和企业本身的实际问题，在财政支持政策上给予倾斜，加大力度，适当降低企业获得创新财政支持的门槛，如在审批条件和程序上应该降低标准。但同时由于财政税收部门与科技工业部门在创新方面的政策目标不尽相同，所以在资助政策的设计和实施中应加强部门合作。还要珍惜国家资金资源，对财政性资助应加强管理，避免滥用和盗用。

2. 从需求层面完善针对民族地区企业的政府采购制度

由于市场固有的缺陷,企业技术创新即使最终成功,也无法全部收回包括消费者剩余、使用创新产品的产业生产力的增加量和技术扩散等方面的收益。企业技术创新成功后为企业带来超额利润,其市场的需求拉动作用要大于技术突破供给推动作用。由于政府采购规模巨大,被普遍认为是影响创新方向和速度的重要政策工具之一。运用政府采购创造的市场需求作为杠杆,可以有效刺激和扶持民族地区企业的技术创新,有利于民族地区企业利用国内市场、促进刺激高新技术产业的形成和发展。

民族地区企业多以当地自然资源为基础,且技术设备落后、资金短缺、规模较小、风险承受能力较弱,市场化初期需求拉动的意义重大。由于市场地位和科技实力等方面的差距,民族地区企业在与东部等发达地区的企业在市场竞争中往往处于不利地位。因此,通过政府采购的市场拉动作用扶持民族地区企业技术创新,并尽量适度向民族地区企业倾斜。政府可选择适当的时机,充分考虑到民族地区的特殊情况,建立特殊的政府采购政策,细化促进技术创新的目标,确定各级政府采购中的民族地区自主创新产品的比例,动态修订《政府采购法》,制定适合民族地区企业技术创新的采购评审条件、方法和政策。通过适度向民族地区企业倾斜,来鼓励、扶持和促进企业的发展,从而提高其技术创新能力和整体竞争力,推动民族地区技术创新能力的提升。

具体操作时,可借鉴外国经验对政府采购政策作进一步明晰。如美国政府采购的经济社会调节目标是通过立法和其他相关法规予以保证实现:一是实现小型企业优惠目标,指将政府采购合同的部分授予中小型企业的政策;二是实现困难企业发展目标,由中小企业管理局同联邦政府采购机构谈判取得部分合同,再分配给困难企业,使困难企业参与竞争①。通过修改和完善《政府采购法》,规定政府采购应向民族地区企业倾斜,并规定政府采购合同的一定比例必须授予民族地区技术创新企业,降低我国民族地区企业技术创新的市场不确定性。

(二) 税收政策

1. 提高企业技术创新的税收优惠效率

现行统一量度的税制,忽视了民族地区实际承担税负高于全国平均水平的现状。通过实行差别税率制度来引导资金和产业流向,运用加速折旧、投资抵免、延期纳税、专项费用扣除等间接优惠方式,在出口退税基数负担上给予欠发达地区的技术创新企业,特别是高新技术产业更多的倾斜政策,引导资金和资源流向

---

① 黄悦胜. 中国中小企业技术创新政策与创新模式研究 [D]. 长沙:中南大学硕士学位论文,2002.

民族地区技术创新的新兴产业。同时，建立民族地区技术创新企业税收优惠政策实施细则，有针对性地在高新技术产业发展的不同阶段，制定不同的税收优惠的形式和措施，引导民族地区企业向新兴产业方向发展。

2. 强化税基优惠方式，实施风险投资税收优惠

技术创新相关税收政策激励方式的侧重点在税基优惠方面，特别是加速折旧、税前扣除、投资抵免和技术开发基金等。通过这种方式，有助于满足技术研发主体的资金来源，充分调动企业技术创新投入的积极性，与调整事后利益让渡，强调事后鼓励的优惠方式，有着更多的优点和激励作用[①]。采取减税、免税的事后直接优惠措施，对技术创新企业发展初期的实际作用较为明显，但企业和产业规模的扩大和结构调整，税收优惠政策的应有功能和实际功能正在逐步减弱。民族地区在减税、免税、优惠税率等直接优惠方式上，调整具体的税收优惠方式，改变以往单纯的税额减免与低税率的优惠政策，运用加速折旧、特定准备金、延期支付、技术开发基金等间接优惠方式。

另外，基于民族地区企业先天的风险抵御能力不足的特点，可以对民族地区企业实施风险投资税收优惠政策，对民族地区企业在技术创新过程的风险因素给予充分考量，建立科技开发准备金制度并允许费用列支，按其销售收入一定比例提取科技开发基金，从而部分分担企业研发投资风险，在很大程度上减轻了企业的压力，同时为优惠的税收措施加以引导，从供给的角度增加风险资金的来源。

（三）金融政策

民族地区企业规模偏小，技术创新资金匮乏，融资渠道单一，如调研中，产业园区管理人员提到，"产业园区的技术创新搞了几年，确实遇到一些棘手的问题，国家对企业技术创新有一定的要求，企业也想创新，但首先是资金问题。对于经济效益较好的一些企业来说，技术创新的投入也不是很大。企业要生存要发展，其一部分资金必须用于其他方面，技术创新虽然也想搞起来，但是投入依然较少"。资金紧张已成为制约少数民族地区企业技术创新和可持续发展的主要问题。企业在资本营运低效的情况下，不仅要偿还债务，支付银行利息，而且还要上缴税金，提供财政收入，企业利润微薄甚至出现负增长，根本无力筹措技术创新的资金。而商业银行则把提高信贷资产质量和经济效益摆在首位，市场定位以大中城市为主，其服务对象主要集中在"大企业、大行业、大集团"，有限的资金大部分流向了政府大力扶持的大型企业。民族地区企业由于地理位置劣势明显、贷款数额少、频率高、风险大、时间性强，无论是利用资本市场发行股票融

---

① 娄贺统. 我国企业技术创新的税收激励效应研究［M］. 上海：立信会计出版社，2010.

资，还是利用银行信贷融资，都处于弱势地位，很难得到资本市场的青睐。

从融资困难的民族地区企业出发，技术创新金融政策支持的实施可以从以下几个方面考虑：

1. 改善技术创新的融资环境，建立信贷担保体系

许多国家通过实施区域性货币政策来缩小区域差异，如美国在西部开发时，根据区域差异设置不同的法定准备金率，设置不同的商业银行资本金和准备金用以发展单一制的地方性商业银行，确保货币政策在不同区域实施顺畅。加强国有商业银行对民族地区企业技术创新方面的金融服务，扩大商业银行对企业贷款的利率浮动区间，给予其一定的自主权，特别是信用保证贷款利率的下浮幅度，对企业贷款比重较高的商业银行实行冲销坏账和补贴资本金等措施以增强其风险抵御能力，提高商业银行贷款的积极性。同时，在贷款利率、贴现利率和再贴现利率等方面实行向下浮动，制定外流利率上限防止民族地区资金外流等政策，对民族地区企业技术创新实施优惠利率。

信贷担保即为贷款提供担保。为民族地区企业提供信贷担保，即集合多种资金来源，与银行紧密合作，实施专业化的评审制度，为融资困难而又前景看好的企业提供信用担保。通过提供必要的贷款担保，担保机构与协议银行共同分担了对民族地区企业贷款的高风险。从政府政策的角度，全方位多渠道地为民族地区企业筹措企业的担保资金。政府首先可将所需的担保基金列入本级财政预算，建立担保资金的后续补充制度。在地方经济实力有限的情况下，可以利用划拨土地使用权和经营性国有不动产等方式来实现。同时，鼓励社会各方面，包括商业银行、企业和社会各界为担保基金提供补充，政府给予担保机构适当的财政支持和税收优惠，如建立企业间互助性质的互助担保基金和独立运作的商业担保机构等。

2. 建立技术创新发展的专项基金，拓展融资渠道

为了提升民族地区企业融资渠道的多元化，可设立专门针对民族地区企业的技术创新专项基金，使融资不畅的企业有机会获得资金进行技术创新，如对民族地区的技术创新企业提供一定比例的投资补贴基金，用来为创业资助、技术创新和风险经营、产品结构的调整和科技成果产业转化、技术改造项目进行贴息；设立对技术创新贡献的技术和管理人员给予奖励的奖励补贴；设立地方性的企业技术创新发展基金，基金来源可由政府在安排地方财政支出时，按一定比例提取，或通过社会集资、发行债券、股票等形式扩充基金，或企业互助基金。

民族地区的金融环境尚未成熟，允许金融工具的多元化，发挥不同投资主体的作用，扩大风险投资资金来源，开拓国有银行、商业银行、风险投资和民间金融业的融资渠道。同时，建立多方投入、风险共担、利益共享的风险投资运行机

第八章　民族地区技术创新支持政策优化和调整对策

制，可由政府提供信贷担保和财政资助，促进银行等金融机构对高技术企业的投资。建立和健全风险资本的退出机制，确保风险投资顺利退出，提高风险投资者的积极性。

（四）人才政策

技术人才储备缺乏是民族地区企业技术创新的关键问题。少数民族地区一般是经济较为落后的地区，生活条件差，人才难留，普遍存在"孔雀东南飞"的现象。调研中发现，由于民族地区的环境和待遇相对较差，许多高端人才不愿意到民族地区工作，企业中研究生所占比例相对较少，严重制约了民族地区资源整合。为了引进人才，部分企业不得不在一线城市建立研发机构。产业园区领导谈到企业技术创新制约因素时提到，"首先是资金问题，其次是人员问题。园区管理人员的思维也需要改进，从公司的管理层到基层，人们的思想还是比较保守的，大多希望维持现状。即使对于经济效益较好的一些企业来说，技术创新的投入也不是很大"。因此，首先要改善企业技术创新的软硬环境，建立人才引进机制。从对科技园区企业领导的访谈了解到，政府采取了相应的一系列措施，制定了引进人才计划的有关政策，实行人才和智力对口支援，支持和鼓励国内外人才，以兼职、短期服务、承担委托项目、合作研究、技术入股、承包经营等多种形式支援民族地区建设，吸收更多的人才到民族地区企业就业，打造中西部地区人才基地。

另外，除了人才引进，还需继续改善软硬环境，从政府、企业和员工等方面培育、引导和鼓励创新文化的建立。首先建立创新激励的内部机制，从非技术因素方面改善企业技术创新环境，通过年薪制、股票期权、技术与管理要素入股等多种激励机制，设法留住技术专家、市场营销专家和优秀的管理专家。同时，注重对应用型工程技术人才的培养。调研过程中，被采访的管理者提到，"我们的技术员虽然文化程度不高，但是他们有着丰富的经验，提出了不少解决方案。我们一般都会鼓励员工去解决一些技术问题。现在出现的一些技术问题也不用通过上面的技术专家来解决，我们一线的老员工就能根据经验很快解决了"。

（五）制度和环境政策

1. 完善产业技术创新战略联盟的建设

技术创新联盟克服了传统的产学研合作的不足，是一种契约型的长期合作创新组织，运行机制过程清晰，产业技术创新联盟以行业需求和提高产业竞争力为根本动力，解决行业重大关键技术，有保障技术及时转化为生产力的机制，其资源、成果联盟成员共享，减少或避免重复建设。2008年7月六部委联合发布的

《关于推动产业技术创新战略联盟的指导意见》中指出:"产业技术创新战略联盟是指由企业、大学、科研机构或其他组织机构,以企业的发展需求和各方的共同利益为基础,以提升产业技术创新能力为目标,以具有法律约束的契约为保障,形成联合开发、优势互补、利益共享、风险共担的技术创新合作组织。"

在民族地区也不乏一些传统的产学研结合的典型案例。如包头装备产业园区通过与包括北京大学工学院在内等高等院校签署了共建产学研基地的合作协议,以包头市的资源、产业优势和北大学科优势为依托,联合海内外高端科研机构的产学研平台,建成北京大学工学院包头研究院和北京大学科技园。同时,部分企业还开展了产学合作,如北奔重汽与科技园区建立了产学联盟。研发联盟合作过程所需资金,由园区和政府科技厅共同投入。产业园区搭建科研平台,把各个部门的研发机构资源聚焦集中,根据需求,企业也可以介入研发机构的科研工作。

民族地区在建立产业技术创新战略联盟时应注意:首先,民族地区产业技术创新战略联盟的建立要紧紧围绕区域支柱产业,促进区域创新体系建设,推动区域产业的快速发展。其次,建立产业技术创新战略联盟,开展与外部组织的交流与合作。建立开放的发展机制和科研成果的扩散机制,促进科研成果的快速传播,推动产业发展。再次,联盟的建立要具有法律约束力。对于成果的归属、许可使用和转化收益、利益分配,对于参与成员单位的责任和义务等进行签约,按照契约条例来约束成员单位的技术创新行为。最后,发挥好政府的引导作用。政府要发挥协调引导作用,建设有利于技术创新的文化环境,围绕经济社会发展的迫切需要推动重点领域战略联盟的构建。

2. 建立保护知识产权的创新支持政策

技术创新具有较大的溢出效应,存在"搭便车"的现象,模仿成本大大低于创新成本,创新主体难以保证自己的知识所有权与新技术带来的主体收益,导致创新主体缺乏对技术创新进行资金投入的热情,也无法吸引民族地区外部的创新主体加入到该地区的技术创新中来。政府应是保护知识产权、打击知识侵权的最主要力量,要健全和完善企业技术创新的法律体系,在有关技术秘密和著作权保护、技术转让、风险投资、技术入股、无形资产评估等方面的法律法规制定上加大力度。同时,要进一步加大知识产权的执法力度,通过政府干预和产权设置,激励科技型企业技术创新和先进技术成果的扩散,推动传统产业的改造和新兴产业的发展。

3. 改善民族地区技术创新的基础设施

民族地区地域辽阔,地域之间的差异较大,交通建设和信息化建设水平等软硬件设施都不能适应现代企业发展需要,也制约了民族地区企业技术创新的持续稳定发展。政府是技术创新系统和平台的搭建者和服务者,为了改善民族地区的基础设施，政府应给予资金、项目上的政策支持，加大对交通和通信设施建设等的投资力度。同时，政府应加强大型技术数据库、重大技术需求信息库以及技术信息网络等基础设施建设，建立民族地区的技术信息中心，为企业技术创新特别是中小企业技术创新提供技术、信息、人才、财务、法律等方面的服务。

4. 推动民族地区高新技术产业园区的建设

科技产业园区在引进高科技人才、促进企业技术研究创新和产业发展等方面发挥了积极作用。包头装备制造产业园区，为其园区内的企业技术创新提供了创新基地、资金和人才等，有力地保证了园区内企业技术创新的软硬环境。包头市装备产业园区从2009年开始前后共投入了1.2亿元，建成了2万多平方米的大楼用于技术研发和创新，类似于技术创新的"孵化器"，主要为园区引进企业作技术储备和人才储备；每年园区还会为入园企业争取外部技术创新资金超过1000万元，这些资金的投入主要给园区内的中小企业以及有创新意识的企业；园区做了大量工作以引进技术创新所需的人才，结合园区内装备制造企业的特点，园区与国内各大职业技术学院建立了人才及技术合作关系，通过到校宣讲吸引具有专业技术的人才来园区工作，同时，园区每年会邀请一部分技术和管理专家到园区企业进行调研，改善企业人才结构，分析企业人才需求。为规范园区的管理，政府在建立科技产业园区的同时，应根据每个民族地区、每个产业园区的不同特点，着手拟定有关园区的管理法规，分别对投资范围、投资者资格、关税、税收、征用土地、土地租金、物质进出口、人才引进与培养等方面明确规定。

四、本章小结

这一章主要从促进民族地区企业技术创新政策的需求角度，分析民族地区技术创新调整方式和优化路径。进一步对财政政策、税收政策、金融政策、人才政策、制度环境政策五个方面进行详细阐述，明晰了创新支持政策工具需完善的基本内容。

附 录

附录1 国家技术创新政策

国家技术创新政策文件如附表1-1所示。

附表1-1 国家技术创新政策

颁布单位	政策文件	颁布时间
国务院	《技术引进和设备进口工作暂行条例》	1981年
国务院	《关于抓紧研制重大技术装备的决定》	1983年
国务院	《关于技术转让的暂行规定》	1985年
国家科委	《中国技术政策》	1985年
中共中央	《中共中央关于科学技术体制改革的决定》	1985年
国务院	《国家高新技术产业开发区税收政策的规定》	1991年
国务院	《国务院关于批准国家高新技术产业开发区和有关政策规定的通知》	1991年
国务院	《关于加快科技成果转化、优化外贸出口商品结构的若干意见》	1993年
科技部	《关于加强国家高新技术产业开发区发展的若干意见》	1999年
科技部	《关于进一步支持国家高新技术产业开发区发展的决定》	2002年
科技部	《关于国家高新技术产业开发区管理体制改革与创新的若干意见》	2002年
科技部	《国家高新技术产业开发区技术创新纲要》	2005年
全国人大常委会	《中华人民共和国民族区域自治法》	1994年通过，2001年修正
全国人大常委会	《中华人民共和国科学技术进步法》	1993年通过，2007年修正
国务院	《国务院关于实施西部大开发若干政策措施的通知》	2000年
国家民委、财政部	《国家民委财政部关于继续推进兴边富民行动的意见》	2004年

续表

颁布单位	政策文件	颁布时间
教育部	《教育部关于贯彻落实〈中共中央国务院关于进一步加强民族工作加快少数民族和民族地区经济社会发展的决定〉做好民族教育工作的通知》	2005 年
国家民委、科技部、农业部、中国科协	《关于进一步加强少数民族和民族地区科技工作的若干意见》	2008 年
国务院	《国家中长期科学和技术发展规划纲要（2006~2020 年）》	2006 年
科技部	《关于推动产业技术创新战略联盟构建与发展的实施办法》	2010 年
国务院	《国务院关于加快培育和发展战略性新兴产业的决定》	2010 年
国务院	《中共中央、国务院关于深化科技体制改革加快国家创新体系建设的意见》	2012 年

附录2 民族地区地方政府技术创新政策

民族地区地方政府关于技术创新的政策文件如附表 2-1 所示。

附表 2-1 民族地区地方政府技术创新支持政策

来源	政策文件
甘肃	《甘肃省发展民营科技企业条例》（2001） 《甘肃省科学技术厅关于促进民营科技机构等非公有制经济发展的实施办法》（2005） 《关于推进企业加大研发投入　提高自主创新能力的实施意见》（2010） 《甘肃省高层次人才科技创新创业扶持专项资金管理办法（试行）》（2010） 《甘肃省科学技术普及条例》（2010） 《甘肃省市（州）科技进步和创新工作考核办法（试行）》（2011） 《甘肃省技术市场优惠政策》 《甘肃省技术市场优惠政策实施管理办法》 《甘肃省促进科技成果转化条例》 《甘肃省推进高新技术产业化的若干规定》 《甘肃省技术市场条例》 《甘肃省高层次人才科技创新创业扶持行动项目管理办法（试行）》

续表

来源	政策文件
贵州	《贵州省科技资金投入管理条例》（1999） 《贵州省高新技术产业发展条例》（2007） 《贵州省企业研究开发费用加计扣除项目技术鉴定办法（试行）》（2009） 《贵州省重大科技专项经费预算评审办法（试行）》（2009） 《贵州省科学技术进步条例》（2009） 《贵州省中长期科学和技术发展规划纲要（2006~2020年)》 《贵州省人民政府关于加快培育和发展战略性新兴产业的若干意见》 《中共贵州省委、贵州省人民政府关于加强科技创新促进经济社会更好更快发展的决定》 《贵州省属科研机构体制改革实施意见》 《贵州省专利保护条例》 《贵州省民办科技机构管理暂行条例》 《贵州省科学技术进步奖励办法》
新疆维吾尔自治区	《新疆维吾尔自治区科学技术进步奖励办法》（2001） 《新疆维吾尔自治区民营科技企业条例》（2006） 《关于面向优势资源转换加强科技创新的意见》 《关于实施创新驱动发展战略 加快创新型新疆建设的意见》
内蒙古自治区	《内蒙古自治区促进科技成果转化条例》（2000） 《内蒙古自治区推进高新技术产业化的若干规定》（2001） 《内蒙古自治区人民政府关于实施技术跨越战略的意见》（2005） 《内蒙古自治区人民政府关于印发实施科技强区纲要的通知》（2005） 《内蒙古自治区重大科技项目管理暂行办法》（2009） 《内蒙古自治区科技型中小企业技术创新基金管理办法》（2009） 《内蒙古自治区高新技术特色工业产业化基地认定管理暂行办法》（2009） 《内蒙古自治区科技企业孵化器认定管理暂行办法》（2009） 《关于加快自主创新促进发展的意见》（2010） 《内蒙古自治区社会力量设立科学技术奖管理办法》（2010） 《内蒙古自治区中长期科学和技术发展规划纲要（2006~2020年)》
青海	《青海省科学技术奖励办法》（2001） 《青海省科学技术普及"十五"规划纲要》（2003） 《青海省科技型中小企业技术创新补助资金管理办法（试行）》（2005） 《青海省科技型企业认定办法》（2009） 《青海省企业技术创新资金管理暂行办法》（2009） 《青海省科技企业孵化器认定和管理办法》（2010） 《青海省关于增强科技创新能力的若干政策措施》 《青海省科学技术科普条例》 《青海省科普教育基地认定办法》 《关于加强发展青海省高新技术产业的意见》

续表

来源	政策文件
云南	《云南省高新技术产业促进条例》（2007） 《云南省高新技术企业认定管理办法》（2007） 《云南省自主创新产品认定暂行办法》（2009） 《云南省科学技术奖励实施细则（试行）》（2010） 《云南省推动产业技术创新战略联盟组建与发展的实施办法》 《云南省技术市场管理条例》
广西壮族自治区	《广西壮族自治区高新技术产业开发区条例》（2001） 《广西壮族自治区技术市场管理条例（第二次修正）》（2003） 《广西壮族自治区民营科技企业促进条例》（2003） 《广西壮族自治区激励专业技术人员创新创业若干规定（试行）》（2004） 《广西壮族自治区科学技术奖励办法》（2010） 《广西壮族自治区科学技术奖励办法实施细则（试行）》（2010） 《广西壮族自治区民营科技企业促进条例》 《关于加快吸引和培养高层次创新创业人才的意见》 《关于在全区开展全民发明创造活动的决定》 《广西发明专利倍增计划》
宁夏回族自治区	《宁夏回族自治区科学技术进步奖励办法》（1999） 《宁夏回族自治区重奖有功科技人员试行办法》（1999） 《宁夏回族自治区科技成果转化专项资金管理暂行办法》（2006） 《宁夏科技型中小企业技术创新基金管理暂行办法》（2007） 《自治区党委、人民政府关于加强自主创新建设创新型宁夏的决定》 《宁夏科研机构体制改革实施意见》 《宁夏科技成果登记管理办法》 《宁夏回族自治区科学技术进步奖励办法》实施细则 《宁夏发展高新技术产业化的若干规定》 《宁夏回族自治区中长期人才发展纲要（2010～2020年）》 《宁夏"十二五"科学技术发展规划》
西藏自治区	《西藏自治区科学技术奖励办法》 《西藏自治区科研机构体制改革实施意见》

技术创新支持政策及其绩效

附录3 民族地区国家高新技术产业园区分布状况

民族地区国家高新技术产业园区分布状况如附表3-1所示。

附表3-1 民族地区国家高新技术产业园区分布

省份	个数	高新区名称（批复时间）
内蒙古自治区	2	包头稀土高新技术产业开发区（1992） 呼和浩特金山高新区（2014）
广西壮族自治区	3	桂林高新技术产业开发区（1991） 南宁高新技术产业开发区（1992） 柳州高新技术产业开发区（2010）
贵州	1	贵阳高新技术产业开发区（1992）
云南	2	昆明高新技术产业开发区（1992） 玉溪高新区（2012）
青海	1	青海（国家级）高新技术产业开发区（2010）
宁夏回族自治区	2	银川高新技术产业开发区（2010） 石嘴山高新区（2013）
新疆维吾尔自治区	3	乌鲁木齐高新技术产业开发区（1992） 昌吉高新技术产业开发区（2010） 新疆生产建设兵团石河子高新区（2013）
陕西	5	西安高新技术产业开发区（1991） 宝鸡高新技术产业开发区（1992） 杨凌农业高新技术产业示范区（1997） 渭南国家高新技术产业开发区（2010） 榆林高新区和咸阳高新区（2011）
甘肃	2	兰州高新技术产业开发区（1992） 白银高新技术产业开发区（2010）
四川	4	成都高新技术产业开发区（1991） 绵阳高新技术产业开发区（1992） 自贡高新技术产业开发区（2011） 乐山高新区（2011）

资料来源：国家科技部火炬中心，经过整理得到。

附录4 民族地区技术创新政策与企业技术创新绩效的调查问卷

1. 填写说明

填写按如下说明进行：

（1）本问卷共分五部分。第一部分是有关您所在企业的基本情况；第二部分是有关政策对企业创新影响因素；第三部分是企业技术创新资源的投入；第四部分是企业内部激励；第五部分是企业创新与发展。

（2）请您在适当的数字或□上填写"√"，选择一个最符合您在一般情形下所持有的最直接的想法、感觉或行为的选项。如果您做的是电子版请将相应数字的颜色改成红色即可。

（3）本次调研数据只限于本项目研究采用。同时，会对所有相关数据保密。

（4）您填写的信息对本研究极其重要，如无特别说明，请您将所有的问题答完。

（5）如您有任何疑问，请与我们的调研员联系。

2. 第一部分

第一部分企业基本情况如下：

您所在的部门：

您的工作年限：

您的职务：

□技术研发人员 □项目经理 □主管部门 □公司高管 □其他

（1）贵公司成立时间：

（2）贵公司目前员工总数：

（3）贵公司从事科研开发人员总数：

（4）贵公司营业收入：

□300万元以下 □300万~2000万元 □2000万~4亿元 □4亿元以上

（5）贵公司所有制类型：

□有限责任公司 □股份有限公司 □国有（含国有控股） □集体

□股份合作 □合资经营 □外商独资 □其他

（6）贵公司主要经营范围：

□通信设备 □软件研发 □生物医药 □数字电视 □新材料和新能源
□服务外包 □集成电路设计 □安防设备制造 □网络游戏开发
□新材料 □电子商务 □动画 □计算机及应用
□汽车与汽车电子及零部件产业 □精细化工
□交通运输设备制造业 □生物及医疗仪器设备制造业
□环保设备及工艺制造业 □仪器仪表及电气机械、器材制造
□其他

3. 第二部分

第二部分是对企业创新支持政策相关因素的调查（近五年），请填写附表4-1。

附表4-1 企业创新支持政策相关因素调查问卷

根据您针对下列指标的满意程度，在相应的1~5数字下画√ 1：非常不满意 2：比较不满意 3：一般 4：比较满意 5：非常满意					
财税政策					
总体评价：	1	2	3	4	5
（1）政府拨款，无偿援助	1	2	3	4	5
（2）政府奖励性津贴	1	2	3	4	5
（3）政府资本金投入	1	2	3	4	5
（4）政府采购	1	2	3	4	5
（5）减税、免税或减税，特惠税	1	2	3	4	5
其他政策，如：	1	2	3	4	5
分项：					
（1）研究试验用设备投资税前扣除	1	2	3	4	5
（2）对创新型企业实行减税或返还	1	2	3	4	5
（3）提取技术开发准备金制度	1	2	3	4	5
（4）技术转让收入减免制度	1	2	3	4	5
（5）对高增值产品进行增值税补偿	1	2	3	4	5
（6）帮助中小企业增加在政府采购合同中所占的比重	1	2	3	4	5
（7）扩大政府采购规模	1	2	3	4	5
（8）政府采购企业创新产品采用标准化的流程	1	2	3	4	5

续表

金融政策					
总体评价：	1	2	3	4	5
（1）优惠贷款（如提供长期贷款）	1	2	3	4	5
（2）贴息或免息贷款	1	2	3	4	5
（3）贷款担保	1	2	3	4	5
（4）优先贷款	1	2	3	4	5
其他政策，如：	1	2	3	4	5
技术支持政策					
总体评价：	1	2	3	4	5
（1）企业创新项目的贷款担保或贷款贴息	1	2	3	4	5
（2）新产品开发或试制费用补贴	1	2	3	4	5
（3）技术创新基金资助	1	2	3	4	5
（4）技术改造专项补贴	1	2	3	4	5
（5）高新技术产业专项补助资金	1	2	3	4	5
（6）风险投资	1	2	3	4	5
其他政策，如：	1	2	3	4	5
人才政策					
总体评价：	1	2	3	4	5
（1）人才引进政策	1	2	3	4	5
（2）人才培养政策	1	2	3	4	5
（3）人才激励与发展政策	1	2	3	4	5
其他政策，如：	1	2	3	4	5
其他支持性政策					
总体评价：	1	2	3	4	5
（1）加强基础性研究，通过科技溢出为企业无偿使用	1	2	3	4	5
（2）帮助企业与大学建立长期研究伙伴关系	1	2	3	4	5
（3）组织和协助企业建立 R&D 联盟	1	2	3	4	5
（4）法律支持	1	2	3	4	5
其他政策，如：	1	2	3	4	5
其他方面：					
（1）对民族地区企业技术创新方面支持政策了解程度	1	2	3	4	5

续表

（2）公共政策在企业技术创新过程中具体执行和有效实施情况	1	2	3	4	5
（3）公共政策对企业技术创新绩效影响效果和强度	1	2	3	4	5

下面，根据您的判断，在相应问题选项的□画√。

（4）目前，政策支持领域和途径主要体现在：
□新产品的研发　□设备改造　□销售　□其他，如：

（5）目前，对企业实施的财税政策类型，主要是以下哪种形式？
□税费返还　□补贴　□其他，如：

（6）下面哪种类型的政策对企业技术创新作用效果更明显？
□货币型　□行政型　□输血型政策　□造血型政策　□其他，如：

（7）需要加大以下哪种类型的政策的力度：
□财税政策　□金融政策　□人才政策　□科技支持政策　□其他支持性政策，如：

（8）如果贵企业没有享受过优惠政策，其原因是（如享受过优惠政策可以不填）：
□政府没有出台相关政策　□不了解相关的优惠政策
□无合适渠道获知或获得已有的优惠政策　□其他原因，如：

（9）目前，技术创新支持方面的公共政策，在具体实施当中存在的主要问题及建议是什么？

4. 第三部分

第三部分是企业技术创新资源投入情况的调查（近五年），请填写附表4-2。

附表4-2　企业技术创新投入情况调查问卷

根据您的判断，针对下列指标的满意程度，在相应的1~5数字下画√
1：非常不满意　2：比较不满意　3：一般　4：比较满意　5：非常满意

总体评价：	1	2	3	4	5
（1）贵企业对创新的资金投入较高	1	2	3	4	5
（2）贵企业的研究开发人员较多	1	2	3	4	5
（3）贵企业对员工的科技培训支出较高	1	2	3	4	5
其他，如：	1	2	3	4	5

5. 第四部分

第四部分是关于企业内部激励的情况调查,请填写附表4-3。

附表4-3 企业内部激励调查问卷

根据您的判断,针对下列指标的满意程度,在相应的1~5数字下画√
1:非常不满意 2:比较不满意 3:一般 4:比较满意 5:非常满意

制度激励					
总体评价:	1	2	3	4	5
(1) 贵企业提拔创新人员,鼓励创新人员参与管理	1	2	3	4	5
(2) 贵企业有明确的权力约束机制,员工在规定内享有完全自主权	1	2	3	4	5
(3) 贵企业提倡创新精神,领导鼓励员工尝试新工艺、开发新产品	1	2	3	4	5
(4) 贵企业会提拔完成目标的创新人员	1	2	3	4	5
其他,如:	1	2	3	4	5
精神激励					
总体评价:	1	2	3	4	5
(1) 贵企业提倡团队精神,选评并表彰创新先进团队	1	2	3	4	5
(2) 贵企业提倡员工不断学习,经常为员工提供技能培训的机会	1	2	3	4	5
(3) 贵企业会表彰创新先进个人,并及时传播他们的事迹和经验	1	2	3	4	5
其他,如:	1	2	3	4	5
物质激励					
总体评价:	1	2	3	4	5
(1) 贵企业能够给技术创新人员分配企业股票	1	2	3	4	5
(2) 贵企业研发人员的薪酬与其对创新的贡献程度相关	1	2	3	4	5
(3) 贵企业对员工在工作期间取得的创新成果归属权有明确规定	1	2	3	4	5
(4) 贵企业能够分配给关键创新人员股票期权	1	2	3	4	5
其他,如:	1	2	3	4	5

6. 第五部分

第五部分是关于企业创新和发展绩效情况的调查(近五年),请填写附表4-4。

附表4-4　企业创新和发展绩效调查问卷

根据您的判断,针对下列指标的满意程度,在相应的1~5数字下画√
1:非常差　2:比较差　3:一般　4:比较好　5:非常好

总体评价:	1	2	3	4	5
(1) 贵公司年销售额增长率较高	1	2	3	4	5
(2) 贵公司开发的新产品销售额占总销售额百分比较高	1	2	3	4	5
(3) 贵公司年销售利润增长率较高	1	2	3	4	5
(4) 贵公司开发的新产品的利润占总利润百分比较高	1	2	3	4	5
(5) 贵公司资产收益增长率较高	1	2	3	4	5
(6) 贵公司开发的新产品(新技术)资产收益占总资产收益百分比较高	1	2	3	4	5
其他,如:	1	2	3	4	5

参考文献

[1] Callon, J.. Competitive Advantage through Information Technology [M]. New York: McGraw-Hill Education, 1995.

[2] Czamitzki D., Hanel P., Rosa J.. Evaluating the Impact of R&D Tax Credits on Innovation: A Micro-Econometric Study on Canadian Firms [J]. Research Policy, 2011, 40.

[3] David P., Hall B., Toole A.. Is Public R&D a Complement or Substitute for Private R&D: A Review of the Econometric Evidence [J]. Research Policy, 2000, 29.

[4] Dylan Sutherland. China Science Parks: Production Bases or a Tool for Institutional Reform? [J]. Asia Pacific Business Review, 2005, 11 (1): 83-104.

[5] Ernst D.. Catching-up, Crisis and Truncated Industrial Upgrading, Evolutionary Aspects of Technological Learning in East Asia's Electronics Industry [M]. BRIE: University of California at Barkeley, 1998.

[6] Freeman C.. Technology Policy and Economic Performance: Lessons from Japan [M]. London: Pinter, 1989.

[7] Guangzhou H. A.. Ownership, Government R&D, Private R&D, and Productivity in Chinese Industry [J]. Journal of Comparative Economics, 2001, 5.

[8] Hill, Christoper T., James M., Utterback. Technological Innovation for a Dynamic Economy [M]. New York: Pergamon Press, 1979.

[9] Humphrey, J., Schmitz, H.. Governace and Up-Grading: Linking Industrial Cluster and Global Value Chains Research [J]. IDS Working Paper, Institute of Development Studies, University of Sussex, 2000, 12.

[10] Kogut. Designing Global Strategies: Profiting from Operational Flexibility [J]. Sloan Management Review, 1985, 27: 27-38.

[11] Lundvall B. A.. National Innovation Systems: Towards a Theory of Innovation and Interactive Learning [M]. London: Pinter, 1992.

[12] Nelson R.. National Systems of Innovation: A Comparative Study [M]. Oxford: Oxford University Press, 1993.

[13] OECD & EUROSTAT. Oslo Manual [M]. Paris: OECD Publishing, 2005.

[14] Rodrik D.. Industrial Policy for the 21st Century [R]. Working Paper, 2004.

[15] Tsui, K.. Local Tax Stystem, Intergovernmental Transfers and China's Local Fiscal Disparities [J]. Journal of Comparative Economics, 2005, 33.

[16] Wallsten S. J.. The Effect of Government – Industry R&D Programs on Private R&D: The Case of the Small Business Innovation Research Program [J]. RAND Journal of Economics, 2002, 1.

[17] [挪] 詹·法格博格, [美] 戴维·莫利, [美] 理查德·纳尔逊. 牛津创新手册 [M]. 柳卸林译. 北京: 知识产权出版社, 2009.

[18] 安同良, 周绍东, 皮建才. R&D补贴对中国企业自主创新的激励效应 [J]. 经济研究, 2009, 19.

[19] 白霞. 企业自主创新的政策体系研究——以陕西企业为例 [D]. 西安: 西安理工大学硕士学位论文, 2007.

[20] 包学雄, 韦忠继. 民族地区政府在区域技术创新体系中的主导作用 [J]. 广西民族大学学报（哲学社会科学版）, 2007.

[21] 闭青青. 我国民族地区科技财力投入现状研究 [J]. 学理论, 2011, 3.

[22] 曹海英, 贾春晨. 西部地区技术创新存在的问题与对策研究 [J]. 北方民族大学学报（哲学社会科学版）, 2010, 1.

[23] 曹如. 系统视角下西部地区高新技术产业发展战略分析与选择 [D]. 南宁: 广西大学硕士学位论文, 2013.

[24] 陈景辉, 赵颖. 西部民族地区特色产业集群和工业园区发展研究 [J]. 特区经济, 2011, 8.

[25] 陈奎. 基于结构方程建模（SEM）的企业能力评价 [J]. 产业与科技论坛, 2008, 5.

[26] 陈眉月. 中外科技创新财税政策研究综述 [J]. 黑龙江对外经贸, 2007, 10.

[27] 陈耀. 西部大开发应着力培育非国有投资主体 [J]. 科学咨询, 2002, 15.

[28] 程华, 李冬琴等. 技术创新力度对企业创新绩效的影响研究 [J]. 浙江理工大学学报, 2013, 9.

[29] 程凌华, 李享等. 2013年国家高新区综合发展与数据分析报告 [J]. 中国高新区, 2014, 9.

[30] 池仁勇, 虞晓芬, 李正卫. 我国东西部地区技术创新效率差异及其原

因分析 [J]. 中国软科学, 2004, 8.

[31] 邓练兵. 中国创新政策变迁的历史逻辑 [D]. 武汉: 华中科技大学博士学位论文, 2013.

[32] 邓寿鹏. 中国企业技术创新政策基础及实证研究——福建、甘肃工业企业技术创新调查总报告 [J]. 管理世界, 1996, 2.

[33] 丁小义. 中国主要省（市）企业获得政府科技直接资助的实证比较分析 [J]. 现代经济, 2007, 12.

[34] 杜伟. 西方国家对欠发达地区进行政府援助的经验和对我国西部大开发的启示 [J]. 贵州民族研究, 2001, 1.

[35] 范柏乃, 陈玉龙, 胡超君. 我国区域自主创新能力的影响因素及支撑体系研究 [J]. 科技与经济, 2013, 6.

[36] 范子英. 降低转移支付对地方政府和地方经济的负面影响 [J]. 中国社会科学报, 2011, 2.

[37] 范子英. 中国的财政转移支付制度: 目标、效果及遗留问题 [J]. 南方经济, 2011, 6.

[38] 傅家骥, 高建笛. 技术经济学 [M]. 北京: 中国经济出版社, 1987.

[39] 傅家骥, 仝允桁, 高健等. 技术创新学 [M]. 北京: 清华大学出版社, 2001.

[40] 高良谋, 李宇. 企业规模与技术创新倒 U 关系的形成机制与动态拓展 [J]. 管理世界, 2009, 8: 113 – 212.

[41] 郭永园, 施璀. 生态化技术创新: 民族经济生态化的必然选择 [J]. 广西民族研究, 2015, 3.

[42] 国务院新闻办. 民族工作三个国家级专项规划实施情况 [J]. 中国民族, 2014, 10.

[43] 韩霞. 高技术产业公共政策研究 [M]. 北京: 社会科学文献出版社, 2009.

[44] 郝戍, 李晟韬. 科技创新和少数民族地区产业结构优化升级关系的实证研究——以内蒙古自治区为例 [J]. 科学学与科学技术管理, 2009, 9.

[45] 胡晓东, 龚家美. 民族地区中小企业的税收支持政策研究——以贵州省为例 [J]. 西北民族大学学报（哲学社会科学版）, 2013, 1.

[46] 胡运禄, 束然. 产业转移与民族地区经济发展研究 [J]. 学理论（下）, 2012, 12.

[47] 黄鲁成, 张红彩. 北京制造业中技术创新的投入和产出分析 [J]. 统计与决策, 2006, 6.

[48] 黄鲁成. 关于区域创新系统研究内容的探讨 [J]. 科研管理, 2002, 2.

[49] 黄速建, 王钦. 我国企业创新政策研究 [M]. 北京: 经济管理出版社, 2013.

[50] 黄悦胜. 中国中小企业技术创新政策与创新模式研究 [D]. 长沙: 中南大学硕士学位论文, 2002.

[51] 江世银. 西部大开发新选择——从政策倾斜到战略性产业结构布局 [M]. 北京: 中国人民大学出版社, 2007.

[52] 蒋殿春, 夏良科. 外商直接投资对中国高技术产业技术创新作用的经验分析 [J]. 世界经济, 2005, 8.

[53] 蒋峰. 财政政策与货币政策协调问题研究——基于欠发达地区的视角 [J]. 海南金融, 2008, 4.

[54] 金花. 国内外高新技术园区发展的基本规律与趋势研究 [J]. 中共青岛市委党校青岛行政学院学报, 2012, 2.

[55] 金雪军, 杨晓兰. 基于演化范式的技术创新政策理论 [J]. 科研管理, 2005, 3: 55 – 60.

[56] 蓝军, 陈赟, 贺云龙. 少数民族地区中小企业可持续发展问题及对策 [J]. 企业技术开发, 2009.

[57] 雷家骕, 洪军. 技术创新管理 [M]. 北京: 机械工业出版社, 2012.

[58] 李德英. 民族地区财政转移支付制度的完善 [J]. 人民论坛, 2013, 8.

[59] 李光. 少数民族地区金融支持政策探讨 [J]. 黑龙江民族丛刊, 2011, 2.

[60] 李俊杰, 刘崇元. 促进民族地区中小企业发展的政府职能转变 [J]. 企业经济, 2001, 9.

[61] 李俊杰. 西部大开发与民族地区中小企业发展对策研究 [J]. 中南民族学院学报（人文社会科学版), 2003, 1.

[62] 李伟红. 区域创新政策设计和测评研究 [M]. 北京: 人民出版社, 2013.

[63] 李伟铭, 崔毅, 陈泽鹏, 王明伟. 技术创新政策对中小企业创新绩效影响的实证研究——以企业资源投入和组织激励为中介变量 [J]. 科学学与科学技术管理, 2008, 9.

[64] 李晓春, 黄鲁成. 我国技术创新政策研究的文献评价与分析: 主线、焦点和展望 [J]. 科学学与科学技术管理, 2010, 31 (12).

[65] 连燕华. 关于技术创新政策体系的思考 [J]. 科学学与科学技术管理, 1999, 20 (4).

[66] 刘芳. 民族经济政策对民族地区企业的影响研究——以内蒙古自治区为例 [D]. 北京: 中央民族大学硕士学位论文, 2009.

[67] 刘满凤. 我国各地区大中型工业企业技术创新绩效比较 [J]. 统计与决策, 2006, 20.

[68] 刘晓娥, 卢艳红, 喻金田. 企业技术创新政策效果评价 [J]. 统计与决策, 2008, 17.

[69] 刘秀兰, 王康. 四川民族地区技术创新的困难与优势分析 [J]. 西南民族大学学报 (人文社会科学版), 2004, 25 (5).

[70] 刘秀兰, 王康. 四川民族地区技术创新体系建设的对策 [J]. 西南民族大学学报 (人文社会科学版), 2005, 4.

[71] 柳劲松. 民族地区科技投入、技术进步与经济增长的协调性分析 [J]. 科技进步与对策, 2009, 23.

[72] 龙少波, 罗添元. 民族地区产业结构变动和优势产业选择的实证研究 [J]. 经济论坛, 2010, 6.

[73] 娄贺统. 我国企业技术创新的税收激励效应研究 [M]. 上海: 立信会计出版社, 2010.

[74] 卢锐, 杨忠. 制度视野中的技术创新政策研究 [J]. 中国软科学, 2004, 10: 98 - 102.

[75] 陆利华, 张克俊. 我国与国外高新科技园区比较研究 [J]. 中国科技论坛, 2007, 3.

[76] 马宁, 官建成. 影响我国工业企业技术创新绩效的关键因素 [J]. 科学学与科学技术管理, 2003, 3.

[77] 马拴友, 于红霞. 转移支付与地区经济收敛 [J]. 经济研究, 2003, 3.

[78] 毛凯军. 技术创新: 理论回顾和探讨 [J]. 科学学与科学技术管理, 2005, 10.

[79] 梅其君. 基于技术环境论的西部民族地区企业技术创新分析 [J]. 工业技术经济, 2008, 7.

[80] 睦平. 技术创新的横向研究 [M]. 北京: 清华大学出版社, 2013.

[81] 纳慧. 甘肃少数民族地区产业结构现状分析 [J]. 西北民族大学学报 (哲学社会科学版), 2006, 5.

[82] 聂鸣, 杨大进. 从目标导向到能力导向: 我国技术创新政策的演进方向 [J]. 科学学与科学技术管理, 2003, 24 (10).

[83] 潘红雨. 发挥优惠利率政策效应 支持民族地区经济发展 [J]. 民族大家庭, 2012, 12.

[84] 彭靖里, 邓艺, 李建平. 国内外技术创新理论研究的进展及其发展趋势 [J]. 科技与经济, 2006, 19 (4).

[85] 邵庆国，李乐涛．构建完整的企业技术创新政策链条 [J]．科学学与科学技术管理，2004，5：47-51．

[86] 石定寰．国家创新系统：现状与未来 [M]．北京：经济管理出版社，1999．

[87] 苏多杰．进一步完善西部少数民族地区科技政策 [J]．青海社会科学，2005，2．

[88] 苏多杰．西部少数民族地区科技创新的制度结构分析 [J]．青海民族研究，2005，2．

[89] 宿沛然．美日技术创新支持政策比较分析 [D]．长春：吉林大学硕士学位论文，2007．

[90] 陶清德．西部民族地区中小企业发展和当地的现代化、企业化及族群发展 [J]．甘肃理论学刊，2008，6．

[91] 童大龙．我国税收流失的理论与实践探析 [J]．管理世界，2005，3．

[92] [法] 瓦尔拉斯．纯粹经济学要义 [M]．北京：商务印书馆，2013．

[93] 汪攀，杜国蓉，李能武等．民族地区企业发展问题研究——以甘孜州企业发展为例 [J]．管理观察，2008，7．

[94] 王俊．R&D 补贴对企业 R&D 投入及创新产出影响的实证研究 [J]．科学学研究，2010，9．

[95] 王绍光．顺应民心的变化：从财政资金流向看中国政府政策调整 [J]．战略与管理，2004，2．

[96] 王为．黑龙江省技术创新政策体系的构建 [J]．科技与管理，2008，1．

[97] 王维平，罗旋．欠发达地区经济政策创新环境及其优化研究 [J]．理论与改革，2007，4．

[98] 王晓伟．对我国少数民族地区科技政策的思考 [J]．北京科技大学学报（社会科学版），2008，3．

[99] 王永亮，崔保田．民族地区高新技术产业化发展的探索与实践 [J]．内蒙古科技与经济，2002，4．

[100] 王玉梅，林洲钰等．中国企业转型升级的若干技术创新问题研究 [M]．北京：企业管理出版社，2014．

[101] 王直，王慧炯，李善同，翟凡．中国加入世贸组织对世界劳动密集产品市场与美国农业出口的影响——动态递推可计算一般均衡分析 [J]．经济研究，1997，4．

[102] 魏务云，罗掌华．财政政策促进企业技术创新作用的博弈分析 [J]．科技管理研究，2006，12．

[103] 吴贵生, 竺耐君. 高技术产业开发区税收政策效应的定量分析 [J]. 管理工程学报, 1992, 4.

[104] 吴艳. 技术创新的财政与金融政策工具研究 [D]. 武汉: 武汉理工大学硕士学位论文, 2006.

[105] 武欣. 创新政策概念、演进与分类研究综述 [J]. 生产力研究, 2010, 7.

[106] 肖鹏. 技术创新过程中的市场失效与财税政策选择 [J]. 改革, 2006, 10: 43 - 47.

[107] 谢启明. 民族地区科技型中小企业融资政策创新研究 [D]. 武汉: 中南民族大学硕士学位论文, 2013.

[108] 谢作渺. 政策支持与中小企业发展研究 [M]. 北京: 中央民族大学出版社, 2014.

[109] 熊维勤. 税收和补贴政策对 R&D 效率和规模的影响——理论与实证研究 [J]. 科学学研究, 2011, 5.

[110] 杨长湧. 美国支持国内技术创新政策研究 [J]. 经济研究参考, 2012, 20: 45.

[111] 杨晶. 国务院关于加快少数民族地区经济社会发展工作情况的报告 [J]. 民族论坛, 2011, 4.

[112] 杨元伟, 焦瑞进. 税收政策分析模型——一般均衡理论在税收政策数量分析中的应用 [J]. 税务研究, 2000, 5.

[113] 殷亚红. 政府采购支持少数民族地区发展的政策设计 [J]. 中国政府采购, 2011, 9.

[114] 曾海鹰. 企业可持续创新能力的调研分析——以贵州省企业可持续创新能力的调研分析为例 [J]. 科技进步与对策, 2007, 2.

[115] 翟凡, 李善同, 王直. 关税减让、国内税替代及其收入分配效应 [J]. 经济研究, 1996, 12.

[116] 张冬梅. 中央支持民族地区政策体系的科学基础探寻 [J]. 西北民族大学学报 (哲学社会科学版), 2014, 6.

[117] 张国杰. 高新技术开发区与西部民族地区经济的发展 [J]. 中央民族大学学报 (哲学社会科学版), 1998, 1.

[118] 张林泉. 结构方程模型的探究 [J]. 浙江师范学院学报, 2009, 3: 30 - 33.

[119] 张庆满. 建立转移支付制度, 弥补市场经济缺陷 [J]. 江东论坛, 1999, 3.

[120] 张同斌. 中国高新技术产业的发展及其影响因素研究 [D]. 大连：东北财经大学博士学位论文，2012.

[121] 张伟. 美日政府推动企业技术创新的经验及借鉴 [J]. 投资研究，1999，3.

[122] 张文. 促进我国技术创新的财政政策研究 [D]. 济南：山东大学硕士学位论文，2006.

[123] 张熙奀. 少数民族地区产业技术创新研究 [D]. 长春：吉林大学博士学位论文，2010.

[124] 张小蒂，李风华. 技术创新、政府干预与竞争优势 [J]. 世界经济，2001，7.

[125] 章祥. 高新技术产业 R&D 投入与税收政策的研究 [D]. 镇江：江苏大学硕士学位论文，2008.

[126] 赵筱媛，苏竣. 基于政策工具的公共科技政策分析框架研究 [J]. 科学学研究，2007，2.

[127] 赵玉林，程萍. 中国省级区域高技术产业技术创新能力实证分析 [J]. 商业经济与管理，2013，6.

[128] 郑长德. 基于新经济地理学视角的支持欠发达地区经济发展的政策研究 [J]. 西南民族大学学报（人文社会科学版），2012，7.

[129] 郑长德. 中国少数民族的技术进步、后发优势与民族地区的赶超 [M]. 北京：经济科学出版社，2014.

[130] 郑代良. 改革开放以来中国高新技术产业政策研究 [D]. 武汉：华中科技大学博士学位论文，2011.

[131] 郑庆汉. 探索科学技术向民族地区转移的规律 [J]. 科学学与科学技术管理，1990，2.

[132] 周华东. 科技政策研究：嬗变、分化与聚焦 [J]. 科学学与科学技术管理，2011，11.

[133] 周阳敏. 转移支付的性质——制度资本理论的应用研究 [C]. 中国制度经济学年会论文集，2003.

[134] 朱汉青. 政府转移支付的目标选择 [J]. 财政研究，2002，5.

[135] 朱勇，张宗益. 技术创新对经济增长影响的地区差异性研究 [J]. 中国软科学，2005，11.

[136] 朱有为，徐康宁. 中国高技术产业研发效率的实证研究 [J]. 中国工业经济，2006，11.

后 记

创新是经济发展的引擎，提高自主创新能力是我国科技发展的战略基点。在国家经济和技术高速进步的过程中，政府始终扮演着十分重要的角色，为实体经济的技术创新提供了强大的支持。技术创新政策对企业开展技术创新活动发挥着重要的催化和激励效应，通过对企业自主创新行为的激励，使企业真正成为科技创新的主体，并成为推动科技事业发展和加快科技成果转化的中坚力量。

自1995年实施科教兴国战略以来，特别是在西部大开发和"一带一路"等战略背景下，民族地区注重科技进步在保持经济持续稳定增长中的重要地位，加强了对技术创新方面的科研投入。2010~2014年的投入指标（如研发经费内部支出，科技活动人员、科技活动人员当量等）年均增长率均表现出了高速增长的态势，但较高增速的投入却没有带来相应的政策绩效。与我国东部地区相比，西部少数民族地区技术创新基础薄弱，科技资源相对缺乏，合理的技术创新资源配置机制对民族地区经济发展、产业结构调整尤为重要。因此，测度我国民族地区技术创新绩效的发展趋势，发掘技术创新活动的薄弱环节，研究技术创新支持政策对民族地区企业创新行为的影响机制，对科学规划和构建技术创新政策体系具有一定的指导意义。

本书具体研究内容和结论包括以下几个方面：

首先，在我国高新技术产业政策发展的背景下，全面回顾和梳理我国民族地区技术创新政策的演变过程，分析政策演进过程中的政策内涵和特点，并重点从民族地区高新技术产业的税收支持政策、金融支持政策、技术推进支持政策和高层次人才建设支持政策四个方面总结了民族地区技术创新政策体系的特征，从而明确了技术创新政策的得失。

其次，从横向和纵向两个层面对西部民族地区、民族八省区和全国平均水平及东部省份，通过技术创新投入和产出两个方面进行了直观对比分析。研究发现，民族地区作为我国经济社会发展的相对滞后区域，其总体技术创新能力相对不足，科技成果商品化、产业化程度低，技术创新对经济增长的带动作用比较薄弱。技术创新投入的增长，并没有带来技术水平的显著提升。民族地区由生产技术和效率所决定的国内市场分工地位并没有明显改善，大多数企业仍然处于低技术、低附加值领域，企业技术创新的成效并不明显。

再次，从创新绩效的影响因素出发，本书构建了民族地区技术创新政策绩效和影响机制的结构方程模型，以民族地区 27 个高新产业园区的 985 个企业样本数据为基础，对其技术创新政策效果进行了分析和测评。同时，针对不同创新主体的规模、所有制结构的不同，创新支持政策绩效和对其影响机制的差异性进行了深入对比分析。

另外，国家转移支付政策对于民族地区的经济发展起到了一定的促进作用。利用 CGE 模型对民族地区的支付转移政策进行评测，模拟评估该转移支付政策对民族地区经济发展及产业结构调整方面的政策效果。针对该宏观层面有关政府财政支出的相关政策研究，确定财政转移支付的最佳增量，为后期的财政转移支付政策的调整提供一定的参考。

最后，从整体上看，民族地区的技术创新政策绩效不高，但呈现上升趋势，可见技术创新政策绩效存在较大的提升空间。但民族地区的技术创新支持政策在政策目标、政策标准、政策力度等方面存在明显的差异性。本书从民族地区技术创新支持政策的需求出发，进行调研分析，发现政策需求重点。然后从国家和企业层面，给出了关于民族地区技术创新政策调整和优化方向，以期对构建民族地区技术创新政策机制，推动民族地区经济发展，乃至对更好地贯彻落实国家创新型发展战略起到一定的作用。

本书在撰写过程中，研究生齐央宗参与了本课题调研数据的整理、分析和处理，并参与本书的第二章和第五章的撰写，研究生刘子辰参与了本书第七章的撰写。另外，感谢 2013 级工商管理的部分本科生，2014 级技术经济与管理专业的研究生，针对本课题做了大量的一线调研工作。同时，感谢包头装备产业园区对本研究项目顺利进行给予的帮助与支持以及本研究中参阅的相关文献和资料的作者。最后，真诚感谢经济管理出版社的王光艳主编及其他编辑的辛勤付出！

本书是针对民族地区技术创新政策相关问题的初步探讨，书中难免有疏漏和不妥之处，希望各位读者和学界同仁批评指正，以期进一步提高。

郭 捷

2016 年 9 月 15 日